Die Reform des Schuldverschreibungsrechts

ILFS

Institute for Law and Finance Series

Herausgegeben von

Theodor Baums
Andreas Cahn

De Gruyter Recht · Berlin

Die Reform des Schuldverschreibungsrechts

Herausgegeben von

Theodor Baums
Andreas Cahn

RECHT

De Gruyter Recht · Berlin

Veröffentlichung der Vorträge einer Tagung zu der Reform des Schuldverschreibungsrechts in Frankfurt am Main am 5. Februar 2004
des Institute for Law and Finance, Johann Wolfgang Goethe-Universität

⊗ Gedruckt auf säurefreiem Papier,
das die US-ANSI-Norm über Haltbarkeit erfüllt.

ISBN 3-89949-209-9

Bibliografische Information Der Deutschen Bibliothek

Die Deutsche Bibliothek verzeichnet diese Publikation in der Deutschen Nationalbibliografie; detaillierte bibliografische Daten sind im Internet über <http://dnb.ddb.de> abrufbar.

Umschlaggestaltung: Christopher Schneider, Berlin
Datenkonvertierung/Satz: jürgen ullrich typosatz, Nördlingen
Druck und Bindung: Hubert & Co, Göttingen

Printed in Germany

Vorwort

Das Finanzierungsinstrument „Schuldverschreibung" hat am deutschen Kapitalmarkt in den letzten Jahren nicht zuletzt wegen der Kursrückgänge am Aktienmarkt und den Leitzinssenkungen der EZB erheblich an Bedeutung gewonnen. Im internationalen Vergleich nimmt der deutsche Markt für Anleihen hinter dem amerikanischen und japanischen Markt weltweit den dritten Platz ein.

Weniger populär als der deutsche Markt ist allerdings das deutsche Recht für Schuldverschreibungen. Das derzeit geltende deutsche Schuldverschreibungsrecht ist weitgehend kodifiziert im *Gesetz betreffend die gemeinsamen Rechte der Besitzer von Schuldverschreibungen* aus dem Jahr 1899. Das Alter eines Gesetzes ist zwar keineswegs ein Zeichen schlechter Qualität. Gerade das Schuldverschreibungsrecht wird aber den Bedürfnissen der Praxis in einer ganzen Reihe von Punkten nicht gerecht und findet daher kaum Anwendung. Deutschland droht hier im Wettbewerb der Rechtsordnungen endgültig ins Hintertreffen zu geraten.

Der vorliegende Band enthält die schriftlichen und um Fußnoten ergänzten Fassungen einer Tagung zur Reform des Schuldverschreibungsrechts, die das ILF am 5. Februar 2004 veranstaltet hat. Anlass für die Tagung waren die Pläne der Bundesregierung, das Recht der Schuldverschreibungen grundlegend zu überarbeiten. Die vorliegenden Beiträge wollen einen Beitrag zu der Reformdiskussion leisten und Anregungen für die Ausgestaltung des künftigen Rechts aus der Sicht sowohl der deutschen Praxis als auch der im Bereich der Schuldverschreibungen bedeutendsten ausländischen Rechtsordnungen geben.

Frankfurt am Main, Juli 2004

Theodor Baums *Andreas Cahn*

Inhaltsverzeichnis

United States

Die Autoren

Dr. René Bösch

René Bösch (1959) ist Leiter des Praxisteams Bank- und Finanzmarktrecht. Er wurde 1989 Mitarbeiter bei Homburger und ist seit 1998 Partner.

René Bösch schloss 1987 das Studium an der Universität Zürich als Dr. iur. ab und erwarb 1990 das Zürcher Anwaltspatent. An der University of Chicago erlangte er 1991 den LL.M.; außerdem war er von 1991 bis 1992 Foreign Associate bei Sullivan & Cromwell in New York.

René Bösch arbeitet vorwiegend auf dem Gebiet Finanzmarktrecht, insbesondere Banken- und Finanzdienstleistungsrecht, nationale und internationale Anleihen und eigenkapitalbezogene Instrumente, hybride Finanzinstrumente und strukturierte Finanzierungen. Weitere Spezialgebiete sind die Unternehmensfinanzierung, ABS-Transaktionen, grenzüberschreitende Leasing-Transaktionen und Gesellschaftsrecht.

René Bösch hat über Themen im Zusammenhang mit Bankwesen und Finanzmarkt publiziert und Vorträge gehalten. Er ist Mitglied des Chapter Board Doing Business in the USA der Swiss-American Chamber of Commerce.

René Bösch ist im Anwaltsregister des Kantons Zürich eingetragen.

Lachlan Burn

Mr. Lachlan Burn is a partner of Linklaters, London, and has been active in legal issues surrounding the capital markets for over 28 years. He has developed particular expertise in issues such as debt securities, GDRs, convertible bonds, derivatives, and repackagings. In addition to his regular law practice, Mr. Burn serves as legal adviser to the International Primary Market Association, external examiner to the University of London, and is a member of Listing Authority Advisory Committee, the Primary Markets Group of the London Stock Exchange, and the Financial Markets Law Committee.

Dr. Christoph Keller

Christoph Keller (41) ist Leiter der Abteilung für Finanzmarktrecht sowie Rechtsfragen aus dem operativen Geschäft (Refinanzierung, Zahlungsverkehr, Reserveverwaltung) in der Deutschen Bundesbank. Nach der 2. Juristischen Staatsprüfung 1989 und Doktorat trat er 1991 in den Dienst der Bank ein. Seit 1993 war er nationaler Delegierter in verschiedenen internationalen Rechtsexpertengruppen (EWI bzw. ESZB, Rat und G 10 Gouverneure) und vertrat die Bank auf nationaler Ebene bei verschiedenen Gesetzgebungsvorhaben in seinem Themenbereich.

Jüngst war er für das Finanzministerium Mitglied der G 10 Arbeitsgruppe („Quarles Gruppe"), die den im September 2002 angenommenen Bericht „on certain contractual clauses" verfasste.

Seit 2002 ist er ehrenamtlicher Lehrbeauftragter am ILF.

Patrick Kenadjian

Mr. Kenadjian graduated from Yale University in 1970 and in 1975 received his J. D. from the University of Virginia School of Law.

Mr. Kenadjian is one of two resident partners in Davis Polk & Wardwell's Frankfurt office.

He has an international practice in the area of mergers and acquisitions, cross-border securities offerings, international investments and joint ventures, international privatizations, and general corporate advice with an emphasis on representing European clients.

He has spent over 18 years in Davis Polk's European and Asian offices. He opened the Frankfurt office in 1991 and has since been resident partner there. He has been active in securities transactions for issuers in Asia and Europe, particulary on initial public offerings and privatizations in Germany, Austria, Italy and Switzerland. He has represented bidders and targets in cross-border acquisitions throughout Europe, in particular in France, Germany, Italy, Switzerland, the United Kingdom, and the United States.

Dr. Maier-Reimer

Dr. Georg Maier-Reimer, LL.M, 63, ist Rechtsanwalt und Partner im Kölner Büro der internationalen Sozietät Linklaters Oppenhoff & Rädler. Er ist spezialisiert auf Unternehmenskäufe, Gemeinschaftsunternehmen, Recht der Kapitalgesellschaften und Prozessführung in diesen Bereichen sowie Kapitalmarktfinanzierungen.

Er ist Vorsitzender des Zivilrechtsauschusses und Mitglied des Handelsrechtsausschusses des Deutschen AnwaltVereins und hat zahlreiche Fachbeiträge veröffentlicht, zuletzt u. a. zum Umwandlungsgesetz und zum neuen Schuldrecht. Nach dem Studium in Lausanne, München, Bonn und Tübingen und Erstem Staatsexamen absolvierte er ein Master-Studium an der Harvard Law School. Anschließend promovierte er an der Universität Tübingen.

Dr. Philipp von Randow

Philipp von Randow ist Equity Partner in der internationalen Anwaltssozietät Latham & Watkins LLP und vertritt Banken und Unternehmen bei Fremdkapitalfinanzierungen, insbesondere durch Anleihen.

Dr. Hannes Schneider

Dr. Hannes Schneider ist seit 1972 Partner bei Hengeler Mueller und als Seniorpartner im Bereich Bank- und Finanzrecht sowie Kapitalmarktrecht tätig. Er berät zahlreiche deutsche und international tätige Banken und Investmentbanken. Außerdem steht er deutschen und ausländischen Handelsorganisationen, internationalen Finanzinstitutionen sowie Zentralbanken und Regierungsstellen beratend zur Seite. Seine gegenwärtige Tätigkeit umfasst vornehmlich internationale Anleihen, Debt Issuance- und Commercial Paper-Programme, Globalanleihen, Pfandbriefemissionen, Derivate, strukturierte Finanzierungen sowie Bankaufsichtsrecht.

Dr. Jürgen Than

Dr. Jürgen Than ist Rechtsanwalt und war bis 30. 04. 2004 Chefsyndikus der Dresdner Bank AG. Nach Banklehre und Jurastudium in Frankfurt und München trat er 1972 als Syndikus in die Rechtsabteilung der Dresdner Bank in Frankfurt ein. Schwerpunkte: Gesellschaftsrecht, Wertpapier-, Börsen- und Depotrecht. Dr. Than ist Mitautor des Kommentars Heinsius/Horn/Than zum Depotgesetz.

Dr. Hans-Gert Vogel

Dr. Hans-Gert Vogel ist, nach Tätigkeit als wissenschaftlicher Mitarbeiter und Assistent am Institut für Handels- und Wirtschaftsrecht der Universität Osnabrück (Promotion 1998 zum Schuldverschreibungsgesetz bei Prof. Dr. Dr. Th. Baums) sowie beruflicher Station bei der Anwaltsozietät Hengeler Mueller, Abteilungsdirektor beim Deutschen Sparkassen- und Giroverband und Rechtsanwalt in Berlin. Seine Tätigkeitsschwerpunkte liegen im Gesellschafts- und Bankrecht, namentlich Strukturfragen der Kreditwirtschaft. Daneben ist er seit 2000 Lehrbeauftragter für Bankrecht und Gesellschaftsrecht an der Johann Wolfgang Goethe-Universität Frankfurt am Main und seit 2003 Dozent für Bankrecht an der neu errichteten Hochschule der Sparkassen-Finanzgruppe in Bonn.

Germany

Rechtsfragen bei der Festlegung von Emissionsbedingungen für Schuldverschreibungen unter besonderer Berücksichtigung der Dematerialisierung und des Depotgesetzes

Dr. Jürgen Than

Gliederung

Einleitung

Das Thema unserer heutigen Tagung ist etwas für Spezialisten des Wertpapier- und Kapitalmarktrechts, zu denen ich Sie natürlich alle rechne. Ich bitte deshalb um Nachsicht, wenn ich zu Beginn einige Begriffe kläre und Ihnen einige Fakten und Beispiele aus der Praxis vorstelle, an die wir uns im Laufe des heutigen Tages von Zeit zu Zeit erinnern sollten, wenn Fragen der Inhaltskontrolle von Emissionsbedingungen, der Gläubigerversammlung und ihrer Mehrheitsbeschlüsse, der rechtlichen Stellung des Anleihetreuhänders, der Schuldnerersetzung und schließlich der Umschuldung von Staatsanleihen erörtert werden.

Zu den Begriffen

Es geht um das Recht der Schuldverschreibungen, die von ihrer wirtschaftlichen Funktion her neben Aktien, Optionsscheinen und Investmentanteilscheinen die klassischen Wertpapiere des Kapitalmarktes darstellen. Sedes materiae der gesetzlichen Regelung in Deutschland ist § 793 Abs. 1 BGB, der die Schuldrechtsreform unbeschadet überstanden hat und die Legaldefinition der Schuldverschreibung auf den Inhaber enthält: eine Urkunde, in der der Aussteller dem Inhaber der Urkunde eine Leistung verspricht, die dieser nach Maßgabe des Versprechens vom Aussteller verlangen kann, es sei denn er wäre nicht zur Verfügung über die Urkunde berechtigt. Einwendungen kann der Aussteller dem Inhaber nur entgegensetzen, wenn

- sie die Gültigkeit der Ausstellung betreffen oder
- sich aus der Urkunde ergeben oder
- dem Aussteller unmittelbar gegen den Inhaber zustehen.

Dies regelt § 796 BGB und § 797 BGB sagt, dass der Aussteller nur gegen Aushändigung der Schuldverschreibung zur Leistung verpflichtet ist.

Mit diesen wenigen Sätzen hat der Gesetzgeber dem Kapitalmarkt ein Instrument gegeben, mit dem sich nahezu alles machen lässt. Nur ein Beispiel: Welcher Art die Leistung ist, bleibt bewusst ungesagt. Gott sei Dank. Wie hätte man all die Varianten von Optionsscheinen und Zertifikaten schaffen können, wenn Leistung immer nur eine im voraus festbestimmte Geldzahlung hätte sein können, wenn man die Definition also auf die klassische Anleihe beschränkt hätte! Wie hätte man ausländische Aktien in den 70er und 80er Jahren in Deutschland handelbar machen können, wenn es das damalige AKV-Zertifikat nicht gegeben hätte – eine Inhaberschuldverschreibung, die ein Treuhandverhältnis verbriefte.[1]

Die rechtliche Definition der Schuldverschreibung haben wir soeben gesehen. Schuldverschreibung ist der gesetzestechnische Begriff, der im Sprachgebrauch des Kapitalmarktes verschiedene Ausprägungen erfahren hat, die zum Teil synonym verwandt werden, zum Teil aber auch spezielle Gestaltungen ausdrücken wie Obligation, Pfandbrief oder Kommunalschuldverschreibung.[2] Der englische Begriff ist Bond, den man heute sowohl für die einzelne Schuldverschreibung einer Anleihe wie auch für eine Anleihe insgesamt verwendet. Damit sind wir nach dem Begriff „Schuldverschreibung“ für das einzelne Wertpapier bei dem zweiten wichtigen Begriff, der „Anleihe“, mit der eine mit gleichen Merkmalen ausgestattete Emission einer Vielzahl von Schuldverschreibungen bezeichnet wird, die einzeln auch „Teilschuldverschreibungen“ genannt werden. Der Begriff „Emission“ gibt den mehr technischen Vorgang der Ausstellung und Begebung der Schuldverschreibungen wieder. Emittent ist folglich der Aussteller der Schuldverschreibungen, der Anleiheschuldner; die Inhaber der einzelnen Schuldverschreibungen – rechtlich die Eigentümer dieser Wertpapiere – sind die Anleihegläubiger. Emissionsbedingungen sind die Bedingungen der Schuldverschreibungen, die die Leistungspflicht des Emittenten und damit spiegelbildlich die Rechte des Anleihegläubigers festlegen und beschreiben. Sie werden im Falle von Anleihen üblicherweise Anleihebedingungen genannt. Der Begriff Emissionsbedingungen ist in diesem Falle synonym. Wir verwenden ihn heute, wie Sie aus den Themen der Referate sehen können, bewusst in einem weiteren Sinne, weil es nicht nur darum geht, die Schuldverschreibungen der klassischen, auf eine Geldzahlung gerichte-

1 Vgl. dazu *Than*, Internationaler Effektengiroverkehr oder Zweitverbriefung – Die Belieferung von Börsenhandelsgeschäften in ausländischen Aktien in Deutschland und in den USA – WM Festgabe Hellner (1994), S. 85, 86 ff.

2 Vgl. *Kümpel*, Bank- und Kapitalmarktrecht, 3. Auflage 2004, Rn. 9.1 ff., 9. 94 ff.; *Masuch*, Anleihebedingungen und AGB-Gesetz, Die Bedeutung des AGB-Gesetzes für Emissionsbedingungen von Anleihen, 2001, S. 30 ff.

ten Anleihe zu erfassen, sondern auch Wandel- und Optionsschuldverschreibungen und überhaupt Optionsscheine aller Art.

Einige praktische **Beispiele für Schuldverschreibungen des Kapitalmarktes** mögen dies noch etwas plastischer machen.[3]

I. Arten der Verbriefung

Die Grundform der Schuldverschreibung ist ein Wertpapier, das aus zwei Teilen besteht: der eigentlichen **Schuldverschreibung**, dem Mantel, auf deren Rückseite die Emissionsbedingungen abgedruckt sind, und dem **Zinsscheinbogen**, der die zu den jeweiligen Zinsterminen fälligen Zinsscheine enthält, die abgetrennt und vorgelegt werden müssen. Auch die Zinsscheine sind ihrerseits Schuldverschreibungen[4] und führen, wie § 803 BGB zeigt, ein gewisses Eigenleben. Eine Anleihe besteht aus einer im Vorhinein festgelegten Anzahl von Teilschuldverschreibungen, die auf bestimmte Nennbeträge lauten – 1.000 Euro, 10.000 Euro etc. – und die alle die gleichen Verpflichtungen des Emittenten und Rechte der Anleihegläubiger verbriefen, nämlich im Wesentlichen die Zahlung des Nennbetrages bei Fälligkeit der Anleihe und die Zahlung von Zinsen zu den meist jährlichen Zinsterminen. Daneben können die Emissionsbedingungen Regelungen über Sicherheiten für die Anleihe enthalten, also etwa einen Hinweis auf die Garantie der Muttergesellschaft für ihre Finanzierungstochter oder auch auf die Garantie einer Bank für eine Industrieschuldverschreibung oder auch eine schlichte negative pledge-Klausel; ferner Regelungen über eine vorzeitige Kündigung durch den Emittenten, für eine außerordentliche Kündigung durch den Anleihegläubiger, über Vorlegungs- und Verjährungsfristen und schließlich das anwendbare Recht und den Gerichtsstand. Ich komme darauf gleich noch einmal zurück.

Neben der Verbriefung durch **Einzelurkunden** lässt sich eine Anleihe wertpapiermäßig auch durch eine einzige **Sammel- oder Globalurkunde** darstellen, die nicht nur die Begebung einer Anleihe durch den Wegfall des Drucks einzelner Urkunden verbilligt, sondern vor allem die Verwahrung und Verwaltung erheblich vereinfacht. Erforderlich ist, dass

3 Siehe Anlagen 1 bis 9.

4 *Heinsius/Horn/Than*, Depotgesetz, 1975, § 1 Rn. 10.

die Globalurkunde an zentraler Stelle verwahrt wird und den Anlegern die Rechte aus der Urkunde über Gutschriften auf ihren bei Kreditinstituten zu unterhaltenden Depotkonten verschafft werden. Rechtlich wird dies durch die Verschaffung von Miteigentum nach Bruchteilen an dieser Sammelurkunde dargestellt. Sedes materiae ist § 9 a Depotgesetz, auf den ich ebenfalls noch zurückkomme. Eine solche Globalurkunde sieht sehr nüchtern aus.[5] Sie ist in der Regel ein über PC ausgedruckter Mantel, beschrieben mit den Merkmalen der Anleihe, wie wir sie bei den Einzelurkunden auf der Vorderseite des Mantels finden. Ein Bedrucken der Rückseite mit den Anleihebedingungen erspart man sich; sie werden als mehrseitige Anlage im üblichen DIN A4-Format einfach beigefügt.

Noch weitergehend ist der Verzicht auf die Herstellung jeglicher Form einer Urkunde, in dem die Begebung einer Anleihe in ein **Schuldbuch**, also in ein Register, eingetragen wird, wie dies für Anleihen der Bundesrepublik Deutschland, ihrer Sondervermögen und der deutschen Bundesländer seit vielen Jahren der Fall ist. Die Rechte aus der Anleihe erwirbt der Anleihegläubiger in diesen Fällen entweder durch seine Eintragung als Gläubiger einer sogenannten Einzelschuldbuchforderung in das Schuldbuch des Bundes oder Landes – dies ist allerdings der absolute Ausnahmefall – oder, wie im Falle einer Globalurkunde, durch eine Depotgutschrift, deren Grundlage die Eintragung des zentralen Wertpapierverwahrers Clearstream Banking AG für eine entsprechende Sammelschuldbuchforderung im Schuldbuch des Bundes oder Landes ist. Sedes materiae ist seit 1. Januar 2002 das Bundeswertpapierverwaltungsgesetz[6] für Emissionen des Bundes und seiner Sondervermögen sowie das Anleihegesetz von 1950 und einige Verordnungen aus den 40er Jahren, die nach wie vor für Anleihen von Bundesländern gelten, die im Wege der Schuldbucheintragung begeben werden (§ 17 Bundeswertpapierverwaltungsgesetz).[7] Die Emissionsbedingungen für Bundesanleihen gibt das Bundesfinanzministerium durch Veröffentlichung im Bundesanzeiger bekannt.[8]

5 Siehe Anlage 10.

6 Gesetz zur Neuordnung des Schuldbuchrechts des Bundes und der Rechtsgrundlagen der Bundesschuldenverwaltung (Bundeswertpapierverwaltungsgesetz – BwpVerwG) vom 11. 12. 2001, BGBl I, S. 3519.

7 Vgl. für Hessen § 4 des Gesetzes über Aufnahme und Verwaltung von Schulden des Landes Hessen vom 4. 7. 1949, GVBl 1949, S. 93.

8 Zum aktuellen Stand siehe http://www.bwpv.de/wertpapierservice.

Anleihebegebung in dematerialisierter Form findet nicht nur für die Emissionen der öffentlichen Hand in Deutschland statt, sondern ist inzwischen in einer Vielzahl von Ländern – jedenfalls für Emissionen des Staates – verbreitet.[9] Registereintragung und Depotbuchung verdrängen den ursprünglichen Ansatz des Wertpapierrechts, die Übereignung einer Urkunde mit der Folge, dass mit dem Eigentumsübergang auch die in der Urkunde verbrieften Rechte auf den Erwerber übergehen.

II. Technik der Begebung von Schuldverschreibungen

Für einige unserer heutigen Fragestellungen ist die Kenntnis der Begebung von Schuldverschreibungen unerlässlich. Wir unterscheiden die Direktemission einerseits und die Übernahme der Schuldverschreibungen durch eine Emissionsbank oder ein Konsortium von Emissionsbanken zwecks Platzierung bei den Anlegern andererseits.

1. Direktemission

a) Ohne Emissionsbank/Übernahmekonsortium

Als Wertpapier entsteht die Schuldverschreibung nach ganz herrschender Meinung noch nicht allein durch ihre Ausstellung im Sinne einer technischen Herstellung der Urkunde; es muss vielmehr noch ein Begebungsakt hinzukommen, der Begebungsvertrag, oder – allgemeiner beschrieben – das „in den Verkehr bringen".[10] Zwar wird der Aussteller einer Schuldverschreibung auf den Inhaber auch dann verpflichtet, wenn sie ihm gestohlen worden oder verlorengegangen oder wenn sie sonst ohne seinen Willen in den Verkehr gelangt ist, wie § 794 Abs. 1 BGB ausdrücklich sagt. Diese Bestimmung dient jedoch dem Schutz des redlichen

9 Vgl. für USA *Dress*, Die Wertpapiere des US-Treasury – Ausstattung, Emissionsverfahren und Depotverwaltung, WM 1997, S. 1977; ferner *Drobnig*, Dokumentenloser Effektenverkehr, in: Abschied vom Wertpapier? Dokumentenlose Wertbewegungen im Effekten-, Gütertransport- und Zahlungsverkehr, Arbeiten zur Rechtsvergleichung Band 137, 1988, S. 11, 22 ff.

10 *Zöllner*, Wertpapierrecht, 14. Auflage 1987, S. 33 ff.; MünchKomm BGB/*Hüffer*, 4. Auflage 2004, Vor § 793 Rn. 22 ff.; *Kümpel* (Fn. 2) Rn. 9.162 ff.

Geschäftsverkehrs und ändert nichts an der Notwendigkeit eines Begebungsaktes. Üblicherweise werden von Banken begebene Schuldverschreibungen auch heute noch direkt bei den einzelnen Anlegern platziert.

Die Schuldverschreibung entsteht dann im Regelfall durch Erteilung einer entsprechenden Gutschrift auf dem Depotkonto des kaufenden Kunden der Bank, und zwar unabhängig davon, ob über die Schuldverschreibung eine einzelne Urkunde ausgestellt ist oder ob die Emission der Bank in einer Globalurkunde verbrieft ist, die bei der Clearstream Banking AG in Frankfurt sammelverwahrt wird.[11]

b) Über vermittelnde Bank

Denkbar ist es auch, dass der Berater seinem Kunden eine Anlage in Hypothekenpfandbriefen einer Hypothekenbank empfiehlt, die – um im Beispiel zu bleiben – zum Konzern dieser Bank gehört. Die Geschäftsbank vermittelt dann den Absatz dieser Schuldverschreibung der Hypothekenbank und wird dabei üblicherweise als Stellvertreter auftreten, sodass auch hier der Kunde originär den von der Hypothekenbank begebenen Pfandbrief erwirbt. Diese Technik spielte vor allem zu Zeiten eine große Rolle, als der Erwerb von Wertpapieren noch mit Börsenumsatzsteuer belastet war, von der lediglich der sogenannte Ersterwerb ausgenommen war. Einen solchen Ersterwerb konnte man mit der von mir soeben beschriebenen Technik des sogenannten Abrufverfahrens darstellen.[12]

2. Mittelbare Emission unter Einschaltung einer Emissionsbank/eines Übernahmekonsortiums

Soweit Anleihen von Emittenten begeben werden, die nicht selbst – wie Kreditinstitute – Marktteilnehmer sind und damit den eigenen Kundenkreis als potentielle Abnehmer ihrer Emissionen haben, werden sie unter Einschaltung eines Übernahmekonsortiums, manchmal auch nur einer einzelnen Bank, begeben. Ich möchte diesen Vorgang der mittelbaren Emission etwas näher beleuchten, weil er in unserer heutigen Diskussion

11 Siehe Anlage 11.
12 *Heinsius/Horn/Than* a. a. O. (Fn. 4) § 18 Rn. 69.

unter AGB-rechtlichen Gesichtspunkten noch eine große Rolle spielen wird.[13]

Damit das Ganze etwas plastischer und aufregender wird, nehmen wir als Beispiel die Auflegung einer in Euro denominierten Anleihe durch die japanische Sony Corporation. Sony möchte also Fremdmittel aufnehmen und wird von der sie beratenden Investmentbank davon überzeugt, dass eine in Euro denominierte Anleihe das derzeit Beste wäre. Der Finanzchef von Sony wird sich von einer Reihe internationaler Investmentbanken, darunter sicher auch Banken aus Deutschland, Angebote einholen, die sich vor allem mit den Kosten dieser Fremdmittelaufnahme befassen. Dazu gehören natürlich in erster Linie der voraussichtliche Zinssatz für eine bestimmte Laufzeit und der Emissionskurs, aber auch die Kosten der Begebung, Platzierung und Börsennotierung. Außerdem ist der Finanzchef an einer schnellen und guten dauerhaften Platzierung der Anleihe interessiert, damit das Emissionsstanding von Sony nicht Schaden nimmt. Schließlich will man immer wieder einmal auf dem Kapitalmarkt zu möglichst günstigen Konditionen Mittel aufnehmen können.

Eine möglichst einfache Technik und eine sichere Rechtsgrundlage sind damit wesentliche Voraussetzungen für die Erreichung dieser Ziele. Dass es hier zu einem Wettbewerb der Finanzmärkte und Jurisdiktionen kommen kann, liegt auf der Hand. Wer etwa heute noch den Ausdruck von Einzelurkunden verlangen würde, hätte damit von vornherein verloren. Einen schweren Stand hätte eine Investmentbank auch, wenn sie dem Emittenten für diese Anleihe eine Rechtsordnung vorschlägt, die übermäßig kompliziert ist oder gar Rechtsunsicherheiten birgt.

Verbunden mit dem Angebot der Konditionen werden häufig einige Eckpunkte der künftigen Anleihebedingungen genannt, wie anwendbares Recht, negative pledge-Klausel und cross default-Klausel, im Übrigen aber auf die für die jeweilige Jurisdiktion und die Auflegung internationaler Anleihen üblichen Anleihebedingungen verwiesen, die im Rahmen der Vertragsdokumentation näher festzulegen sind.[14] Manchmal besteht der Emittent auf bestimmten Klauseln oder sogar auf den gesamten Anleihebedingungen, die er im Rahmen eines Medium Term Note (MTN) Programms oder anlässlich einer früheren Emission einmal für

13 Vgl. Anlage 12.

14 Vgl. zur Auflegung von DM-Auslandsanleihen *Stucke*, Die Rechte der Gläubiger bei DM-Auslandsanleihen, 1988, S. 18 ff.; *Horn*, Das Recht der internationalen Anleihen, 1972, S. 228 ff.; *Kümpel* (Fn. 2) Rn. 9.186 ff.

eine Anleihe festgelegt hatte. Hierüber wird dann schon bei der Mandatserteilung gesprochen, sollten sie vom üblichen Standard abweichen. Normalerweise ist es so, dass nach Mandatserteilung die konsortialführende Bank die Vertragsdokumentation einschließlich Emissionsbedingungen erstellt und dem Emittenten und seinen Finanz- und Rechtsberatern zuschickt. Früher schloss sich dann eine oft tagelange Verhandlung am Ort des Emittenten an, deren Ergebnis dann der Vertrag über die Übernahme der Anleihe zwischen Emittent und Bankenkonsortium war. Zu dessen Bestandteilen zählten auch die Anleihebedingungen, die der Globalurkunde zugrundegelegt wurden, mit der die Anleihe am Abrechnungstag begeben wurde und die im Falle eines Ausdrucks von Einzelurkunden auf der Rückseite der Schuldverschreibungen abgedruckt wurden. Hieran hat sich vom Konzept her nichts geändert außer, dass nur noch selten Verhandlungen in persönlicher Begegnung stattfinden und stattdessen die Rechtsberater über Video- oder Telefonkonferenzen und E-Mail-Austausch in wesentlich kürzerer Zeit und ohne aufwändige Reisekosten die Vertragsdokumentation erstellen.

Die Anleihe und damit die Schuldverschreibungen entstehen nicht schon mit Unterzeichnung des Übernahmevertrages nach Abschluss der Verhandlungen, sondern am sogenannten Abrechnungs- oder Settlementtag, an dem die Clearstream Banking AG auf Basis der bei ihr zuvor eingelieferten Globalurkunde den Banken des Übernahmekonsortiums entsprechend ihren Quoten Girosammeldepotgutschriften erteilt und diese damit erste Erwerber und Miteigentümer der die Anleihe verbriefenden Globalschuldverschreibung werden. Noch am gleichen Tage erhalten durch entsprechend vorbereitete Buchungen die eigentlichen Investoren dann von oder über diese Konsortialbanken Girosammeldepotgutschriften, mit denen sie ihre Rechtsstellung als Anleihegläubiger erlangen.

Anders als im Falle der Direktemission wird hier also nicht der private Anleger, der nominell € 10.000,– der Sony-Anleihe in unserem Beispiel zeichnet, erster Erwerber, sondern das Bankenkonsortium.[15] Diese Unterscheidung kann für unsere weiteren Betrachtungen eine erhebliche Rolle spielen, wenn wir an die Ausnahmen von der Einbeziehungsregel für Allgemeine Geschäftsbedingungen in § 310 BGB – früher § 24 AGBG – denken.

15 Vgl. *Heinsius/Horn/Than* a. a. O. (Fn. 4), § 18 Rn. 69.

Soweit zumindest früher Einzelurkunden ausgedruckt wurden, waren diese in der Regel erst drei bis vier Monate nach Begebung der Anleihe fertiggestellt. Sie wurden dann über die konsortialführende Bank beim Kassenverein, der heutigen Clearstream Banking AG, eingeliefert und gegen die dort liegende Globalurkunde ausgetauscht. Der Anleger merkte von alldem nichts, es sei denn, er hätte auf einer Sonderverwahrung oder – äußerst selten – Auslieferung von Einzelurkunden bestanden. Nur in letzterem Falle bekam er jemals eine einzelne Schuldverschreibung zu Gesicht.

III. Festlegung der Emissionsbedingungen

Die Festlegung der Emissionsbedingungen habe ich mit den gerade beschriebenen Emissionsbeispielen bereits gestreift.

1. Typischer Inhalt der Emissionsbedingungen

Zu den unverzichtbaren Bestandteilen von Emissionsbedingungen gehören[16]

- das Gesamtvolumen der Emission und seine Einteilung in die handelbaren und damit erwerbbaren Teilbeträge,
- der Zinssatz, der Zinslaufbeginn und die Laufzeit der Anleihe,
- die Zinszahlungstermine,
- der Rückzahlungsbetrag, zumeist der Nennbetrag,
- der Ausschluss einer vorzeitigen Kündigung bzw. Regeln über vorzeitige Kündigungsmöglichkeiten für den Emittenten einerseits oder für die Anleihegläubiger andererseits,
- eventuelle Sicherheiten, also beispielsweise Garantie, aber auch eine Negativklausel und cross default-Klauseln,

16 Vgl. dazu *Stucke* a. a. O. (Fn. 14), S. 22 ff.

- Angaben über Vorlegungsfristen und Verjährungsfristen, über Veröffentlichungen, die die Anleihe betreffen, und – last but not least – über das anwendbare Recht und den Gerichtsstand.

Anleihebedingungen können sehr spartanisch sein, wie wir es z. B. bei den Bundeswertpapieren finden, die durch Bekanntmachung im Bundesanzeiger veröffentlicht werden und natürlich nichts über Sicherheiten, negative pledge-Klausel, Kündigung bei Zahlungsverzug oder das anwendbare Recht sagen. Sie können aber auch außerordentlich umfangreich werden, wenn sie beispielsweise zur Sicherung der Position der Anleihegläubiger umfangreiche Negativklauseln oder sonstige Covenants enthalten, bei deren Nichteinhaltung den Anleihegläubigern ein außerordentliches Kündigungsrecht zusteht. Eine nicht unbeträchtliche Länge können auch Klauseln zur Berechnung einer variablen Verzinsung erreichen. Entsprechendes gilt für Regelungen zur Einberufung von Gläubigerversammlungen und die Voraussetzungen und Wirkungen eventueller Beschlüsse dieser Gläubigerversammlungen.

All dies kann dazu führen, dass die Rückseite einer im DIN A4-Format gedruckten Schuldverschreibung nicht mehr ausreicht, um diese Bedingungen aufzunehmen, oder aber einen so kleinen Druck erfordert, dass die Bedingungen ohne Zuhilfenahme einer Lupe nicht mehr lesbar sind. Ein Fall für den BGH, der in einer schon etwas älteren Entscheidung einmal Konnossementsbedingungen für unwirksam erklärte, deren Buchstabengröße über 1 mm bei einem noch kleineren Zeilenabstand nicht hinausging?[17]

Nicht unproblematisch ist in den Emissionsbedingungen eine Verweisung auf Schriftstücke außerhalb der Urkunde, etwa auf umfangreiche Detailregelungen über Sicherheiten im Übernahmevertrag zwischen Emittent und Emissionskonsortium oder auch in einem Treuhandvertrag zwischen Emittent und Treuhänder. Hier spielen das skripturrechtliche Erfordernis der §§ 793, 796 BGB[18] und die Möglichkeiten der Kenntnisnahme nach Maßgabe des Rechts der Allgemeinen Geschäftsbedingungen (§§ 305 ff. BGB) eine Rolle.

[17] Vgl. BGH WM 1983, S. 1083; 1986, S. 769.

[18] Vgl. *Bosch*, Bankrecht und Bankpraxis, 10/169 f.; *Hopt*, Änderungen von Anleihebedingungen – Schuldverschreibungsgesetz, § 796 BGB und AGBG, Festschrift Steindorff (1990), S. 341, 362 f.

Problemlos ist dagegen die ausdrückliche oder stillschweigende Bezugnahme auf gesetzliche Vorschriften wie z. B. die Vorlegungsfrist und Verjährungsfrist für die Geltendmachung von Ansprüchen aus der Schuldverschreibung, die in § 801 BGB geregelt sind, oder das Verfahren der Kraftloserklärung abhanden gekommener Urkunden (§§ 799, 800 BGB).

2. Form/Verkörperung

a) Abdruck auf der Urkunde

Wie bereits erwähnt, werden die Anleihebedingungen im Falle des Ausdrucks von Einzelurkunden auf der Rückseite der Urkunde, des Mantels, abgedruckt. Auf die technischen Schwierigkeiten bei längeren Anleihebedingungen habe ich hingewiesen.

b) Anlage zur Globalurkunde

Bei der Globalurkunde hat sich die Praxis sehr viel leichter getan. Man hat sich gar nicht erst die Mühe gemacht, die Anleihebedingungen etwa minutiös auf die Rückseite der eigentlichen Globalschuldverschreibung – damals noch mit Schreibmaschine – zu schreiben. Sie werden der Globalschuldverschreibung einfach als Anlage beigefügt und mit einem Stapler verbunden und/oder in einer Plastikhülle verschweißt. Ob man dann ein, zwei oder zehn DIN A4-Blätter hat, auf denen sich die Anleihebedingungen befinden, spielt keine Rolle mehr. „Urkunde" ist für die Praxis die Gesamtheit von Globalschuldverschreibung mit dem dazugehörigen Set an Bedingungen.[19]

c) Registereintragung

Über Schuldverschreibungen des Bundes, seiner Sondervermögen und der Länder werden grundsätzlich keine Schuldverschreibungen als Urkunden mehr ausgestellt. Sie werden vielmehr in das Schuldbuch des Bundes und der Länder eingetragen, wobei man sich das Bundesschuldbuch oder ein Landesschuldbuch so vorstellen muss, dass darin die Grundmerkmale einer Emission vermerkt werden, sowie ferner, für wel-

19 Diese können mehr als 20 DIN A4-Seiten betragen.

chen Berechtigten welcher Anteil an der Gesamtemission eingetragen ist. Letzteres ist nach § 7 Abs. 2 BWpVerwG für Sammelschuldbuchforderungen die Clearstream Banking AG als Wertpapiersammelbank und für Einzelschuldbuchforderungen der jeweils individuelle Anleihegläubiger.

Die Emissionsbedingungen als solche werden vom Bundesministerium der Finanzen gemäß § 6 Abs. 4 festgelegt und im Bundesanzeiger bekannt gemacht. Wenn auch im Bundeswertpapierverwaltungsgesetz nicht ausdrücklich so geregelt, muss man diese Bekanntmachung meines Erachtens als Teil der Registereintragung und damit der Festlegung der Pflichten des Emittenten und der Rechte der Anleihegläubiger ansehen. Jedenfalls heißt es in § 8 Abs. 6 Bundeswertpapierverwaltungsgesetz: „Der Schuldner der Sammelschuldbuchforderung kann nur solche Einwendungen erheben, die sich aus der Eintragung ergeben, die Gültigkeit der Eintragung betreffen oder ihm unmittelbar gegen den Gläubiger zustehen."

IV. Auswirkungen des Depotgesetzes und der Dematerialisierung auf die Begebung von Schuldverschreibungen

Die Betrachtung der Technik der Begebung von Schuldverschreibungen hat uns bereits gezeigt, dass die Verwahrung der Schuldverschreibungen und ihre Begründung oder Übertragung durch Gutschriften auf Depotkonten absolut im Vordergrund stehen.

1. Eigenverwahrung vs. Depotverwahrung

Die Möglichkeit der Entgegennahme einer einzelnen Schuldverschreibungsurkunde und ihrer Verwahrung zu Hause ist heute im Gegensatz zu früher schon dadurch außerordentlich selten geworden, dass – bezogen auf die große Masse der Anleihen – nur noch wenige Emissionen in effektiven Stücken ausgedruckt werden. Diese könnte der Anleger und Privatkunde einer Bank – wie im Beispiel der Begebung von Bankschuldverschreibungen dargestellt – tatsächlich am Schalter effektiv erhalten und daran das Eigentum durch Einigung und Übergabe der Urkunde erlangen. Mit diesem Eigentumserwerb erhielte er auch die Rechtsstellung des Anleihegläubigers: Das Recht aus dem Papier folgt dem Recht am Papier.

2. Sonderverwahrung – § 2 Depotgesetz

Gibt es für eine Emission noch effektive Einzelstücke und will der Anleger nicht das Risiko tragen, das mit einer Eigenverwahrung zu Hause verbunden ist, kann er seine Stücke im Wege der Sonderverwahrung unter seinem Namen bei seiner Depotbank verwahren lassen. Er erhält dann an ganz bestimmten Urkunden, die stückenummernmäßig bezeichnet sind, Alleineigentum und damit die Rechtsstellung des Anleihegläubigers für diese Stücke. Dieser Eigentumserwerb vollzieht sich ebenfalls nach den Vorschriften des BGB, und zwar durch Einigung und Vereinbarung eines Besitzmittlungsverhältnisses, nämlich die Verwahrung der Schuldverschreibungen durch die Bank.[20] Zu sehen bekommt er in diesem Fall die Schuldverschreibungen nicht, auch nicht mal eben „zur Ansicht" am Schalter, denn als Wertpapiere „im wahrsten Sinne des Wortes" bleiben sie tunlichst in den Tresoren der Bank. Soll der Kunde über den Inhalt der Emission informiert werden, greift der Berater auf ein Informationsblatt oder ein Informationsmemorandum oder, sofern schon vorhanden, den Börseneinführungsprospekt zurück, in dem in einem Summary die wesentlichen Bedingungen skizziert und üblicherweise der volle Wortlaut der Bedingungen abgedruckt ist.

3. Girosammelverwahrung – § 5 Depotgesetz

Den Normalfall der Verwahrung von Wertpapieren bildet heute die Girosammelverwahrung mit der zentralen Vorschrift in § 5 Depotgesetz. Danach darf der Verwahrer vertretbare Wertpapiere, die zur Sammelverwahrung durch eine Wertpapiersammelbank zugelassen sind, dieser zur Sammelverwahrung anvertrauen, es sei denn, der Hinterleger hätte nach § 2 Satz 1 die gesonderte Aufbewahrung der Wertpapiere verlangt. Wertpapiersammelbank ist die Clearstream Banking AG in Frankfurt. Ihre Kontoinhaber sind Kredit- und Finanzdienstleistungsinstitute mit Sitz im In- und Ausland, nicht jedoch die eigentlichen Anleger, die eine

20 *Heinsius/Horn/Than* a. a. O. (Fn. 4), § 18 Rn. 45.

Anleihe gezeichnet haben. Diese sind Kunden und wiederum Kontoinhaber bei den Kreditinstituten und erhalten von diesen ihrerseits entsprechende Depotgutschriften.[21]

4. Sammelurkunde – § 9 a Depotgesetz

Leitbild der gesetzlichen Regelung der Girosammelverwahrung in den §§ 5 ff. Depotgesetz sind zwar effektive Einzelurkunden, in der Praxis spielen jedoch die Sammelurkunden, wie wir gesehen haben, eine weitaus größere Rolle. Für Anleihen wurde die Globalurkunde in Deutschland schon für die Schatzanweisungen des Deutschen Reiches von 1938 verwandt, die in Girosammelverwahrung bei einer Wertpapiersammelbank genommen wurden. Ihre ausdrückliche gesetzliche Sanktionierung fand die Globalurkunde allerdings erst 1972 mit der Einfügung des § 9 a in das Depotgesetz.[22] Die Globalurkunde ist heute das wertpapierrechtliche Medium, um in wenigen Urkunden riesige Bestände nicht nur an den hier im Vordergrund stehenden Schuldverschreibungen, sondern auch an Aktien, Investmentanteilscheinen und Optionsscheinen zu verbriefen. Ohne sie wäre der Kapitalmarkt nicht mehr vorstellbar.

Ein Ausdruck von Einzelurkunden und damit die Möglichkeit der Auslieferung von Einzelurkunden an Anleihegläubiger wird üblicherweise in den Anleihebedingungen ausgeschlossen. Die Möglichkeit der Kenntnisnahme vom Inhalt der Bedingungen einer Anleihe besteht für den Anleger hier in der gleichen Weise, wie ich sie beschrieben habe, wenn die Schuldverschreibungen in Sonderverwahrung genommen werden sollen. Der Berater greift auf ein Informationsmerkblatt oder -memorandum zurück, in dem die wesentlichen Merkmale oder, wie gesagt, der gesamte Text der Anleihebedingungen abgedruckt sind. Auf Wunsch wird die Bank dem Anleihegläubiger auch eine Kopie oder ein Exemplar des Informationsmemorandums aushändigen.

21 Vgl. Anlage 12.

22 Vgl. *Than*, Kapitalmarkt und Globalurkunde, Festschrift Heinsius (1991), S. 809, 812 ff.

5. Schuldbuchforderungen – §§ 7, 8 Bundeswertpapierverwaltungsgesetz

Wie schon erwähnt, führt der Bund für sich und seine Sondervermögen das Bundesschuldbuch. Beauftragt ist damit als Bundesoberbehörde im Bereich des Bundesministeriums der Finanzen die Bundeswertpapierverwaltung mit Sitz in Bad Homburg. Das Bundesschuldbuch kann in elektronischer Form geführt werden. Es dient der Begründung, Dokumentation und Verwaltung der Schulden und sonstigen Verbindlichkeiten. Eintragungsfähig ist unter anderem die Ausgabe von Schuldverschreibungen.[23]

Eine Schuldbuchforderung wird gemäß § 7 Abs. 3 Bundeswertpapierverwaltungsgesetz als Sammelschuldbuchforderung oder Einzelschuldbuchforderung durch Eintragung in die jeweilige Abteilung begründet. Die Eintragung wirkt also konstitutiv. Sammelschuldbuchforderungen werden auf den Namen einer Wertpapiersammelbank, d. h. der Clearstream Banking AG, eingetragen. Gemäß § 8 Abs. 2 des Gesetzes gilt die Sammelschuldbuchforderung als Wertpapiersammelbestand, ihre Gläubiger als Miteigentümer nach Bruchteilen. Die Wertpapiersammelbank verwaltet die Sammelschuldbuchforderung treuhänderisch für die Gläubiger, ohne selbst Berechtigte der Sammelschuldbuchforderung zu sein. Die Vorschriften des Depotgesetzes sind gemäß § 8 Abs. 2 entsprechend anzuwenden. Die Wertpapiersammelbank ist berechtigt, vom Schuldner für die auf ihren Namen eingetragenen Sammelschuldbuchforderungen die Zahlung der Zinsen und des Kapitals bei Fälligkeit zu verlangen. Der Schuldner wird durch Zahlung an die Wertpapiersammelbank gegenüber den Gläubigern der Sammelschuldbuchforderung befreit (§ 8 Abs. 7 BwpVerwG).

Dies hört sich sehr fortschrittlich nach Dematerialisierung an, ist aber nichts Neues. Der Gesetzgeber hat im Bundeswertpapierverwaltungsgesetz die schon seit Anfang der 40er Jahre aufgrund von Reichsverordnungen bestehende Gleichstellung von Eintragung im Schuldbuch und Wertpapiersammelbestand beibehalten, also eine Fiktion, die schon Gegenstand heftiger literarischer Auseinandersetzungen war.[24] Es ist ja auch so einfach: Mit dem Depotgesetz und den Regelungen in §§ 929 ff.

23 Zur Emission einer Bundesanleihe siehe das Schaubild in Anlage 13.

24 Vgl. *Heinsius/Horn/Than* a. a. O. (Fn. 4), § 42 Rn. 21 ff.; *Than*, Wertpapierrecht ohne Wertpapiere? Festschrift Schimansky (1999), S. 821, 831 ff.

BGB haben wir eine rechtliche Basis, auf deren Grundlage seit Jahrzehnten riesige Mengen von Wertpapieren begeben und übertragen werden. Verbunden mit dem Grundsatz „Das Recht aus dem Papier folgt dem Recht am Papier" erreichen wir durch Buchungen auf Depotkonten genau das, was der Kapitalmarkt braucht: Die schnelle, sichere und kostengünstige Übertragung von in Wertpapieren verbrieften Rechtspositionen.

Lange Zeit war Deutschland Vorbild in einer rationellen Wertpapierverwaltung, selbst für so klassische Kapitalmarktländer wie die USA oder das United Kingdom. Andere Länder haben aber inzwischen gewaltig aufgeholt. Den alten Kassenvereinen und der heutigen Clearstream Banking AG vergleichbare Institutionen wurden in fast allen am internationalen Kapitalmarkt teilnehmenden Ländern errichtet. Gesetzliche Vorschriften für einen effizienten Effektengiroverkehr bis hin zur Dematerialisierung wurden erlassen. Auf supranationaler Ebene ist man bestrebt, das Problem grenzüberschreitender Übertragungen auf einheitliche Grundlagen zu stellen. In Deutschland konnten wir uns bisher mit verhältnismäßig minimalen Korrekturen und Ergänzungen begnügen. Die Globalurkunde in § 9 a Depotgesetz habe ich schon erwähnt. § 5 Abs. 4 Depotgesetz mit der Möglichkeit grenzüberschreitender Kontoverbindungen von Sammelverwahrern war ein weiterer notwendiger Schritt im Wettstreit der Finanzmärkte.[25] Alles schien heile Welt zu sein, bis die Diskussion über die Anwendbarkeit des AGB-Gesetzes auf Emissionsbedingungen immer breiteren Raum einnahm.[26]

25 Vgl. *Than*, Neue Rechtsentwicklungen für den grenzüberschreitenden Effektengiroverkehr, Festschrift Kümpel (2003), S. 543, 549 f.; *Kümpel*, Grenzüberschreitender Giroverkehr durch Internationalisierung der deutschen Girosammelverwahrung – Zum Inkrafttreten der Depotgesetznovelle vom 17. Juli 1985, WM 1985, S. 1381 ff.

26 Vgl. dazu den Überblick bei *Ulmer/Brandner/Hensen*, AGB-Gesetz, 9. Auflage 2001, § 2 Rn. 13 f.; *Wolf/Horn/Lindacher*, AGB-Gesetz, 4. Auflage 1999, § 2 Rn. 3; *Bosch*/BuB (Fn. 18) 10/159 ff., jeweils mit weiteren Hinweisen.

V. Emissionsbedingungen als allgemeine Geschäftsbedingungen?

Lassen Sie mich nach diesem Ausflug in die Praxis der Anleihetechnik zur AGB-rechtlichen Thematik übergehen.

1. Gesetzliche Definition § 305 Abs. 1 BGB

Nach § 305 Abs. 1 BGB sind Allgemeine Geschäftsbedingungen alle für eine Vielzahl von Verträgen vorformulierten Vertragsbedingungen, die eine Vertragspartei (Verwender) der anderen Vertragspartei bei Abschluss eines Vertrages stellt. AGB liegen nicht vor, soweit die Vertragsbedingungen zwischen den Vertragsparteien im Einzelnen ausgehandelt sind.

Wenn wir uns die Technik der Begebung von Schuldverschreibungen als Direktemission oder als Emission über ein Konsortium nochmals vor Augen führen, lassen sich folgende Grundaussagen treffen:

- Die Bedingungen von Bankschuldverschreibungen, die direkt an den Bankkunden begeben werden, sind mit Sicherheit nicht „ausgehandelt", sondern von der Bank „festgelegt".
- Bedingungen einer über ein Bankenkonsortium begebenen Industrieanleihe können andererseits nach meinem Verständnis „ausgehandelt" sein im Sinne des § 305 Abs. 1 Satz 3 BGB. Dies gilt selbst in den Fällen, in denen der Emittent für bestimmte Vorschriften, wie etwa die negative pledge-Klausel oder die cross default-Klausel, dem die Verhandlungen führenden Konsortialführer konkrete Vorgaben macht, wie diese Klauseln in den Anleihebedingungen aussehen sollen. Auch das kann noch ein Aushandeln sein, denn es geht um das ganze Bedingungswerk und es geht letztlich darum, dass jede Seite die Möglichkeit hat, Einfluss auf die Gestaltung der vertraglichen Regelung zu nehmen. Etwas anderes mag gelten, wenn die Emissionen unter einem feststehenden Medium Term Note Program (MTN) begeben werden.[27]
- Die Bedingungen für Anleihen des Bundes und seiner Sondervermögen werden „festgesetzt". So verstehe ich jedenfalls § 6 Abs. 4 Satz 2 Bun-

[27] Vgl. zur Problematik des „Aushandelns" insbesondere *Bosch*/BuB (Fn. 18), 10/160 ff. Siehe auch *Kallrath*, Die Inhaltskontrolle der Wertpapierbedingungen von Wandel- und Optionsanleihen, Gewinnschuldverschreibungen und Genussscheinen, 1994, S. 44 ff., 59.

deswertpapierverwaltungsgesetz, wenn es dort heißt, dass das Bundesministerium der Finanzen über die Emissionsbedingungen und vertraglichen Bedingungen „entscheidet".

- Die Bedingungen von Optionsscheinen, die von Banken begeben werden, werden – wie bei der Direktemission von verzinslichen Schuldverschreibungen – durch die Bank als Emittentin „festgesetzt". In der Ausgestaltung im Einzelnen liegt das ganze Know-how der Bank.

Sie sehen damit ein buntes Bild, das nicht gerade Rechtssicherheit verspricht; denn natürlich kann man – wie in der Literatur geschehen – darüber streiten, ob die konsortialführende Bank die Anleihebedingungen wirklich in einer Weise mit dem Emittenten „aushandelt", die § 305 Abs. 1 Satz 3 BGB entspricht.[28]

2. Einbeziehung § 305 Abs. 2 BGB

Nach § 305 Abs. 2 BGB werden Allgemeine Geschäftsbedingungen nur dann Bestandteil eines Vertrages, wenn der Verwender bei Vertragsschluss

(1) die andere Vertragspartei ausdrücklich oder, wenn ein ausdrücklicher Hinweis wegen der Art des Vertragsschlusses nur unter unverhältnismäßigen Schwierigkeiten möglich ist, durch deutlich sichtbaren Aushang am Orte des Vertragsschlusses auf sie hinweist und

(2) der anderen Vertragspartei die Möglichkeit verschafft, in zumutbarer Weise, die auch eine für den Verwender erkennbare körperliche Behinderung der anderen Vertragspartei angemessen berücksichtigt, von ihrem Inhalt Kenntnis zu nehmen,

und wenn die andere Vertragspartei mit ihrer Geltung einverstanden ist.

Neben der eigentlichen inhaltlichen Kontrolle von Emissionsbedingungen anhand der einzelnen AGB-rechtlichen Bestimmungen haben auch die Einbeziehungsregelungen für Zweifel an der Tauglichkeit des deutschen Rechts für Anleiheemissionen internationaler Schuldner gesorgt.[29] Man bedenke nur einmal die Rechtsfolgen, wenn die Erwerber einer auf 10 Jahre ausgelegten Anleihe unserer als Beispiel gewählten Sony Corpo-

[28] Vgl. *Bosch*/BuB (Fn. 18), 10/161.

[29] Vgl. *Masuch* (Fn. 2), S. 66; *Ulmer*/*Brandner*/*Hensen* (Fn. 26), § 2 Rn. 14 a.

ration nach einem Jahr vom Emittenten unter Berufung auf die nicht wirksam gewordenen Anleihebedingungen Rückzahlung zum Nennwert verlangen könnten, wenn der Kurs der Anleihe aufgrund eines inzwischen gestiegenen allgemeinen Zinsniveaus deutlich unter pari gesunken ist.

Ein solches Risiko kann und darf es nicht geben. Es gehört deshalb zur festen Überzeugung der Rechtsberater von Kapitalmarkttransaktionen, dass sich jedenfalls bei Einschaltung eines Übernahmekonsortiums die Einbeziehungsproblematik dadurch erledigt, dass entweder die formellen Einbeziehungsregeln des § 305 Abs. 2 BGB gemäß § 310 Abs. 1 BGB nicht zur Anwendung kommen, weil der Übernahmevertrag mit einem „Unternehmer" zustande kommt oder die übernehmenden Banken mit dem Aushandeln und der Unterzeichnung des Übernahmevertrages zwangsläufig von den Emissionsbedingungen Kenntnis erlangen und sich mit ihrer Geltung einverstanden erklären. Da diese Bedingungen – wie der gesamte Vertrag – vom Konsortialführer und seinen Rechtsberatern ordentlich und ohne Lupe lesbar aufgesetzt wurden und werden, spielt auch die spätere drucktechnische Ausgestaltung der Einzelurkunden keine Rolle: „Einbezogen" sind die Emissionsbedingungen schon mit der Vertragsunterzeichnung, sozusagen aufschiebend bedingt durch die tatsächliche Begebung der Globalurkunde am einige Tage später liegenden Abrechnungstag, dem Settlement Date. Die Anleihe, d. h. die Schuldverschreibungen, sind dann mit ihren Bedingungen ein für alle Mal entstanden,[30] und zwar nach meiner Auffassung zumindest auch mit allen Rechten und Pflichten, die Kaufleute nach dem Recht der Allgemeinen Geschäftsbedingungen untereinander wirksam in AGB festlegen können. Ich weiß jedoch, dass in diesem Punkte mit durchaus beachtlichen Argumenten gegenteilige Vorstellungen bestehen, zu denen ich aber im Rahmen meines Themas nicht weiter Stellung nehmen möchte. Wir werden dazu sicher im Laufe des Tages ein etwas bunteres Bild erhalten.

Folgt man der These, dass bei Einschaltung eines Übernahmekonsortiums Emissionsvertrag und Emissionsbedingungen im Sinne des § 305 Abs. 1 Satz 3 BGB im Einzelnen ausgehandelt werden, ergibt sich die Konsequenz, dass in diesen Fällen Emissionsbedingungen keine Allgemeinen Geschäftsbedingungen sind. Auch zu diesem Aspekt gibt es

[30] Vgl. *Grundmann* in: *Schimansky/Bunte/Lwowski*, Bankrechtshandbuch, 2. Auflage 2001, § 112 Rn. 115.

unterschiedliche Meinungen, liefe diese apodiktische These doch darauf hinaus, dass damit die Emissionsbedingungen bis zur Grenze der §§ 138, 242 BGB jeglicher Inhaltskontrolle entzogen wären. Es wurde deshalb verschiedentlich auf den alten § 7 AGBG – jetzt § 306 a BGB – hingewiesen, der besagt, dass die AGB-rechtlichen Bestimmungen Anwendung finden, wenn sie durch anderweitige Gestaltungen umgangen werden.[31]

Problematisch bleibt in jedem Fall die Direktemission von Schuldverschreibungen, bei der weder ein Aushandeln im Sinne des Gesetzes noch eine zwangsläufige Kenntnisnahme bei Abschluss des Kaufvertrages stattfinden.

Unbefriedigend bleibt, dass bei einer strikten Anwendung der AGB-rechtlichen Bestimmungen je nach Art der Emission und der Begebungstechnik unterschiedliche Ergebnisse hinsichtlich der Einbeziehungsproblematik und darüber hinaus der Inhaltskontrolle der Emissionsbedingungen die Folge wären. Dies kann nicht im Interesse des Kapitalmarktes liegen. Ich habe daher volles Verständnis dafür, dass schon de lege lata versucht wird, aus der Rechtsnatur der Schuldverschreibungen und ihrer Bedingungen heraus zu einer Nichtanwendbarkeit der AGB-rechtlichen Bestimmungen überhaupt zu kommen.[32]

3. Diskussionsentwurf eines Gesetzes zur Änderung des Schuldverschreibungsrechts

Auf Bitten der Kapitalmarktteilnehmer und ihrer Rechtsberater und der Deutschen Bundesbank hat sich das Bundesjustizministerium der Thematik „Emissionsbedingungen und Recht der Allgemeinen Geschäftsbedingungen“ angenommen und einen Diskussionsentwurf vorgelegt, der in einem neuen § 795 Abs. 2 Satz 2 BGB zunächst festlegt, dass auf die

31 Vgl. *v. Randow*, Anleihebedingungen und Anwendbarkeit des AGB-Gesetzes, ZBB 1994, S. 23, 27 ff.

32 Zum Beispiel *Ekkenga*, Wertpapier-Bedingungen als Gegenstand richterlicher AGB-Kontrolle?, ZHR 160 (1996) S. 59, 72: „Der Inhalt von Wertpapierbedingungen ist nicht Gegenstand einer obligatorischen Abrede, sondern folgt dem Recht am Papier; sie sind ein Element des Erfüllungsgeschäfts“; *v. Randow* (a. a. O. Fn. 31) ZBB 1994, S. 23, 26 f.: Anwendung des AGB-Gesetzes allenfalls über § 7 AGBG (heute § 306 a BGB); gegen eine Anwendung der Einbeziehungsregeln *Ulmer/Brandner/Hensen* (a. a. O. Fn. 26) § 2 Rn. 14 a, *Masuch* (Fn. 2) S. 75 und *Kümpel* (Fn. 2) Rn. 9.207 ff.

Emissionsbedingungen die §§ 305 bis 309 BGB keine Anwendung finden, und der in § 795 Abs. 3 BGB zu der von mir hier behandelten Einbeziehungsproblematik sagt, dass der Aussteller die Emissionsbedingungen der Öffentlichkeit zugänglich zu machen hat. Jeder Gläubiger hat das Recht, den Wortlaut der Emissionsbedingungen kostenlos beim Aussteller abzufordern. Auf dieses Recht sowie auf die Art und Weise der Veröffentlichung der Emissionsbedingungen ist in der Urkunde sowie im Verkaufsangebot hinzuweisen.[33]

Damit würden die Unsicherheiten beseitigt, die sich nach gegenwärtiger Rechtslage unter dem Aspekt Emissionsbedingungen als Allgemeine Geschäftsbedingungen und ihre Einbeziehung ergeben. Es bleibt allerdings ein Unbehagen. Nach § 795 Abs. 2 Satz 1 BGB sollen Bestimmungen in Emissionsbedingungen unwirksam sein, wenn sie die Gläubiger entgegen den Geboten von Treu und Glauben unangemessen benachteiligen. Also doch Inhaltskontrolle!

VI. Ausblick de lege ferenda aus depotrechtlicher Sicht

De lege ferenda kann man den Gesetzgeber nur ermuntern, auf dem mit dem Diskussionsentwurf beschrittenen Weg weiter zu machen. Es ist noch nicht die beste aller Welten, die dieser Entwurf schafft. Er kann es aber noch werden und die nach einer Lösung drängenden Unsicherheiten vom deutschen Kapitalmarkt zu nehmen. Dazu werden wir aber in den nachfolgenden Referaten noch Näheres hören.

33 Siehe Anlage 14.

Die Inhaltskontrolle von Emissionsbedingungen: Abschied vom AGB-Recht

Dr. Philipp von Randow

Gliederung

1. Einleitung

Manche Emittenten, die *publikumsfinanziertes Fremdkapital* aufzunehmen wünschen, seien es Staaten, seien es Unternehmen, scheuen sich nach wie vor, Schuldverschreibungen *deutschem Recht* zu unterstellen oder auch nur Emissionen *in Deutschland* zu offerieren. Als gewählte Rechte dominieren vielmehr das Recht des Staates New York oder das englische Recht.

Für diese Zurückhaltung der Staaten und Unternehmen gibt es neben gesamtwirtschaftlichen und steuerlichen Erwägungen, von denen, weil stetem Wandel unterworfen, hier nicht zu handeln ist, auch Ursachen, die im deutschen *Sachrecht* sowie im deutschen *Internationalen Privat- und Verfahrensrecht* der Schuldverschreibungen wurzeln:

Die überkommene Auffassung, Anleihen begründeten Dauerschuldverhältnisse, die unabdingbar und damit auch unbeschränkbar jederzeit aus wichtigem Grunde kündbar seien, die Aussage, dass bei einer Inhaberschuldverschreibung auch die den Erwerbern nach Maßgabe der Emissionsbedingungen in Aussicht gestellte Rendite zur Geschäftsgrundlage werden kann,[1] die mittlerweile kontrovers gewordene Annahme, die inhaltlichen Bestimmungen des Anleiheschuldverhältnisses seien Allgemeine Geschäftsbedingungen i. S. der §§ 305 ff. BGB und die verbreitete Ansicht, dass sich Klagrechte einzelner Obligationäre nicht beschränken und bündeln ließen, all das erscheint aus Sicht der unter Wettbewerbsdruck stehenden Praxis suspekt. Ferner: *wie* sich ein Erfordernis zur Erstellung des Prospekts zu etwaigen AGB-rechtlichen Einbeziehungsvoraussetzungen für Emissionsbedingungen verhält, ob und wie ein etwaiges Recht zur Kündigung aus wichtigem Grund mit den abschließenden Tatbeständen des Gläubigerschutzes bei Umwandlungen abzustimmen wäre, ob die Vorschriften über den Vertrieb von Unternehmensschuldverschreibungen eine Kontrolle der Emissionsbedingungen im Wege der Klage nach dem UKlaG entbehrlich macht – all das und noch manches mehr bedarf der Klärung.

Es muss daher nicht Wunder nehmen, wenn Beobachter des hiesigen Kapitalmarktes seit geraumer Zeit besorgt fragen, ob in Deutschland andere Regeln gelten als international üblich.[2] Das Verdikt über das rechtliche Instrumentarium fällt – aus Sicht mancher Praktiker – jeden-

1 Vgl. OLG München DB 1997, S. 1072, 1074.
2 Berichtet von *Hopt*, Festschrift Steindorff (1990), S. 341, 364 f.

falls vernichtend aus: „Die Rigidität des deutschen Rechtes steht ... einer sowohl aus der Sicht der Emittenten als auch aus der Sicht der Gläubiger und Anleger wünschenswerten Regelung oft im Wege. Das führt in der Praxis nicht selten zur ‚Flucht aus dem deutschen Recht' oder, wenn es bei deutschem Recht verbleibt, zu unbefriedigenden Ergebnissen."[3]

Nun war und ist, was der Rechtspraxis gelegentlich rigide erscheint, aus Sicht der Rechtslehre nicht selten zwingend geboten. Was hier als Hemmnis erscheint, mag dort als Schutzvorkehrung Respekt genießen. Aber die Wahrnehmungsasymmetrien zwischen Praxis und Theorie schwinden. Das Vertrauen in das freie Spiel von Angebot und Nachfrage auf Kapitalmärkten dürfte in den vergangenen Jahren – trotz mancher Rückschläge gerade in jüngster Zeit – insgesamt gewachsen sein. Der Glaube an die Notwendigkeit einer Deregulierung – auch im Recht des publikumsfinanzierten Fremdkapitals – geht mittlerweile sogar soweit, dass selbst § 242 BGB als Maßstab einer Überprüfung der inhaltlichen Ausgestaltung von Wertpapieren kurzerhand für obsolet und unter Berufung auf einen – methodisch nicht näher legitimierten – „Gesichtspunkt der effektiven Marktkontrolle" abgelehnt wird.[4]

So entspricht es auch einer neuen Orthodoxie, nur dort zwingenden Schutz für Anleger vorzusehen, wo die *„Kräfte der Marktsteuerung"* versagen.[5] Das dazu gehörige Mantra darf als bekannt vorausgesetzt werden: Soweit unter nutzenmaximierenden Anbietern und Nachfragern ungestörter Wettbewerb herrscht, könnten seine Ergebnisse durch eine Regulierung nicht verbessert werden; dies, weil gewinnorientierte Marktteilnehmer ein etwaiges Bedürfnis nach Beherrschung der Probleme von Fremdkapitalfinanzierungen durch entsprechende Leistungen decken und eine auf das gleiche Ziel gerichtete Regulierung wiederum überflüssig machen würden.[6] Auch für Anleihen scheinen die geschilderten

3 (o. V.), Entwurf eines Gesetzes über Schuldverschreibungen aus Gesamtemission v. 5. August 1996, S. 5 und weiter S. 7: „Die Unsicherheit ... im deutschen Recht stellt einen Strukturnachteil des Finanzplatzes Deutschland dar, der durch die Herstellung von Rechtssicherheit so schnell wie möglich beseitigt werden sollte."

4 *Eidenmüller*, Unternehmenssanierung zwischen Markt und Gesetz (1999), S. 223 mit Fn. 224.

5 Vgl. etwa *Assmann*, ZBB 1989, S. 49 ff. und für das Recht der Eigen- und Fremdkapitalfinanzierung *Herrmann*, Quasi-Eigenkapital im Kapitalmarkt- und Unternehmensrecht (1996), S. 5 und 47.

6 Vgl. in ähnlichem Zusammenhang bereits *Fischel/Grossman*; The Journal of Futures Markets 4 (1984), S. 273, 280 f.

Gesetzmäßigkeiten Geltung zu beanspruchen. Denn sie sind – ob als schlichte („plain vanilla") oder strukturierte (bspw. bezüglich der verbrieften Ansprüche an die Entwicklung bestimmter Referenzaktiva gebundene) Schuldverschreibungen – kaum mehr als in Versprechen gegossene künftige Zahlungsströme. Sie werden deshalb vor allem danach unterschieden, welche Rendite sie unter welchen Umständen erwarten lassen und welche Risiken sich mit ihrem Erwerb verbinden. Weitere, eigentümliche Qualitäten weisen sie grundsätzlich nicht auf.

Von diesen Einsichten blieb auch das Gespräch über die ABG-rechtliche Kontrolle von Emissionsbedingungen nicht unberührt: In der deutschen rechtswissenschaftlichen Diskussion galt es zwar lange Zeit als ausgemacht, die Ausgestaltung des Anleiheschuldverhältnisses durch Emissionsbedingungen der AGB-rechtlichen Kontrolle zu unterwerfen, Emissionsbedingungen also als Allgemeine Geschäftsbedingungen einzustufen.[7]

Mittlerweile ist dieser Konsens aber zerbrochen.[8] Die Diskussion, bei der gelegentlich zu kurz kommt, dass es die erklärte Absicht der Schöpfer des

7 Begründung des RegE zum AGBG, BT-Drucks. 7/3919, S. 18; *Hopt*, Festschrift Steindorff (1990), S. 341, 364 ff.; ders., Die Verantwortlichkeit der Banken bei Emissionen. Recht und Praxis in der EG, in Deutschland und in der Schweiz (1991), Rn. 254; *ders.*, Festschrift W. Lorenz (1991), S. 414, 426; *Parche*, in: *Henssler/Kolbeck/Moritz/Rehm* (Hrsg.), Europäische Integration und globaler Wettbewerb, 1993, S. 351, 357; *Feuring*, Festschrift Deringer (1993), S. 446 (466); *Than*, Festschrift Coing II (1982), S. 521, 537 m. Anm. 36; *Stucke*, Die Rechte der Gläubiger bei DM- Auslandsanleihen, Diss. iur. Kiel 1988, S. 257.

8 Vgl. aus der umfangreichen Diskussion statt vieler nur *Bungert*, DZWiR 1996, S. 185 ff., *Ekkenga*, ZHR 160 (1996), S. 59 ff., *Gruson/Harrer*, ZBB 1996, S. 37 ff.; *dies.*, 10 Emory International L. R. S. 195, 213; *Joussen*, WM 1995, S. 1861 ff.; *H. Schneider*, Emissionsprogramme und AGBG (Unveröffentlichtes Vortragsmanuskript) (1996), passim; *Schäfer*, Genussrechte, Rn. 25–33, in: *von Westphalen* (Hrsg.), Vertragsrecht und AGB- Klauselwerke, Loseblatt, Stand Januar 1995; *Siebel*, WM 1994, S. 1781 ff.; *M. Wolf*, Festschrift Zöllner, Band I (1999), S. 651 ff.; monographisch zuletzt *Siebel*, Rechtsfragen internationaler Anleihen (1997), S. 339 ff., *v. Baum*, Die prozessuale Modifizierung von Wertpapieren durch Gerichtsstands- und Schiedsvereinbarungen (1998), S. 128 ff.; *Hartwig-Jacob*, Die Vertragsbeziehungen und die Rechte der Anleger bei internationalen Anleiheemissionen (2001), S. 204 ff; *Hottenrott*, Ausgesuchte Fragen des Rechts der Begebung von Globalanleihen durch deutsche Emittenten (2002), S. 91 ff.; *Kallrath*, Die Inhaltskontrolle von Wertpapierbedingungen von Wandel- und Optionsanleihen, Gewinnschuldverschreibungen und Genussscheinen, 1994, S. 37 ff.; *Masuch*, Anleihebedingungen und AGB-Gesetz (2001), passim. Zur Rechtslage in Österreich vgl. *Kalss*, Anlegerinteressen. Der Anleger im Hand-

mittlerweile in das BGB integrierten AGBG war, Emissionsbedingungen in seinen Anwendungsbereich einzubeziehen[9] und die ihre – wiederum so gut wie nie thematisierte – Bedeutung auch aus der sich an eine Qualifizierung als nichtunternehmerische AGB knüpfende Verbandklagebefugnis nach UKlaG bezieht,[10] wurde bislang mit Blick auf die dem AGBG bzw. seiner Übersetzung in das reformierte BGB zu Grunde liegenden Wertungen geführt – Wertungen, die tief in das allgemeine Verständnis von Gerechtigkeit und Effizienz des Vertragsabschlussprozesses reichen.[11] Sie gewinnt nunmehr aber auch an eminent praktischer Bedeutung im Lichte der Debatte um die AGB-rechtliche Zulässigkeit von Kollektivhandlungsklauseln, welche eine nachträgliche Änderung von Emissionsbedingungen – etwa zu Zwecken der Schuldenumstrukturierung auf Seiten des Emittenten – ermöglichen sollen.[12]

lungsdreieck von Vertrag, Verband und Markt (2001), S. 111 ff.; zum schweizerischen Recht *Pfenniger*, Auslegung von Anleihensbedingungen (1995), passim.

9 S. erneut Begründung zum RegE des AGBG, BT-Drucks. 7/3919, S. 18.

10 Vgl. näher *v. Randow*, ZBB 1994, S. 28, 34 f.: *Wenn* man Emissionsbedingungen den Charakter von nicht-unternehmerischen AGB beilegt, wäre eine Verbandsklage *nach geltendem Recht* zulässig. Die Emittentin könnte in der Tat Bestimmungen in Emissionsbedingungen i. S. des Gesetzes verwenden, wenn sie sich gegenüber einem Anleger auf sie *beruft*. Denn eine Verwendung i. S. des § 1 UKlaG erschöpft sich nicht im Vertragsschluss unter Einbeziehung der Bedingungen. Die entsprechende Vorschrift erfasst vielmehr auch das Stadium der Vertragsabwicklung. Diese, über den Verwendungsbegriff hinausreichende Deutung des Gesetzes gründet sich auf die Zweckbestimmung der Kontrollklage. Sie soll den Rechtsverkehr von unwirksamen Klauseln freihalten helfen. Diesem Zweck aber wäre nur unvollkommen gedient, wenn das Tor zur Kontrollklage nicht auch für den Fall geöffnet bliebe, dass der Verwender nach Vertragsschluss Vorteile aus der unwirksamen Bestimmung gegenüber seinen Kunden zu ziehen versucht. So wäre es auch ein seltsames und mit dem Telos des Gesetzes ganz unverträgliches Ergebnis, dass der Verwender zwar verpflichtet werden kann, einen erneuten Vertragsschluss unter Einbeziehung der unwirksamen Bestimmung zu unterlassen, es ihm aber nicht in entsprechender Weise verwehrt werden könnte, sich auf eben diese Klausel in solchen Verträgen zu berufen, die er vor Erlass des Urteils auf Unterlassung abgeschlossen, aber noch nicht abgewickelt hat (vgl. zur alten Rechtslage etwa BGH NJW 1981, S. 1511, 1512).

11 Umfassend zur deutschen Diskussion *Fastrich*, Richterliche Inhaltskontrolle im Privatrecht, 1992, passim.

12 Vielfach und ausgiebig (und nicht zuletzt im Zusammenhang mit internationalen Verschuldungsszenarien) ist über Remeduren von Abstimmungsproblemen und darüber verhandelt worden, ob erleichterte Änderungsmöglichkeiten für publikumsfinanziertes Fremdkapital möglich und wünschenswert

Verlässliche höchstrichterliche Rechtsprechung zur Frage der Anwendbarkeit des ABG-Rechts auf Emissionsbedingungen fehlt. Dass der Bundesgerichtshof in der *Klöckner*-Entscheidung sehr beiläufig und nur indirekt die AGB-Qualität von Genussscheinsbedingungen angesprochen hat,[13] mag die Praxis kaum beruhigen.[14]

Und neue Einsichten, geschweige denn abschließende Klärung hat auch nicht die EU-Richtlinie über missbräuchliche Klauseln gebracht:

Die Schwierigkeiten nehmen ihren Ausgang von der Frage, ob Wertpapierbedingungen überhaupt unter die Richtlinie fallen. Ausgangspunkt ist ihr Art. 1 Abs. 1: Gegenstand der Richtlinie sind danach „missbräuchliche Klauseln in *Verträgen*“. Ob damit sämtliche privatautonom begründete Schuldverhältnisse im weiteren Sinne gemeint sind oder nicht vielmehr nur jene, die Waren oder Dienstleistungen betreffen, bleibt aber offen. Der Text der Richtlinie 93/13 EWG v. 5.4.1993 einschließlich der Erwägungsgründe und des Klauselanhangs sendet dazu nur widersprüchliche Signale aus: Während es im ersten Erwägungsgrund heißt, dass die Rechtsvorschriften „zwischen dem Verkäufer von *Waren* oder dem *Dienstleistungserbringer* einerseits und dem Verbraucher andererseits“ einer (Mindest-)Vereinheitlichung bedürfen, wird im zehnten Erwägungsgrund ausgeführt, dass die „Vorschriften ... für *alle* Verträge zwischen Gewerbetreibenden und Verbrauchern gelten sollten“. Und während aus dem Anhang Ziffer 2 lit c) 1. Spiegelstrich folgt, dass sich die Richtlinie grundsätzlich auch auf Geschäfte mit Wertpapieren

sind, vgl. *T. Becker/A. J. Richards/Y. Thaicharoen*, Bond Restructuring and Moral Hazard: Are Collective Action Clauses Costly? (draft, April 2001); *L. Dixon/D. Wall*, Financial Stability Review; June 2000, S. 142 ff.; *B. Eichengreen/A. Mody*, Would Collective Action Clauses Raise Borrowing Costs? (NBER Working Paper 7458, January 2000); *dies.*, Would Collective Action Clauses Raise Borrowing Costs? An Update and Additional results? (draft, May 2000); *B. Eichengreen/Chr. Rühl*, The Bail- In Problem: Systematic Goals, Ad Hoc Means (NBER Working paper 7653, April 2000); *A. Haldane*, Financial Stability Review November 1999, S. 184 ff.; *G. Lipworth/J. Nysted*, Crisis Resolution and Private Sector Adaptation (draft, November 2000); *N. Roubini*, Bail-In, Burden-Saring, Private Sector Involvement (PSI) in Crisis Resolution and Constructive Engagement of the Private Sector. A Primer: Evolving Definitions, Doctrine, Practice and Case Law (revised draft, September 2000); *A. Yanni*, Financial Stability Review June 1999, S. 78 ff.

13 BGHZ 119, S. 305 ff.; s. auch OLG Frankfurt/M. WM 1993, S. 2089

14 *H. Schneider*, Emissionsprogramme und AGBG (1996), passim und wiederholt BuB/*Bosch* – Emissionsgeschäft (12/1997), Rn. 10/162 und 10/165.

erstreckt, bleibt doch zweifelhaft, ob die Emission von Schuldverschreibungen ein Geschäft „mit Wertpapieren" ist, da bislang stets nur die Vermittlung oder Finanzierung einer Beteiligung, nicht aber die Begründung der Beteiligung selbst, als (Finanz-)Dienstleistung angesehen wurde.[15] Diese Zweifel werden wiederum durch Art. 4 Abs. 1 der Richtlinie bekräftigt, der seinerseits nur auf die „Art der Güter oder Dienstleistungen" abstellt.

Aber auch unter der Annahme einer Einschlägigkeit der Richtlinie verblieben Rechtsunsicherheiten – denn Zweifel bestehen auch, ob die Richtlinie ohne weiteres Anwendung finden kann, wenn die verbrieften Rechte zunächst zwischen Emittent und Kreditinstitut(en) als Gewerbetreibenden ausgehandelt worden sind und Verbraucher lediglich Rechtsnachfolger einer der Ursprungsparteien geworden sind,[16] wie es häufig beim Absatz von Schuldverschreibungen geschieht. Zwar ist in der Richtlinie nirgends davon die Rede, dass der Vertragsschluss zwischen Gewerbetreibendem und Kunden geschehen sein muss. Dass die Richtlinie aber lediglich darauf abstellt, ob zwischen ihnen ein entsprechendes Schuldverhältnis besteht,[17] wird sich dennoch nicht sagen lassen. So spricht Art. 5 Satz 1 der Richtlinie von dem Verbraucher in Verträgen *unterbreiteten* Klauseln. Unterbreitet werden Klauseln aber nur bei Vertragsschluss. Es wird demnach ersichtlich nicht nur auf das Bestehen, sondern auch auf das Entstehen der Vertragsbeziehung abgestellt. Auch in Art. 6 Abs. 1 ist die Rede von „Verträgen, die ein Gewerbetreibender mit einem Verbraucher geschlossen hat". Überdies wird in Art. 3 Abs. 1 und 2 der Richtlinie sowie im 16. Erwägungsgrund das Fehlen eines Aushandlungsprozesses zur Anwendung der Richtlinienvorschriften vorausgesetzt. Damit ist ersichtlich das Fehlen eines Aushandlungsprozesses zwischen Gewerbetreibendem und Verbraucher gemeint, nicht etwa eines Aushandlungsprozesses zwischen anderen Parteien.

15 Treffend T. *Drygala*, ZIP 1997, S. 968, 971.

16 Nach Auskunft des englischen *Office of Fair Trading*, das für die Durchsetzung der in Umsetzung dieser EU-Richtlinie erlassenen Unfair Terms in Consumer Contracts Regulations 1994 (S. I. 1994/3159) zuständig ist (vgl. auch *J. Simmons*, Journal of International Banking Law (1999), S. 81 ff.), können dessen Vorschriften auf Bestimmungen in corporate bonds und trust deeds für corporate bonds Anwendung finden (so *Ray Wolley*, Esq., Head of „Unfair Terms in Consumer Contracts"- Unit, Office of Fair Trading, London) in einem Schreiben an den *Verf.* v. 18. 2. 1999; unschlüssig dagegen *Morgan/Scherer*, Journal of International Banking Law 1995, S. 168, 172.

17 Vgl. dazu M. *Wolf*, Festschrift Zöllner, Band I (1999), S. 651, 656.

Im Vordergrund der weiteren Untersuchung steht, ob das *AGB-Recht insgesamt als Kontrollregime für Emissionsbedingungen* – und zwar auf der Ebene der Inhaltskontrolle – überhaupt *taugt*. Dabei wird vor allem der *eigentümliche Schutzzweck* des AGB-Rechts selbst noch einmal zu bedenken sein, welche sich nicht notwendig mit Anlegerschutzgedanken deckt. Es ist in der Tat ein gelegentlich zu beobachtender Mangel der Debatte, dass über das „Ob" und „Wie" einer AGB-rechtlichen Kontrolle von Emissionsbedingungen so diskutiert wird, als müsse die Entscheidung über ihre Geltung zugleich die Frage der Reichweite eines Anlegerschutzes für Obligationäre präjudizieren.

Von Einzelfragen zur Reichweite AGB-rechtlicher Prinzipien und Regeln für Emissionsbedingungen wird im Übrigen abgesehen, um sich ausschließlich der Grundsatzfrage des Gebots einer *AGB-rechtlichen Inhaltskontrolle* von Emissionsbedingungenm zuwenden zu können. Es soll also nicht die Rede sein vom *Transparenzgebot*, das bei Gestaltung und Formulierung von Emissionsbedingungen zu befolgen sich insbesondere an der Notwendigkeit stoßen kann, von vielen Variablen abhängige (Zins-)Zahlungsversprechen und/oder Kündigungsgründe und -möglichkeiten *eindeutig, abschließend* und d. h. auch *ohne jeden Interpretationsspielraum* zu definieren; der Praxis ist insoweit schmerzlich bewusst, dass derlei Produkteigenschaftsbeschreibungen äußerste Genauigkeit verlangen – und es ohne das Auftürmen großer Textungetüme zuweilen schlicht ausgeschlossen ist, manches, was sich ohne weiteres in mathematischen Formeln abbilden oder durch Hinweis auf umfängliche Regelwerke beschreiben lässt, in ohne Mühewaltung nachvollziehbarer, gar alltagssprachlichder Weise zu „erzählen" oder in intellektuell leicht verdauliche kleine „Häppchen" zu zerteilen, wie es sich mancher kapitalmarktferner Adept AGB-rechtlichen Gedankenguts vielleicht vorstellen möchte. Und es sollen auch nicht manche *einzelfallweise* auftretenden praktischen Unzuträglichkeiten thematisiert werden, welche sich durch Anwendung des AGB-Rechts auf einzelne Klauseln in Emissionsbedingungen ergeben können – seien es, um nur einige Beispiele zu nennen – Bekanntmachungs-, Kollektivhandlungs-, Kündigungs- oder Schuldnerersetzungsbestimmungen. Die insoweit behaupteten und bestehenden praktischen Schwierigkeiten gründen zumeist weniger auf die zweifelhafte AGB-Qualität von Emissionsbedingungen als vielmehr darauf, dass es für ihre Kontrolle – nach welchem Maßstab auch immer – an einem Vorbildregime, d. h. dispositivem Recht fehlt, welches auf die Gegebenheiten und Erfordernisse der Emissionspraxis zugeschnitten wäre.

Angesichts der Vielgestaltigkeit der Debatte mag es zunächst angeraten sein, rechtsdogmatisches und rechtspolitisches Argument voneinander zu scheiden, den Befund nach gegenwärtig geltendem Recht mithin an den Anfang zu stellen, das Ergebnis dieser Befundaufnahme sodann in ein Verhältnis zum – womöglich weiter gefassten – Zweck der gesetzlich vorgeschriebenen AGB- Kontrolle zu stellen und erst im Anschluss daran in die Debatte um die rechtspolitische Notwendigkeit einer AGB-rechtlichen (!) Inhaltskontrolle von Emissionsbedingungen einzutreten.

2. AGB- Kontrolle nach geltendem Recht

a) Gesetzesmaterialien

Die auch nach der Schuldrechtsreform noch bedeutsamen Gesetzesmaterialien zum AGBG sprechen eine eindeutige Sprache: Emissionsbedingungen werden in der Begründung zum Regierungsentwurf ohne weiteres als Allgemeine Geschäftsbedingungen eingeordnet.[18] Argumentativer Aufwand wird freilich nicht betrieben, sondern nur erklärt, es würden die für Kaufleute geltenden Maßstäbe bei der Einbeziehungs- und Inhaltskontrolle heranzuziehen sein.[19]

Angesichts der Dürftigkeit der Gesetzesmaterialien mag man zunächst geneigt sein, sie zu unbedachten, für die weitere Praxis daher unbeachtlichen Äußerungen zu erklären. Dass diese Äußerungen auch heute Gewicht haben, zeigt sich indes daran, dass sie auch von der *Exekutive* bemüht werden. Diese ging vielmehr auch ein Vierteljahrhundert nach Inkrafttreten des AGBG wie selbstverständlich davon aus, dass das AGBG auf Emissionsbedingungen Anwendung finden solle.[20] Das ist für aufmerksame Beobachter nochmals in der Diskussion um neuere Ansätze

18 Begründung zum RegE des AGBG, BT-Drucks. 7/3919, S. 18.

19 BuB/*Bosch* – Emissionsgeschäft (12/1997) Rn. 10/160 berichtet, dass im Zusammenhang mit dem Erlaß des AGBG im Jahre 1976 unter Kapitalmarktjuristen eine Debatte über dessen Auswirkungen für Anleiheschuldverhältnisse geführt worden sei; diese Debatte ist bedauerlicherweise eben so wenig der Öffentlichkeit zugänglich gemacht worden wie gut 25 Jahre später der von Vertretern deutscher Bankwirtschaft und Anwaltschaft erarbeitete Entwurf eines Gesetzes über Schuldverschreibungen aus Gesamtemission v. 5. August 1996, mit dem ein Sonderrecht für Emissionsbedingungen geschaffen werden soll.

20 Die Übersetzung des AGBG in das BGB dürfte daran nichts geändert haben.

zur Beteiligung des Privatsektors an der Lösung internationaler Verschuldungskrisen deutlich geworden. So hat die Bundesregierung Anfang des Jahres 2000 in einer Stellungnahme zur rechtlichen Zulässigkeit von Umschuldungsklauseln bei deutschem Recht unterliegenden Wertpapieremissionen ausländischer Staaten mit deutschem Recht ebenso knapp wie klar erklärt: „The judicial benchmark for the terms of bond issues is the German Standard Contracts Act".[21] Nicht anders hat es zuvor schon die Bundesbank gesehen; sie hat denn auch im gleichen Zusammenhang verlauten lassen, dass Anleiheemittenten bei Vereinbarung deutschen Rechts „an die im Gesetz über Allgemeine Geschäftsbedingungen ... verankerten Grundsätze von Treu und Glauben gebunden sind."[22]

Zwar wird diesen Äußerungen – die überdies nicht vom Gesetzgeber selbst herrühren – niemand eigenes Gewicht für die Klärung der Rechtsfrage zumessen wollen, ob Emissionsbedingungen einer gesonderten AGB- rechtlichen Kontrolle unterfallen; sie dürften aber sehr wohl verbieten, die einstmals getroffenen Aussagen in den Gesetzesmaterialien zum AGB- Charakter der Emissionsbedingungen als unbedachtes Beiwerk beiseite zu schieben.

b) Gesetzliche Ausnahmetatbestände

Nur wenige Worte sind auch zu den gesetzlichen Ausnahmetatbeständen zu verlieren. Denn mit Blick auf diese lässt sich die Anwendung einer AGB-rechtlichen Kontrolle für Emissionsbedingungen nicht verneinen. Emissionsbedingungen gestalten ein Schuldverhältnis zwischen Emittent und Anleger aus. Dass dieses Schuldverhältnis gegenüber einer Gesellschaft besteht, macht es nicht zu einem von der AGB-Kontrolle ausgenommenen gesellschaftsrechtlichen Verhältnis. Und die Emissionsbedingungen handeln auch nicht von einem Gesellschaftsvertrag unter den Obligationären. Man wird zwar nicht behaupten können, dass die Anleger im Rahmen einer Emission ganz und gar unverbunden neben-

21 Bundesministerium der Finanzen, Statement by the German Federal Government on the admissibility of including collective action clauses in foreign sovereign bond issues subject to German law (Berlin, February 14, 2000), S. 3.

22 Deutsche Bundesbank, Neuere Ansätze zur Beteiligung des Privatsektors an der Lösung internationaler Verschuldungskrisen (Deutsche Bundesbank Monatsbericht, Dezember 1999, S. 33, 48 f.).

einander stünden – wie sich etwa an Kündigungsrechten zeigt, welche nur Wirksamkeit bei Ausübung durch eine Mindestanzahl von Berechtigten entfalten. Ein Gesellschaftsverhältnis unter den Obligationären begründen solche Gestaltungen für sich betrachtet aber nicht; denn derlei Rechte stehen den jeweiligen Inhaber nicht untereinander oder gegenüber einer Obligationärsgesamtheit oder Obligationärsmehrheit zu, sondern lediglich im Verhältnis zum Emittenten.[23] Und einen über ihr individuelles Anlageinteresse hinausreichenden gemeinsamen Zweck verfolgen Obligationäre als Gesamtheit ebenfalls nicht. Sie bilden allenfalls eine – schlichte – *Interessengemeinschaft.*

c) Die Aushandlung und Verwendung von Emissionsbedingungen

Wer das „Ob" und das „Wie" einer AGB-rechtlichen Kontrolle von Emissionsbedingungen nach der lex lata näher einschätzen möchte, kommt nicht umhin, an erster Stelle den Absatzweg der Schuldverschreibungen in den Blick zu nehmen – dies, weil nach § 305 Abs. 1 Satz 3 BGB „Allgemeine Geschäftsbedingungen ... nicht vor(liegen), soweit die Vertragsbedingungen zwischen den Vertragsparteien *im Einzelnen ausgehandelt* sind" und – so es an einer Aushandlung mangelt – gemäß § 310 Abs. 1 BGB die Klauselverbote der §§ 308 f. BGB keine und die Transparenzerfordernisse des § 307 Abs. 1 Satz 2 BGB nur eingeschränkte Anwendung finden, wenn es zu einer Verwendung von Allgemeinen Geschäftsbedingungen *„gegenüber einem Unternehmer"* kommt. Anders gewendet: Ob Emissionsbedingungen ausgehandelt sind oder nicht, und – im letzteren Falle – wem gegenüber sie womöglich Verwendung finden, richtet sich nach den Verhältnissen „zwischen den Vertragsparteien".

Wer aber sind die bei einer Emission von publikumsfinanziertem Fremdkapital für die AGB-rechtliche Beurteilung maßgeblichen Vertragsparteien? Es sind die Parteien jenes Schuldverhältnisses, welches Gegenstand der Emissionsbedingungen ist. Die Emission von Anleihen verläuft aber

23 Darauf verweist *Eidenmüller*, Unternehmenssanierung zwischen Markt und Gesetz (1999), S. 214 f. mit Fn. 202 zu Recht; von der Frage eines Gesellschaftsverhältnisses unter den Inhabern der Schuldverschreibungen zu scheiden ist die Frage, ob man annehmen muss, dass Anleihegläubiger einander (in Maßen) Treue und Rücksichtnahme schulden. Darauf ist hier nicht näher einzugehen.

heute zumeist über mehrere Absatzstufen[24] – vom Emittenten an Banken als Ersterwerber und von diesen an Anleger. Weniger gebräuchlich ist – von Schuldverschreibungen durch „Daueremittenten“,[25] wie etwa Hypothekenbanken und Kreditinstituten sowie dem Absatz von Schuldverschreibungen an einzelne große Anleger im Wege der Privatplatzierung abgesehen – noch die direkte Platzierung der Papiere durch die Emittentin am Kapitalmarkt[26] oder gar die Platzierung als Primarmarktgeschäft an der Börse.[27] Weil nun die gesetzliche AGB-Kontrolle darauf abstellt, in welchem (Schuld-)Verhältnis Allgemeine Geschäftsbedingungen zunächst Verwendung finden, ist nach Maßgabe des § 305 BGB daher eine Differenzierung zwischen Fremd- und Eigenemissionen geboten – d. h. zwischen solchen Emissionen, in denen die Anleger in die Gläubigerstellung lediglich als Rechtsnachfolger einrücken, weil das Anleiheschuldverhältnis zunächst zwischen Emittent und Kreditinstitut entsteht (Fremdemission)[28] und solchen, in denen das Anleiheschuldverhältnis zwischen Emittent und Anleger unmittelbar begründet wird (Eigenemission). Hier wie dort freilich stehen die gleichen Anwendungselemente der gesetzlichen AGB-Kontrolle zur Debatte – zum einen die *Verhandlung* der Bedingungen mit den Ersterwerbern und zum weiteren die *Unternehmereigenschaft* der Beteiligten.

aa) Die Fremdemission

Bei Fremdemissionen treten zwischen Emittentin und Investoren Intermediäre – Kreditinstitute, mit denen entweder die Festübernahme und damit das Platzierungsrisiko der gesamten, in Teilschuldverschreibungen zu zerlegenden Anleihe[29] oder – seltener – lediglich eine „best eff-

24 BuB/*Bosch* – Emissionsgeschäft (12/1997) Rn. 10/74.

25 Zur uneinheitlichen Terminologie *Bosch*/BuB – Emissionsgeschäft (12/1997) Rn. 10/89 f.

26 BuB/*Bosch* – Emissionsgeschäft (12/1997) Rn. 10/74; *Keßler/Appel*, Das Wertpapiergeschäft in Recht und Praxis (1996), S. 39 f.

27 BuB/*Bosch* – Emissionsgeschäft (12/1997) Rn. 10/82 m. Fn. 1

28 Ohne Rücksicht auf das Gesetz unterscheidet dagegen BuB/*Bosch* – Emissionsgeschäft (12/1997), Rn. 10/73 zwischen Emissionen ohne oder mit Beteiligung von Kreditinstituten. Diese Unterscheidung hat dogmatisch jedoch keinen weiteren Erkenntniswert. Zu weitgehend ist schließlich die Behauptung des OLG Frankfurt a. M. WM 1993, S. 2089, dass die Beteiligung von Konsortialbanken einer „Notwendigkeit“ bei der Emission von Anleihen entspräche.

29 Es werden dabei nicht notwendig alle Papiere abgesetzt, so dass Teilnehmer

orts"- Absatzvermittlung vereinbart wird.[30] Diese Intermediäre treten hier zu Vermarktungszwecken zwischen Unternehmen und Anlegerpublikum.[31] Im Rahmen einer solchen Fremdemission stehen sich Emittentin und Anleger also nicht als Parteien des Anleiheschuldverhältnisses gegenüber. In einer Fremdemission entstammen Emissionsbedingungen vielmehr dem Tatbestand der Forderungsbegründung zwischen Emittentin und Konsortialführerin. Auf dieser Ebene also scheint sich auch zu entscheiden, ob Emissionsbedingungen der gesonderten rechtlichen Kontrolle von AGB unterfallen oder nicht.

Nach gesetzgeberischer Vorstellung soll die AGB-Kontrolle ihren Ort in der Tat im Verhältnis zwischen Emittent und ersterwerbender Konsortialbank,[32] nicht im Verhältnis zwischen Emittent und Anlegern haben. Das aber bedeutete, auch bei der Fremdemission zum einen auf die etwaige *Verhandlungsbeteiligung* und zum anderen auf die *Unternehmensstellung* der Beteiligten – hier: der Kreditinstitute als Ersterwerber der Schuldverschreibungen – abzustellen, wenn über das Ob und Wie der Anwendung der gesetzlichen AGB-Kontrolle zu entscheiden ist.

So gerät auch hier zunächst in Zweifel, ob überhaupt noch *Allgemeine Geschäftsbedingungen* in Rede stehen. Man bedenke: Bei Forderungsbegründung und -übertragung zwischen Emittentin und Kreditinstitut stehen sich Beteiligte gleichgewichtiger Verhandlungsmacht gegenüber. Davon, dass Emittenten Emissionsbedingungen einseitig statuieren und gemeinsamer Überlegung über ihre Ausgestaltung entzieht, kann deshalb und angesichts des Umstandes, dass es zuweilen die ersterwerbende Bank sogar selbst ist, welche einzelne Klauseln vorschlägt, jedenfalls

des Emissionskonsortiums zuweilen selbst die Anlegerrolle übernehmen oder vereinbarungsgemäß übernehmen müssen.

30 Zum Absatzweg der Fremdemission vgl. *v. Randow*, Anleihebedingungen und Anwendbarkeit des AGBG, ZBB 1994, S. 23, 25 f.; s. auch *De Meo*, Bankenkonsortien – Eine Untersuchung zum Innen- und Außenrecht von Emissions-, Kredit- und Sanierungskonsortien sowie zu deren Haftung für Handeln von Konsortialvertretern (1994), Kap. 1 Rn. 20 und Kap. 4 Rn. 6.

31 Entgegen *Bungert*, DZWiR 1996, S. 185, 189 hat der *Verf.* im Übrigen nirgends (auch nicht in ZBB 1994, S. 23 ff.) die in der Tat vollkommen realitätsferne Behauptung aufgestellt, „ein Konsortium werde allein deshalb zwischengeschaltet, um Bedingungen anlegergünstig ausgestalten zu können"; *Bungerts* Kritik, a. a. O., geht insoweit ins Leere.

32 Begründung zum RegE BT-Drucks. 7/3919, S. 18; so jüngst auch LG Frankfurt v. 16. 3. 2001 (Az. 2-21 O 403/00) – unveröffentlicht, sub I 1 der Entscheidungsgründe.

keine Rede sein. Die Mitwirkungsmöglichkeit der ersterwerbenden Bank schließt aber eine unmittelbare Anwendung der gesetzlichen Vorschriften aus.[33]

Häufig genug werden Emissionsbedingungen sogar im einzelnen ausgehandelt – so etwa, wenn der Emittent erstmalig oder nur ausnahmsweise zur Finanzierung seines Fremdkapitalbedarfs an den Kapitalmarkt herantritt oder eine unübliche, innovative Emission plant. Auch ist es keine Seltenheit, dass umfängliche Gutachten zur Verträglichkeit einzelner Klauseln mit Anlegerinteressen in Auftrag gegeben werden.

Aber auch, wenn die Klauseln aus anderen, früheren Dokumentationen übernommen werden, wie es häufig bei etablierten (Dauer-)Emittenten der Fall ist, liegen nicht notwendig AGB vor. Denn darauf, dass sich die beiderseitige Verhandlungsmacht tatsächlich in der Änderung der von einer Seite vorgeschlagenen Bedingungen äußert, kommt es nicht einmal notwendig an. Dass die eine oder andere Seite im Rahmen der Verhandlungen auch auf vorformulierte Bedingungen zurückgreift, die bei einer Vielzahl anderer Emissionen Verwendung gefunden haben mögen, ist insoweit unerheblich: Ob derlei Klauseln schließlich in die Anleihe aufgenommen werden oder nicht, steht zwischen Emittentin und Konsortialführerin regelmäßig zur Verhandlungsdisposition;[34] und daran, dass beide Parteien im Rahmen dieser Verhandlungen, wie vom Gesetz vorausgesetzt, reale Möglichkeit zur Einflussnahme auf die inhaltlich Vertragsgestaltung haben, bestehen in der heutigen Emissionspraxis keine Zweifel. Es treffen, was die inhaltliche Ausgestaltung der Emissionsbe-

33 *v. Randow*, ZBB 1994, S. 26; aus Sicht der Praxis zust. *Gruson/Harrer*, 10 Emory International L. R. S. 195, 213; a. A. *Hannes Schneider*, Emissionsprogramme und AGBG (unveröff. Manuskript des gleichnamigen Vortrages am Seminar für deutsches und internationales Kreditrecht der Johannes-Gutenberg-Universität Mainz am 5. 6. 1996, S. 15 f.), der allerdings auch feststellt, dass es nicht nur mit erstmalig am Markt auftretenden Emittenten, sondern ebenfalls bei MTN-Programmen Verhandlungen von Emissionsbedingungen zwischen Unternehmen und Arrangeuren gäbe, aber annimmt, dass „auch in diesen Fällen ... die Emissionsbedingungen ‚gestellt'" würden.

34 Zwar beschränkt das Gesetz seine Anwendbarkeit nur „*soweit* die Vertragsbedingungen ausgehandelt sind", entfaltet also keine „Ausstrahlungswirkung" auf die übrigen Teile des Vertrages; wohl aber lässt der Umstand, dass das Klauselwerk an zentralen Stellen geändert wird, die Annahme zu, dass die Verhandlungspartner den Aushandlungsprozess auf den gesamten Inhalt ihrer Vereinbarung erstreckt und in ihren Willen aufgenommen haben; vgl. auch Begründung zum RegE des AGB-Gesetzes BT-Drucks. 7/3919, S. 7.

dingungen anbelangt, in der Tat Parteien gleichgewichtiger Verhandlungsmacht aufeinander.

Dass der Anleger die Ausgestaltung des Versprechens durch den Schuldner gegen sich gelten lassen muss, ist, für sich betrachtet, daher nicht das Ergebnis der Verwendung von Allgemeinen Geschäftsbedingungen, sondern schlichte Folge seines abgeleiteten Forderungserwerbs. Die Bedingungen erscheinen dem Anleger „vorformuliert", weil er in eine von anderen ausgehandelte Rechtsposition tritt. Der Anleger erwirbt von seiner Bank oder anderen Anlegern genaugenommen aber eine im einzelnen ausgehandelte Forderung, so dass das Gesetz keine Anwendung finden könnte – und dies, obwohl dem angesprochenen Anlegerkreis – anders etwa als einem Forderungserwerber – nicht einmal theoretisch der Ausweg offen steht, die Schuldverschreibung direkt vom Emittentin zu erwerben und mit diesem die Bedingungen auszuhandeln.

Zum weiteren ist mit Blick auf den Tatbestand der Forderungsbegründung zwischen Emittenten und Kreditinstitut zu bedenken, dass die Emissionsbedingungen – so denn ihr Charakter als Allgemeine Geschäftsbedingungen im Einzelfall gleichwohl gegeben ist – *als unternehmerische AGB* behandelt werden müssten.

Auch das mutet jedoch eigenartig an, produzieren doch beide Parteien, Emittent und Emissionsbank, recht eigentlich eine Vielzahl standardisierter Forderungen, um sie anschließend an Investoren marktlich abzusetzen, unter denen womöglich niemand im Rahmen dieses Erwerbs unternehmerisch tätig wird. *Diese* Anleger sind zwar bloße Rechtsnachfolger der Konsortialbanken – die von den Banken zunächst erworbenen Papiere sind aber von Anfang an für sie bestimmt, wie sich auch an der Stückelung der z. T. milliardenschweren Emissionen in Teilschuldverschreibungen mit geringen Nennwerten erweist. Auf das Ob *ihrer* Verhandlungsbeteiligung und auf *ihre* unternehmerische oder nicht-unternehmerische Rechtsstellung müsste es also eigentlich ankommen, wenn über die Anwendung der gesetzlichen Vorgaben für AGB befunden werden soll.

bb) Die Eigenemission

Wird das Anleiheschuldverhältnis unmittelbar zwischen Emittent und Anleger begründet – sei es, weil neben dem Emittenten Kreditinstitute nicht oder nur als dessen Boten oder offene Stellvertreter agieren – so erscheint die Frage nach einer Anwendung der gesetzlichen AGB-Kontrolle auf Emissionsbedingungen zunächst unproblematisch:

Hat der Emittent die Emissionsbedingungen vorformuliert und ist dies auch für eine Vielzahl privatautonom begründeter Schuldverhältnisse geschehen, so finden die entsprechenden gesetzlichen Bestimmungen für AGB Anwendung. Und je nach angesprochenem Investorenkreis wird noch weiter danach zu unterscheiden sein, ob die Emissionsbedingungen den Anforderungen an unternehmerische oder nicht-unternehmerische AGB zu entsprechen haben. Sind die Klauseln dagegen zwischen Emittent und ersterwerbenden Investor(en) ausgehandelt, bleibt es bei der Kontrolle nach Maßgabe von §§ 138, 242 BGB.

Aber das mag sich einfacher sagen, als es tatsächlich umzusetzen ist. Denn nicht immer gleichen sich im Rahmen ein und derselben Emission die *Verhandlungsbedingungen*, und nicht immer richten sich die daraus entstammenden Schuldverschreibungen an einen und nur einen *Investorentyp*. So wird – man denke nur an Privatplatzierungen, seien es solche, die von vornherein nicht dem VerkaufsprospektG nach seinem § 1 unterfallen, seien es solche, die unter einen seiner Ausnahmetatbestände in § 2 subsumiert werden können – womöglich neben einem Kreis von institutionellen und unternehmerisch verfassten Nachfragern auch die eine oder andere wohlhabende, in diesem Zusammenhang nicht unternehmerisch agierende Privatperson angesprochen. Und während die Bedingungen i. S. der gesetzlichen Tatbestände für AGB gegenüber dem institutionellen Investor „ausgehandelt" sein mögen, werden sie gegenüber den Privatanlegern unter Umständen schlicht, und ohne dass Verhandlungen über ihren Inhalt aufgenommen würden, verwendet. Im Ergebnis könnten also sogar die Schuldverschreibungen ein und derselben Emission verschiedener rechtlicher Kontrolle unterliegen, so dass sich dem Publikum im Einzelfall nicht notwendig ersichtliche, den Handel mit Schuldverschreibungen aber generell behindernde – Unterschiede in der Anwendung rechtlicher Kontrollkriterien ergeben würden.

cc) Zwischenbilanz

Als Zwischenbilanz ergibt sich somit, dass eine unmittelbare Anwendung der gesetzlichen AGB-Kontrolle auf Emissionsbedingungen in Fällen der Eigen- und der Fremdemission nicht in jedem Fall in Frage kommen dürfte. Vielmehr wäre je nach *Verhandlungsbeteiligung* und *Unternehmereigenschaft* der an der Begründung des Anleiheschuldverhältnisses Beteiligten, womöglich sogar innerhalb ein und derselben Emission, zu unterscheiden.

Noch einmal: In der vom AGB-Recht geforderten individualisierenden, weil auf das je einzelne Schuldverhältnis abstellenden Betrachtung könnte es innerhalb *einer* Emission zur Geltung verschiedener Kontrollregime kommen, wenn und soweit die Bedingungen einem Investor gegenüber ausgehandelt sind, dem anderen gegenüber nicht, und der eine Anleger Unternehmer ist, während der andere als Privatanleger investiert.

Das Problem stellt sich mithin stets als dasselbe dar, mag es bei Eigen- und Fremdemission auch zwei Gesichter zeigen: Im Falle der Eigenemission, insbesondere bei vom Emittenten in eigener Regie betriebenen Privatplatzierung, müsste je darauf abgestellt werden, wem gegenüber die Schuldverschreibung erstmals begeben wurde; im Falle der Fremdemission scheint zwar die Einheitlichkeit des Kontrollregimes dadurch sichergestellt zu sein, da auf die Eigenschaften und das Verhalten des Intermediärs abgestellt wird – nur leider: dessen Stellung steht nicht notwendig in einem Zusammenhang mit dem Publikum, an das sich die Emission recht eigentlich richten soll.

Diese – de lege lata kaum abweisbaren – Befunde müssen den unvoreingenommenen Betrachter aber irritieren: So genießt beispielsweise der private Investor, welcher unmittelbar vom Emittenten die mit ihm nicht im einzelne ausgehandelte Schuldverschreibung erwirbt, den Schutz des AGB-Rechts für nichtunternehmerische Kunden, während der nämliche Investor – obschon ebenso wenig beteiligt an der Gestaltung der Anleihe – bei einem Erwerb der Schuldverschreibung von einem Kreditinstitut, das seinerseits mit dem Emittenten die Emissionsbedingungen verhandelt hat, nicht in den Einzugsbereich des Gesetzes geraten würde.[35] Bedeutsamer noch als diese Wertungsbrüche ist aber, dass im jeweiligen Einzelfall divergierende, dem Verkehr aber nicht ohne weiteres ersichtliche Umstände des Absatzes und der Aushandlung über die Anwend-

[35] *v. Baum*, Die prozessuale Modifizierung von Wertpapieren durch Gerichtsstands- und Schiedsvereinbarungen (1998), S. 136 rechtfertigt diese Differenzierung mit der Behauptung, bei der Eigenemission fehle es im Rahmen der inhaltlichen Ausgestaltung am ausgleichenden Gegengewicht der Emissionsbanken gegenüber dem Emittenten während gegenteilig *M. Wolf*, Festschrift Zöllner (1999), S. 651 meint, den Beitrag der Kreditinstitute an der Gestaltung der Emissionsbedingungen dem Emittenten „zurechnen“ zu müssen. Auf die Rolle der Kreditinstitute wird im Folgenden noch zurückzukommen sein.

barkeit des AGB-Rechts bzw. die Reichweite seiner Anwendung bestimmen würden.[36]

Im Lichte dieses Befundes mehren sich deshalb nach ersten Vorarbeiten[37] allmählich Zweifel, ob sich die Anwendung des AGB-Rechts auf Emissionsbedingungen ohne weiteres versteht. Welche Konsequenzen daraus zu ziehen sind, ist allerdings nach wie vor streitig. Tatsächlich sind eine ganze Reihe von Vorschlägen unterbreitet worden. Sie reichen – de lege lata – über die analoge Anwendung der gesetzlichen Bestimmungen im Einzelfall[38] bis hin zum Vorschlag, das für die AGB-Kontrolle statuierte Umgehungsverbot im Verhältnis zwischen Emittent und Anlegern mit der Folge anzuwenden, dass sich die Einbeziehungs- und Inhaltskontrolle von Emissionsbedingungen nach dem Gesetz richtet, weil der Fall einer Fremdemission nicht anders zu behandeln sei als jener der Eigenemission.[39] Und de lege ferenda wird für die Frage nach einer Einbeziehungs- und Inhaltskontrolle u. a. vorgeschlagen, auf die Stückelung der Emission und darauf abzustellen, ob die Wertpapiere zunächst öffentlich dem breiten Publikum oder nur beschränkt und ohne öffentliches Angebot an institutionelle Investoren verkauft worden sind.[40]

Viele dieser Vorschläge vernachlässigen aber die eigentliche Unsicherheit in der Anwendung der gesetzlichen Kontrolle von AGB, scil., dass eine Betrachtung, welche auf *individuelle Anlegereigenschaften* abstellt, mithin auf die Verhandlungsbeteiligung des Obligationärs oder auf dessen (Nicht-)Unternehmereigenschaft, die *Einheitlichkeit einer Emission und damit Voraussetzungen ihrer Handelbarkeit insgesamt in Frage stellt.*[41] Einheitliche Emissionsbedingungen ein und derselben Emission verlangen aber

36 BuB/*Bosch* – Emissionsgeschäft (12/1997), Rn. 10/165.

37 *v. Randow*, ZBB 1994, S. 23 ff.; *ders.*, Anmerkung zu OLG Frankfurt/M., ZIP 1994, 26, 28 ff.; *Kallrath*, Die Inhaltskontrolle von Wertpapierbedingungen, von Wandel- und Optionsanleihen, Gewinnschuldverschreibungen und Genussscheinen, 1994, S. 37 ff., *ders.*, Anmerkung zu OLG Frankfurt/M – WuB IV B. § 10 Nr. 6 AGBG 1.94.

38 So *Kallrath*, Anmerkung zu OLG Frankfurt/M – WuB IV B. § 10 Nr. 6 AGBG 1.94.

39 *v. Randow*, ZBB 1994, S. 28, 31; zust. *Heinrichs*, NJW 1995, S. 1981, 1982 und jüngst *M. Wolf*, Festschrift Zöllner (1999), S. 651 ff. sowie *Hartwig-Jacob*, Die Vertragsbeziehungen und die Rechte der Anleger bei internationalen Anleiheemissionen (2001), S. 228 ff.; vgl. zum Ganzen auch *Eidenmüller*, Unternehmenssanierung zwischen Markt und Gesetz (1999), S. 217.

40 BuB/*Bosch* – Emissionsgeschäft (12/1997), Rn. 10/159 a. E.

41 Eine Ausnahme bilden die ausgezeichneten Ausführungen von BuB/*Bosch* – Emissionsgeschäft (12/1997), Rn. 10/159 a. E.

grundsätzlich eine einheitliche rechtliche Behandlung. Denn der Inhalt eines verbrieften Rechts darf – von den vom Gesetz zugelassenen und limitieren Einwendungen abgesehen – um seiner Fungibilität willen nicht noch weiter danach divergieren, in wessen Hand es gerät oder sich befindet.[42] Alles andere hieße, die Preisbildung des Papiers zu unterminieren. Soviel sollte deshalb feststehen: Der Maßstab einer (Inhalts-) Kontrolle von Emissionsbedingungen muss – so er denn angelegt werden soll – für die je betroffenen Emissionen insgesamt *einheitlich* sein. Eben diese Einheitlichkeit ist in der AGB-rechtlichen Dogmatik aber nicht gesichert.

Mehr und mehr verbreitet sich freilich auch ein Unbehagen, dass die angesprochenen Zweifelsfragen womöglich tiefere Ursachen haben. So werden Zweifel an der Anwendbarkeit des AGB-Rechts auf Emissionsbedingungen insgesamt laut.

3. Maßgeblichkeit der AGB-rechtlichen Schutzzwecke für Emissionsbedingungen?

a) Spezialität kapitalmarktrechtlicher Regelungen?

Anleger sind je nach Maß ihrer Erfahrung über die Eigenschaften der von ihnen zum Erwerb bestimmten Finanzinstrumente *aufzuklären* und bei Bedarf je nach individuellem Motiv ihres Engagements über deren Eignung für die Vermögensplanung zu *beraten*, auf dass sie danach ihre Investitionsentscheidungen ausrichten könnten.

Im *Recht der Emission* wird durch die Unterscheidung zwischen öffentlichen Angeboten und Privatplatzierungen hinsichtlich von Prospektanforderungen einerseits und in der *Anlageberatung* vermittels einer Diffe-

42 Darauf hat insbesondere *Kümpel*, Bank- und Kapitalmarktrecht, bereits in der 2. Aufl. (2000), Rn. 9.156 f. unter Berufung auf RGZ 117, S. 379, 382 und BGHZ 28, S. 259, 265 – Harpen Bonds hingewiesen; anders jüngst *Kalss*, Anlegerinteressen. Der Anleger im Handlungsdreieck von Vertrag, Verband und Markt (2001), S. 537 ff., die in der Konsequenz solcher ungleicher Geltungskraft von Emissionsbedingungen gegenüber unternehmerischen und nicht-unternehmerisch agierenden Anlegern eine willkommene pönalisierende Wirkung zu Lasten des Emittenten sieht, der auf diese Weise zu besonderer Mühewaltung bei der Klauselgestaltung angehalten werde.

renzierung nach Maßgabe der Markterfahrungen des jeweiligen Investors andererseits etwaigen Besonderheiten der Erwerber- und Erwerbssituation Rechnung getragen.

Im Lichte des Vorgesagten wird gegen eine Anwendung der gesetzlichen AGB-Kontrolle auf Schuldverschreibungen daher zunächst der Einwand erhoben, dass dort, wo umfangreiche Pflichten bestehen, um ein Informationsgefälle zwischen Anbietern und Nachfragern von Finanzinstrumenten zu korrigieren, auch generell keinerlei Notwendigkeit für eine Intervention mit Bezug auf den Inhalt offerierten Finanztitel bestünde.[43] Es liegt deshalb die Annahme nahe, dass es bei einem „richtig verstandenen Anlegerschutz" lediglich darum geht, den privaten Investor durch Publizitäts- und Vertriebsmittlerregelungen zu schützen, nicht aber durch Anforderungen an den Inhalt der ihm angebotenen schuldrechtlichen Gestaltungen.[44]

Fraglos finden sich für diese Überlegung deutliche gesetzgeberische Motive. So ist auffällig, dass die für eine publikumsgestützte Fremdkapitalfinanzierung gewährte Ausnahme von den Bankgeschäftstatbeständen des § 1 Abs. 1 Satz 2 KWG lediglich für die Ausgabe von *Inhaber- oder Orderpapieren* gewährt wird. Diese Finanzierung wird damit auf die Emission von fungiblen *Schuldverschreibungen* kanalisiert.[45] Die eigentümliche Beschränkung der Publikumsfinanzierung auf die Emission von Schuldverschreibungen erklärt sich nun aber mit einem anlegerschutzorientierten Aufsichtsrecht, das ausdrücklich und ausschließlich auf *die Ausgabe von Wertpapieren* zugeschnitten war und ist: Wie bekannt, behalf sich der Gesetzgeber zu diesem Zwecke bis in das Jahr 1990 mit § 795 a) BGB, der für Emissionen von Schuldverschreibungen das Erfordernis staatlicher Genehmigung statuierte. *Heute hingegen soll ausweislich der Gesetzesmaterialien dem „Kundenschutz" im wesentlichen durch Zulassungs- bzw. Prospekterfordernisse des Börsengesetzes und des Verkaufsprospektgesetzes Rechnung getragen*

43 So beispielsweise *Spindler*, AG 1998, S. 53, 71.

44 *Hopt*, Die Verantwortlichkeit der Banken bei Emissionen (1991), S. 36; vgl. auch *Assmann*, ZBB 1989, S. 49 ff.

45 Andere Wege der Publikumsfinanzierung des Fremdkapitals sind den Unternehmen demnach versperrt, so dass ihnen nur noch die Möglichkeit verbleibt, Bankkredite aufzunehmen. Dabei ließe sich eine koordinierte Kreditaufnahme bei privaten Investoren heutzutage ohne weiteres vorstellen – so bedürfte es nicht vieler Phantasie, die für das Bankgeschäft entwickelten Techniken der Information, Kommunikation und Datenverarbeitung auch für die Zwecke unternehmerischer Fremdkapitalaufnahme einzusetzen.

werden.[46] Damals wie heute dient diese Kanalisierung der Publikumsfinanzierung des Fremdkapitals auf Wertpapiere also auch dazu, den Regelungsanspruch und Regelungsziele des Anlegerschutzes um- und durchzusetzen.[47] Diese Einsicht verlangt, die Kompatibilität der AGB-rechtlichen Vorgaben einerseits und der kapitalmarktrechtlichen Erfordernisse andererseits kritisch in den Blick zu nehmen.

Die Möglichkeit, Emissionsbedingungen zur Kenntnis zu nehmen, wird durch kapitalmarktbezogene Publizitätspflichten vor einem öffentlichem Angebot der Wertpapiere geschaffen. Man mag über die Reichweite und Wirkung dieser Vorschriften im einzelnen rechten; der Befund bleibt aber unabweisbar, dass diese Bestimmungen geschaffen worden sind, um den Investoren Gelegenheit zu geben, vor ihrer Entscheidung Kenntnis vom Inhalt auch der Wertpapierbedingungen nehmen zu können[48], wie sie auch das AGB-Recht schaffen will.[49]

Der Zweck des Einbeziehungsgebots, den Verwender dazu anzuhalten, Kunden Informationsmöglichkeiten und damit Gelegenheit zu eröffnen, einen Vertrag mit unerwünschten Bedingungen abzulehnen, wird also auch von kapitalmarktrechtlichen Publizitätspflichten erfüllt. Mehr noch: für den Fall ihrer Nichteinhaltung ist ein eigenes Anspruchs- und Interventionsregime geschaffen worden, wie etwa das Zulassungsverfahren nach §§ 36 bis 39 BörsG i. V. m. §§ 48 ff. BörsZulVO, die Unter-

46 S. Regierungsbegründung zur 6. KWG Novelle, BR- Drucks. 963/66, S. 63; es liegt in der Konsequenz dieser Konzeption, dass die Emission *nicht fungibler* (und damit auch nicht notierungsfähiger) *Wertpapiere* aufsichtspflichtiges Bankgeschäft sein kann. Davon ist auch der jahrzehntealte Streit um die aufsichtsrechtliche Behandlung von Namensschuldverschreibungen betroffen (s. dazu etwa schon *Canaris*, BB 1978, S. 222 ff., BVerwG WM 1984, S. 1364). Ihre Emission muss – da es sich *nicht* um handelbare und daher auch nicht um börsenzulassungs- oder prospektfähige Titel handelt – nach der Neukonzeption des Aufsichtsrechts genehmigungspflichtiges Bankgeschäft sein. Es ist deshalb auch nur konsequent, dass ihre Emission – anders als Inhaber- und Orderschuldverschreibungen – nicht explizit vom Tatbestand des § 1 Abs. 1 Satz 2 Nr. 1 KWG ausgenommen worden sind.

47 Es sollte sich mit Blick auf diese aufsichtsrechtliche Konzeption auch verstehen, dass die Beschränkungen und Befreiungen von Zulassungs- und Prospekterfordernissen mit der notwendigen Zurückhaltung auszulegen sind.

48 Vgl. nur die Regierungsbegründung zum VerkProspG, BT-Drucks. 11/6340, S. 1, 10; *J. Hüffer*, Das Wertpapier-Verkaufsprospektgesetz (1996), S. 169 m. w. N.

49 Überzeugend ist dies von *Kümpel*, Bank- und Kapitalmarktrecht, in der 2. Aufl. (2000), Rn. 9.159 herausgearbeitet worden.

sagungsmöglichkeiten der zuständigen Stellen für die Veröffentlichung des Prospekts nach § 8 VerkProspG oder die Prospekthaftung im engeren und weiteren Sinne. So liegt es auch nahe, diesen Vorgaben und Rechtsfolgen den Rang einer Spezialität gegenüber AGB-rechtlichen Einbeziehungsanforderungen einzuräumen.

Eine solche Entscheidung fällt umso leichter, als der durch das Einbeziehungsgebot verbürgte Schutz, die vertragliche Bindung des Kunden nur soweit gehen zu lassen, als er „die Tragweite seiner eigenen Erklärung ermessen und sich gegebenenfalls gegen unerwünschte oder sogar unbillige Bedingungen zu wehren“ vermag,[50] nach der Begründung zum Regierungsentwurf des AGB-Gesetzes[51] für Obligationäre deshalb nicht zum Tragen kommen soll, weil die Einbeziehung bereits im Verhältnis zwischen Emittent und ersterwerbenden Konsortialbank(en) stattfinde.[52] Diese Aussage beruht zwar ersichtlich auf der mangelnden Unterscheidung von Eigen- und Fremdemission; zuzugeben ist aber, dass eine AGB-rechtliche gestützte Einbeziehungskontrolle beträchtliche praktische Schwierigkeiten mit sich bringen müsste.[53] Mit Recht ist insoweit darauf verwiesen worden, dass bei Nichteinbeziehung von Emissionsbedingungen die Fungibilität der Papiere eingeschränkt wäre, weil der Inhalt des Rechts von den Umständen des *Erwerbsvorgangs* in der Person des Ersterwerbers abhängen würde.[54]

50 Vgl. erneut Begründung zum RegE zum AGBG, BT-Drucks. 7/3919, S. 17.

51 „(B)ei der Veräußerung von Inhaberschuldverschreibungen... bestimmen sich die Rechte der jeweiligen Inhaber gegen den Aussteller, nachdem sie durch die erste Begebung geschaffen sind, ohne weiteres nach den Emissionsbedingungen, ohne dass es insoweit der Wahrung der in § 2 genannten Voraussetzungen bedarf“, Begründung des RegE zum AGBG, BT-Drucks. 7/3919, S. 18; ebenso *C. O. Stucke*: Die Rechte der Gläubiger bei DM-Auslandsanleihen, Diss. iur. Kiel 1988, S. 258 f.; gegen die unmittelbare Anwendbarkeit des § 2 AGB-Gesetz a. F. auch *Hopt*, in Festschrift E. Steindorff (1990), S. 341, 367.

52 Vgl. erneut Begründung des RegE zum AGBG, BT-Drucks. 7/3919, S. 18, *Hopt*, Festschrift Heinsius (1991), S. 341, 365 f. sowie *M. Wolf*, Festschrift Zöllner (1999), S. 651, 660 jeweils m. w. N.

53 Eindringlich BuB/*Bosch* – Emissionsgeschäft (12/1997), Rn. 10/166

54 *M. Wolf*, Festschrift Zöllner (1999), S. 651, 662; ferner *v. Baum*, Die prozessuale Modifizierung von Wertpapieren durch Gerichtsstands- und Schiedsvereinbarungen (1998), S. 138; s. jüngst auch *Masuch*, Anleihebedingungen und AGB-Gesetz. Die Bedeutung des AGB-Gesetzes für Emissionsbedingungen von Anleihen (2001), S. 71 ff.; *Verf.* gibt seine gegenteilige Auffassung in ZBB 1994, S. 23, 27 ff. unter dem Eindruck dieser – insbesondere von *Kümpel*, a. a. O. herausgearbeiteten – Einwände auf.

b) AGB-rechtliche Kontrolle von Emissionsbedingungen als systemwidrige Kontrolle von Finanzprodukten?

Während die Einbeziehungskontrolle demnach schon *gesetzessystematisch* aus dem Anwendungsbereich des AGB-Rechts fällt, bleibt es bei der Frage, ob auch die *Inhaltskontrolle* von Wertpapierbedingungen dort ihren rechten Platz hat. Auf kapitalmarkt*rechtliche* Kontrollmechanismen wird man hier nicht ohne weiteres bauen können.[55]

Sehr weit reichen fraglos Überlegungen, nach denen die Anwendung des AGB-Rechts auf die inhaltliche Ausgestaltung von Schuldverschreibungen von vornherein deshalb ausgeschlossen sein soll, weil die Emissionsbedingungen nicht Elemente obligatorischer Abrede, sondern Eigenschaften eines Erfüllungsgegenstandes seien.[56]

Begriffsjuristisch lässt sich gegen derlei Thesen kaum etwas erinnern. Der Erwerb einer Teilschuldverschreibung durch den Anleger ruht zunächst und zumeist auf einem Kaufvertrag.[57] Nicht zu diesem Kaufvertrag, sondern zur verkauften Forderung gehören aber die Emissionsbedingungen. Das AGB- Recht sieht in der Tat lediglich eine Einbeziehungs- und Inhaltskontrolle von „Vertragsbestandteilen", nicht aber eine Überprüfung von Produkten vor. Und wer auf die Emission von Schuldverschreibungen blickt, wird Parallelen zur Warenherstellung auch nicht leugnen können. Die Entstehung von Effekten trägt tatsächlich Züge „unternehmensinterner Finanzproduktion":[58] Der Emittent gestaltet die Emissi-

55 Eine inhaltliche Überprüfung der Angemessenheit der Wertpapierbedingungen ist beispielsweise nicht Aufgabe der Zulassungsstelle (unzutreffend *Ekkenga*, ZHR 160 (1996), S. 60, 67 und auch *H.-G. Vogel*, Die Vergemeinschaftung der Anleihegläubiger und ihre Vertretung nach dem Schuldverschreibungsgesetz (1999), S. 249).

56 *Ekkenga*, ZHR 160 (1996), S. 59, 72 f. Auch *Hottenrott*, Ausgesuchte Fragen des Rechts der Begebung von Globalanleihen durch deutsche Emittenten (2002), S. 100 ff. erkennt in Emissionsbedingungen unter Hinweis auf die wertpapierrechtliche Ausgestaltung der sie tragenden Inhaberschuldverschreibungen und ihres Absatzes keine „Vertragsbedingungen" i. S. des AGB-Rechts und will unter expliziter Berufung auf *Ekkenga*, a. a. O., S. 112, auch eine „analoge" Anwendung des AGB-Rechts ausschließen.

57 Dieser Kauf ist Rechts-, nicht Sachkauf, auch wenn die Verschaffung des verkauften Rechts selbst nach wertpapierrechtlichen Regeln in Form einer Übereignung des Papiers gem. §§ 929 ff. BGB zu erfolgen hat, grundlegend RGZ 109, S. 295, 297.

58 *Ekkenga*, ZHR 160 (1996), S. 59, 72.

onsbedingungen. Nach ihrem Muster werden sodann – im Verein mit dem ersten Nehmer – Forderungen „produziert“. Mit diesen wiederum kann der Emittent seinen Verpflichtungen als Verkäufer der Wertpapiere durch Begebung und Übereignung nachkommen. „Jeder noch so marginale Eingriff“ in die inhaltliche Gestaltung liefe demnach auf eine Warenqualitätskontrolle hinaus.[59]

Es ist nun nicht zu bestreiten, dass das AGB-Recht lediglich eine Einbeziehung- und Inhaltskontrolle von „Vertragsbestandteilen“ und nicht etwa die Überprüfung von Produkten vorsieht. Die These, dass auch Emissionsbedingungen bloße Ausstattungsmerkmale eines – finanzwirtschaftlichen – Produktes seien, denen der Begebungsvertrag nur noch rechtsgeschäftliche Bindung verleihe,[60] verträgt sich jedoch weder mit der Auffassung des Gesetzgebers noch mit der Praxis, auch Versicherungsbedingungen ohne weiteres der AGB-Kontrolle zu unterwerfen.[61]

Mehr noch: eine solche Betrachtung überhöht auch die Bedeutung der – lediglich zur Erleichterung des Handels eröffneten – wertpapierrechtlichen Fassung von Leistungsversprechen und der sie begleitenden Abreden. Denn auch in verbriefter Fassung trägt das Leistungsversprechen einschließlich der Begleitabreden lediglich schuldrechtlichen Charakter. So wird der die Schuldverschreibung erwerbende Investor nicht etwa nur Eigentümer einer Sache, sondern tritt in eine schuldrechtliche Beziehung zum Emittenten. Und es ist eben diese schuldrechtliche Beziehung, deren Abwicklung sich nach den Emissionsbedingungen richten soll.[62] Es kann deshalb auch keinen Unterschied machen, ob die Begründung und Ausgestaltung der Forderung vermittels einfachen Schuldvertrages geschieht oder im Rahmen wertpapierrechtlicher Verbriefung durch Abschluss eines Begebungsvertrages und Emission – diese Differenzierung spielt für Handelbarkeit des Vermögensrechts eine Rolle, ändert an den Verpflichtungen des Emittenten gegenüber dem Forderungsinhaber jedoch nichts. Weshalb daher einseitige Gestaltung des Leistungsversprechens bei nur schuldrechtlicher Bindung Allgemeine Geschäftsbedingung, im

59 *Ekkenga*, ZHR 160 (1996), S. 59, 72.

60 So aber *Ekkenga*, ZHR 160 (1996), S. 59, 72 f.; ähnlich auch *v. Baum*, Die prozessuale Modifizierung von Wertpapieren durch Gerichtsstands- und Schiedsvereinbarungen (1998), S. 135.

61 Vgl. zum Scheitern der Bestrebungen, Versicherungsbedingungen der AGB-gesetzlichen Kontrolle zu entziehen, *Dreher*, Die Versicherung als Rechtsprodukt (1991), S. 298.

62 *Ekkenga*, ZHR 160 (1996), S. 59, 73.

Falle wertpapiermäßiger Verbriefung jedoch bloß eine vom AGB-Recht angeblich nicht erfasste Verleihung rechtsgeschäftlicher Bindung von „bereits fertig verfassten Ausstattungsbedingungen" sein soll, erschließt sich deshalb nicht.[63] Bei einer Inhaltskontrolle von Emissionsbedingungen kommt es daher keineswegs zu einer – dem AGB- Recht widersprechenden – Setzung von rechtlichen Standards für Marktprodukte.[64]

c) Mangel normativer Maßstäbe für die AGB-rechtliche Kontrolle von Emissionsbedingungen?

Kaum ergiebig ist auch der unter teleologischen Gesichtspunkten erhobene Einwand, dass die Kontrollmaßstäbe des AGB-Rechts für Emissionsbedingungen wenig „passend" erscheinen[65] und es auch keine oder nur wenig geeignete Ersatzregelungen gebe, die als „Leitbilder" fungieren und an die Stelle unwirksamer Klauseln treten könnten.[66] Denn zunächst darf man daran erinnern, dass der Gesetzgeber selbst und zwar ausdrücklich Emissionsbedingungen von eben diesen Kontrollmaßstäben erfasst sah. Widerspruch muss aber vor allem der weitere Einwand auslösen, eine Inhaltskontrolle von Emissionsbedingungen nach AGB-Recht sei *„mangels normativer Maßstäbe* nicht oder nicht uneingeschränkt justiziabel".[67] Ein rascher Blick in das Gesetz lehrt das Gegenteil. Dort ist

63 *Ekkenga*, ZHR 160 (1996), S. 59, 73 will dagegen zwischen dem Stellen von Allgemeinen Geschäftsbedingungen einerseits und einer vermittels Begebungsvertrag erfolgenden Verleihung rechtsgeschäftlicher Bindung von „bereits fertig verfassten Ausstattungsbedingungen" andererseits unterscheiden. Mir scheint dies ein wenig gekünstelt.

64 Auch auf § 8 AGBG a. F. (jetzt § 307 Abs. 3 Satz 1 BGB) kann eine unterschiedliche Behandlung von Forderungen und ihrer Ausgestaltung einerseits und Wertpapieren einschließlich Wertpapierbedingungen andererseits nicht gestützt werden (so aber *Ekkenga*, ZHR 160 (1996), S. 59, 72 f., der jedoch vernachlässigt, dass § 8 AGBG a. F. bzw. § 307 Abs. 3 Satz 1 BGB lediglich ausschließt, das Leistungsversprechen selbst einer *Inhaltskontrolle* zu unterziehen, eine *Einbeziehungskontrolle* jedoch nicht verbietet). Es ist daher AGB-dogmatisch schon im Ansatz verfehlt, die Vorschrift für eine Herleitung zu bemühen, dass das AGB-Recht insgesamt auf Emissionsbedingungen nicht anwendbar sei.

65 So BuB/*Bosch* – Emissionsgeschäft (12/1997), Rn. 10/159 und ohne Bezugnahme auf *Bosch*, a. a. O. wiederholt auch *Eidenmüller*, Unternehmenssanierung zwischen Markt und Gesetz (1999), S. 221 und 228.

66 So *Eidenmüller*, Unternehmenssanierung zwischen Markt und Gesetz (1999), S. 228.

67 So *Ekkenga*, ZHR 160 (1996), S. 59, 61 (Hervorhebung nicht im Original).

sehr wohl ein normativer Maßstab für die Inhaltskontrolle bestimmt – das *Gebot von Treu und Glauben,* welches nach gesetzgeberischer Konzeption *sämtliche* Schuldverhältnisse beherrschen, also auch Anleiheschuldverhältnisse erfassen soll. Dieser Grundentscheidung de lege lata Respekt zu versagen, erscheint deshalb nicht angängig. Die weitere Klage, dass die Regelbeispiele des § 307 Abs. 2 BGB auf Emissionsbedingungen nicht zugeschnitten seien – § 307 Abs. 2 Nr. 1 BGB, da es an wesentlichen Grundgedanken des Gesetzes zur inhaltlichen Ausgestaltung von Schuldverschreibungen mangelt, und § 307 Abs. 2 Nr. 2 BGB,[68] weil die dort in Bezug genommene „Natur" des Vertrages sich nicht aus dem Gesetz, sondern eben aus jener Gestaltung ergibt, die Gegenstand der Inhaltskontrolle sein soll,[69] ist zwar nicht unberechtigt, sagt für die Frage nach der Eignung des AGB-Rechts für fungible Finanztitel als solche aber nicht das Mindeste aus.[70] Die beiden Ziffern des § 307 Abs. 2 BGB beschreiben nämlich lediglich *Regelbeispiele* der unangemessenen Benachteiligung des Kunden. Greifen diese aber nicht, hat es mit dem allgemein in Bezug genommenen Kriterien von Treu und Glauben sein Bewenden. Im Übrigen wird, wer gegen diesen Wertungshintergrund des § 307 Abs. 2 BGB polemisiert, die Frage begründet beantworten müssen, ob etwa § 242 BGB auf die einschlägigen Bestimmungen in Schuldverschreibungen besser zugeschnitten ist – es sei denn, man ginge soweit, auch eine Inhaltskontrolle nach § 242 BGB von vornherein und unter Berufung auf einen neuartigen und normativ nicht verankerten „Gesichtspunkt der effektiven Marktkontrolle" auszuschließen.[71]

Und soweit schließlich gemeint sein sollte, dass Emissionsbedingungen, welche die Gläubiger unangemessen benachteiligen, „über den Zinsmechanismus korrigiert" werden könnten,[72] und bereits deshalb einer AGB-

68 Wenig angebracht wäre es jedenfalls, nach § 307 Abs. 2 Nr. 2 BGB auf das Leitbild Bezug zu nehmen, welches sich in der Praxis herausgebildet hat und dabei eine anlegerbelastende Abweichung (lediglich) von der in der *internationalen Praxis* üblichen Gestaltung für maßgeblich zu halten; denn was international, etwa bei Eurobonds von blue chips, also Unternehmen erstklassiger Kreditwürdigkeit üblich ist, muss nicht – um nur ein Beispiel zu geben – für die auf den deutschen Markt beschränkte Privatplatzierung eines Emittenten zweitbester Bonität ausreichend sein.

69 Vgl. erneut *Ekkenga,* ZHR 160 (1996), S. 59, 61.

70 A. A. *Ekkenga,* ZHR 160 (1996), S. 60, 61.

71 So in der Tat *Eidenmüller,* Unternehmenssanierung zwischen Markt und Gesetz (1999), S. 223 mit Fn. 224.

72 So wiederholt *Eidenmüller,* Unternehmenssanierung zwischen Markt und Ge-

Kontrolle nicht zu unterziehen seien, wäre dies als eine Camouflage des überkommenen und zu Recht verpönten Preisarguments abzuweisen – eines Arguments, das lediglich eine petitio principii verbirgt. Denn bei der Entscheidung über die Notwendigkeit AGB-gesetzlicher Intervention steht just in Frage, ob und in welchem Umfang der Preismechanismus tatsächlich in der Lage ist, dem Kunden vertragswesentliche Eigenschaften einer Leistung vor Augen zu führen oder nicht; der Grund für die Intervention des Gesetzgebers ist schließlich nicht zuletzt gewesen, dass der Kunde womöglich nicht die Bedeutung der vom Verwender für seine Leistungserbringung vermittels Allgemeiner Geschäftsbedingungen erschaffenen Anreizumwelt einzuschätzen weiß.

Mangels dogmatischer Auftreffpunkte für eine Kritik an der Anwendung des AGB-Rechts auf Emissionsbedingungen werden in der Tat mehr und mehr auf Marktgegebenheiten verweisende Argumente bemüht,[73] in denen sich zuweilen freilich rechtsdogmatische und rechtspolitische Erwägungen mischen. Sie ruhen sämtlich auf der Annahme, dass der Wille des historischen Gesetzgebers, das seinerzeitige AGBG solle auch Emissionsbedingungen erfassen, dem objektiven Zweck des Gesetzes nicht gerecht wird.[74] Diesen Überlegungen ist im Folgenden – und zwar zunächst mit Blick auf die Teleologie des AGB-Rechts – nachzugehen.

d) Kein „Marktversagen" bei Ausgestaltung von Emissionsbedingungen?

aa) Teleologie des AGB-Rechts

Die Vernunft gesetzgeberischer Intervention in Vertragsabschlussprozesse und Vertragsgestaltungsergebnisse bei Verwendung Allgemeiner Geschäftsbedingungen für eine *Vielzahl von Schuldverhältnissen*[75] ist wiederholt beschrieben worden und lässt sich rasch erkennen.

setz (1999), S. 222, 235 und S. 257 unter Berufung auf *Pfenniger*, Auslegung von Anleihensbedingungen (1995), S. 47.

73 Auf das Wirken des Marktes setzen insbesondere *Ekkenga*, ZHR 160 (1996), S. 59, 74 und *Eidenmüller*, Unternehmenssanierung zwischen Markt und Gesetz (1999), passim.

74 So – sehr dezidiert – *Eidenmüller*, Unternehmenssanierung zwischen Markt und Gesetz (1999), S. 222.

75 Der in § 310 Abs. 3 Nr. 2 BGB erfasste Fall der Inhaltskontrolle auch solcher

Für einen Interventionsbedarf bei vielfach verwendeten Allgemeinen Geschäftsbedingungen spricht, dass solche Klauselwerke von der Vereinbarung und Gestaltung von Individualverträgen in nicht unerheblichem Maße abweichen. Anders als im Individualvertrag besteht für den Klauselaufsteller nämlich Anlass, auch entfernt liegende Konfliktfälle im Bedingungswerk zu berücksichtigen; dies jedenfalls und soweit er in eine *Vielzahl gleichförmiger Schuldverhältnisse* eintritt und – nach dem Gesetz der großen Zahl – sehr wohl mit einiger Wahrscheinlichkeit darauf rechnen kann, dass der eine oder andere Konflikt mit einzelnen seiner Gläubiger auftreten wird. In der Kalkulation des Verwenders hat die Erfassung auch solcher Ereignisse, die im je einzelnen Schuldverhältnis vergleichsweise selten auftreten mögen, daher kaufmännisch Sinn. Und sinnvoll ist es auch, die sich daran anknüpfenden Rechte und Pflichten detailgenau zu bestimmen. Auf diese Weise lässt sich schlicht Planungssicherheit erlangen und zugleich vermeiden, dass langwierige, um strittige Rechtsfragen kreisende Prozesse geführt werden müssen. Die detailgenaue Definition – beispielsweise der Störungsbehelfe – ist ohne Rückgriff auf juristische Begrifflichkeit allerdings kaum zu leisten. Dies wiederum führt zur inhaltlichen Komplexität der Vertragsbedingungen. Was in Verwenderperspektive notwendig ist, erscheint aus Sicht des einzelnen Kunden indes kaum nachvollziehbar: Der Kunde kalkuliert allein *seine* eigene Konfliktbetroffenheit und nicht das gesamte, aus der Vielzahl der Verträge für den Unternehmer resultierende Risiko. Sein, des Kunden, Interesse an der Verhandlung dieser Vertragsbedingungen ist daher im Regelfall nicht annähernd so groß wie das des Klauselaufstellers. Und dieses Desinteresse ist sehr wohl nachvollziehbar: Wozu sich über wenig wahrscheinliche Konflikte und die rechtliche Gestaltungsmöglichkeiten Gedanken machen? Die Kosten einer Überprüfung werden für den einzelnen Kunden zumeist so hoch sein, dass sie den Wert übertreffen, der sich für ihn (!) aus dem Schuldverhältnis insgesamt ergibt. Er wird deshalb zumeist keine Anstalten unternehmen, die Ausgestaltung der Bedingungen verstehen oder gar auf ihren Inhalt Einfluss nehmen zu wollen.[76]

vorformulierten Verträge, welche lediglich einmalig Verwendung finden und auf die „der Verbraucher auf Grund der Vorformulierung keinen Einfluss nehmen konnte", bleibt im folgenden – da für Anleiheschuldverhältnisse ohne Bedeutung – außer Betracht.

76 S. nur *Kötz*, Gutachten für den 50. Deutschen Juristentag, A 31 ff.

Diese – triviale – Interessenasymmetrie zum Zeitpunkt des Vertragsschlusses begründet wiederum die Verhandlungsmacht des Verwenders – eine Verhandlungsmacht, die sich auch durch eine Abwanderungs-„drohung" des Kunden nicht beschränken lässt; denn auch der Konkurrent des Verwenders wird sich kaum anders verhalten als dieser. Auch für den konkurrierenden Anbieter gilt das geschäftliche Kalkül, angesichts der Vielzahl gleichartiger Transaktionen vorsorglich jede Eventualität in den Vertragsbedingungen zu erfassen. Er wird, wie sein Mitbewerber auch, das Kleingedruckte also „durchsetzen" können – er wird also die Allgemeinen Geschäftsbedingungen dem Kunden, um es in der Sprache des AGB-Rechts zu formulieren, „stellen".

Indes: dass der Verwender Klauseln gestaltet, ist für sich betrachtet noch nicht besorgniserregend. Auch seine Leistung bietet der Verwender in der Regel „so und nicht anders" an, ohne dass eine solche Offerte Anstoß erregen würde. Und auch die vorgelagerte einseitige Gestaltung der Allgemeinen Geschäftsbedingungen begründet noch keine Benachteiligungsgefahr zu Lasten des Kunden. Denn eine Gestaltung der Geschäftsbedingungen bedeutet zunächst nichts anderes als *die Rahmenbedingungen für die Leistungserbringung* festzulegen.

Bedenkliche Belastungen des Kunden werden sich in der Regel erst ergeben können, wenn sich die Gestaltung der Allgemeinen Geschäftsbedingungen auch auf die Qualität der angebotenen und geschuldeten Leistungen auswirkt. So schränkt, wer als Schuldner etwa die Gläubigerrechte in Fällen der Leistungsstörung mindert, zugleich die eigenen – rechtlichen – Anreize ein, versprechensgemäß zu leisten. Nämliches gilt für die Modifikation von Nebenpflichten. *Allgemeine Geschäftsbedingungen schaffen mithin eine Anreizumwelt, in welcher der Klauselaufsteller agiert und seine Leistungen erbringt.*

Wenn in Allgemeinen Geschäftsbedingungen Gläubigerrechte und Schuldnerpflichten ausgestaltet werden, bleibt dies nicht ohne Folgen auch für die Bereitschaft zu versprechensgemäßem Verhalten.[77] Unproblematisch ist eine solche – mittelbare – Qualitätsverminderung freilich nur dort, soweit diese Leistung vollen Umfangs bereits bei Vertragsschluss vom Interessenten umfänglich untersucht werden kann. *Hier* sollte es recht eigentlich genügend marktliche Zwänge geben, auf Kundeninteressen so Rücksicht zu nehmen, dass die Kunden wohlinformiert

77 Vgl. schon *Schäfer/Ott*, Lehrbuch der ökonomischen Analyse des Zivilrechts (1995, 2. Aufl.), S. 421.

Preis und Leistung in ein Verhältnis setzen können. Aber von welchem Angebot ließe sich heutzutage noch behaupten, es ließe sich seine Qualität vorab vollständig vom Nachfrager ermitteln? Kunden ist es im Regelfall erschwert, wenn nicht gar unmöglich, den Effekt der AGB-Gestaltung auf die Leistungsqualität in jeder Dimension zu ermessen und in Vergleich zu anderen Angeboten zu stellen. Fehlen aber kompensierende Informationsmechanismen, wie etwa Verbraucherinformationen jedweder Art, so fallen auf Anbieterseite wettbewerbliche Anreize zur Verbesserung der Klauselqualität aus. Häufig spricht sich mangelnde Qualität nicht herum. Die ungleichzeitige und ungleichmäßige Konfliktbetroffenheit der Kunden sorgt überdies dafür, dass sich ihre individuellen Erfahrungen nur mühevoll unter anderen Konsumenten verbreiten. Werden Abwanderungsentscheidungen lediglich auf individueller Ebene getroffen, bleiben die Auswirkungen auf die Entscheidungen anderer gering.

Erst im Zusammenspiel beider Elemente – der Interessenasymmetrie an Gestaltung und Verständnis der Klauseln einerseits und der mangelnden Vernetzung von Kunden andererseits –, beide übrigens Resultat der *Vereinzelung der Kunden*, entsteht für sie eine Gefährdungslage: Weil der Verwender durch Gestaltung der AGB seine Anreizumwelt selbst definiert und sich diese Anreizumwelt und ihre Bedeutung für dessen Leistungserbringung dem Kunden nicht ohne weiteres erschließt, droht diesem eine Benachteiligung. Und hier beginnt erst auch ein Marktversagen, bei der die Gestaltung der Allgemeinen Geschäftsbedingungen der nach und nach zum Qualitätsverfall führenden Dynamik eines Akerlofschen „Zitronen"marktes anheimgegeben wird:[78] Anbieter mit qualitativ inferioren AGB am Markt denselben Preis zu erzielen vermögen wie solche, deren Vertragswerke den Interessen der Konsumenten entgegenkommen, sich dann gegenüber solchen mit AGB besserer Qualität über den vom Kunden beobachtbaren Preis durchzusetzen und zu verdrängen. Unterschätzen Kunden die Bedeutung der AGB-Qualität können Verwen-

[78] Zur Übertragung des Akerlof-Modells (s. *Akerlof*, Quarterly Journal of Economics 84 (1970), S. 488 ff.) auf Allgemeine Geschäftsbedingungen und die daran anknüpfende ökonomische Rechtfertigung zwingenden Vertragsqualitätsschutzes s. die grundlegende Untersuchung von *Trebilcock/Dewees*, The Economics of Judicial Control of Standard Form Contracts, in: *Burrows/Veljanovski* (Hrsg.), The Economics of the Law, 1982, S. 161 ff. und *Adams*, in: M. *Neumann* (Hrsg.), Ansprüche, Eigentums- und Verfügungsrechte (= Schriften des Vereins für Socialpolitik), 1984, S. 655 ff. und *ders.*, BB 1989, S. 781 ff.

der, ohne Abstrafung durch den Wettbewerb fürchten zu müssen, die Qualität ihrer AGB weiter senken. So führt diese strukturelle Benachteiligung dazu, dass sich Anbieter von Leistungen zweifelhafter Güte über Gebühr lang auf dem Markt behaupten können und erst nach aufwendigen *Lernprozesssen der Konsumenten* oder kostspieligen *Vertrauenseinwerbungen der Konkurrenten* verdrängt werden. So lange sie jedoch nicht verdrängt sind, vermögen sie Vertragsklauseln durchzusetzen, die ein Verhalten erlauben, das ihnen zwar etwas nutzt, dem Kunden aber noch mehr schadet[79] – ein Verhalten, das daher niemandem behagt, aus juristischer Perspektive *treuwidrig* oder aus ökonomischer Sicht *ineffizient* genannt werden darf.

Nicht um die inhaltliche Komplexität der Allgemeinen Geschäftsbedingungen als solche geht es also, sondern um den komplexen *Wirkzusammenhang zwischen Allgemeinen Geschäftsbedingungen und Verhalten des Verwenders.* Dieser *Zusammenhang* ist dem Kunden regelmäßig nicht durchschaubar, so dass ihm eine Ausbeutung seiner Unkenntnis droht. Die *Ausbeutung* dieser Unkenntnis soll das AGB-Recht erschweren, und nicht etwa ein *Marktversagen beim Wettbewerb von Vertragsbedingungen korrigieren.*[80]

bb) AGB-Kontrolle durch den Anleihemarkt?

Gelten die oben beschriebenen Gesetzmäßigkeiten nun aber auch für Emissionsbedingungen? Daran werden vielfach Zweifel laut. In der Debatte um die Übertragbarkeit der AGB-rechtlichen Interventionsidee auf die Unternehmensfinanzierung mit Schuldverschreibungen wird zumeist auf tatsächliche Marktgegebenheiten geblickt und erklärt, Obligationäre bedürften keines weiteren Schutzes.[80a]

aaa) Marktkontrolle auf Nachfragerseite

Zuweilen wird geltend gemacht, dass private Anleger auf der Klauselkontrolle durch institutionelle Investoren *„trittbrettfahren"* könnten. Weil Konditionen einer Anleihe gegenüber sämtlichen Anlegern notwendig

[79] Ein wenig unklar noch *Adams*, in M. *Neumann* (Hrsg.), Ansprüche, Eigentums- und Verfügungsrechte (= Schriften des Vereins für Socialpolitik), 1984, S. 655 ff. und *ders.*, BB 1989, S. 781 ff.

[80] So etwa *Grundmann*, Der Treuhandvertrag, insbesondere die werbende Treuhand (1997), S. 143 mit Fußnote 54 und S. 294 mit Fußnote 254; differenzierter *Köndgen*, NJW 1989, S. 943, 946 f.

[80a] Vgl. zum Weiteren auch *Kahan* 89 Northwestern University L. R. 565 (1994).

gleich lauten würden, profitierten unkundige Anleger davon, dass Emittenten die Anleihe nicht nur für sie, sondern auch für erfahrene Großanleger attraktiv ausstatten müssten und diese die Einhaltung der dort getroffenen Abreden streng überwachten. Die Anbieter von Anleihen unterlägen daher hinreichenden wettbewerblichen Anreizen, die Leistungs- und Sicherheitskomponente der Schuldverschreibungen in ausgewogener Weise zu gestalten.[81]

Es lässt sich nicht bestreiten: Bei Angebot und Handel von Schuldverschreibungen werden sich unter Umständen auch solche Anleger mit den Nebenbestimmungen auseinandersetzen, die beabsichtigen, einen Gutteil der Gesamtemission zu erwerben. In ihrem Kalkül ändert sich deshalb auch die Bedeutung einer möglichen Störung des Schuldverhältnisses und daher zugleich die Bereitschaft, die entsprechenden Tatbestände in den Emissionsbedingungen näherer Prüfung zu unterziehen.

Gleichwohl bleiben Bedenken: Die Erwägung, private Investoren, auch Kleinanleger, könnten auf eine Qualitätsüberwachung der Emissionsbedingungen von Seiten großer Investoren rechnen und bedürften wegen der daraus resultierenden marktlichen Anreize zu fairer Vertragsgestaltung schon deshalb nur eingeschränkten Schutzes durch zwingendes Recht, ruht ersichtlich auf der Annahme, dass der Markt für fungible Schuldtitel nicht segmentiert ist – so, als gäbe es keine Privatplatzierungen, die eigens für den Kreis erfahrener und professioneller Anleger geschaffen werden und auch keinen Sekundärhandel von syndicated loans, der es diesem Investorenkreis sogar ermöglicht, Ansprüche und Risiken aus Bankkrediten zu übernehmen. Gröblich vernachlässigt wird also, dass informierte Marktteilnehmer auf einen eigenen, auf ihre Kenntnisse und Fähigkeiten zugeschnittenen Markt abwandern können, so dass damit uninformierte Nachfrager allein auf dem retail-Sektor zurückbleiben.

Noch ein weiteres spricht aber gegen das „Trittbrettfahrer"argument – der Umstand nämlich, dass nicht wenige der Großinvestoren rechtlichen

81 Über die Reichweite des Trittbrettfahrerarguments scheinen sich manche seiner Befürworter freilich selbst nicht ganz im Klaren zu sein; vgl. etwa *Eidenmüller*, Unternehmenssanierung zwischen Markt und Gesetz (1999), der mit Bezug auf covenants in Kreditverträgen einerseits erklärt, *Privatanlegern* käme die von Banken gegenüber dem Schuldnerunternehmen geübte Kontrolltätigkeit zu Gute (S. 220), und andererseits behauptet, dass *Lieferanten nicht* von der Interessewahrnehmung durch Kreditinstitute zu profitieren vermöchten (S. 147), ohne diesen offenbaren Widerspruch zu erkennen, geschweige denn zu thematisieren.

Bindungen in ihrer Anlagepolitik unterliegen, die es ihnen untersagen, in spekulative Schuldverschreibungen zu investieren. So wird die marktliche Inhaltskontrolle ausgerechnet bei Schuldverschreibungen mit erheblichem *default-Risiko* eingeschränkt sein, bei der private Investoren auf den Schutz durch institutionelle Anleger besonders angewiesen wären. Soweit Großanleger einerseits auf eigens für sie geschaffene „Sonderangebote" ausweichen können und andererseits in die für Privatanleger prima vista besonders attraktiven spekulativen Anleihen nicht investieren dürfen, bleibt der Markt für Schuldverschreibungen also geteilt. Die erhoffte Inhaltskontrolle der Emissionsbedingungen durch Großanleger dürfte deshalb ein sehr viel geringeres Maß aufweisen als erhofft.

Und endlich bleibt als weiterer kritischer Einwand die Frage, wie es um den Schutz der Anleihegläubiger als „Trittbrettfahrer" bestellt sein soll, wenn der Fahrzeugführer in unruhigem Gelände – also das Kreditinstitut in der sich anbahnenden Krise des Schuldnerunternehmens – selbst abspringt.

bbb) Marktkontrolle auf Anbieterseite

Gegen eine AGB-rechtliche Kontrolle von Emissionsbedingungen wird ferner der Einwand erhoben, dass Emittenten als Anbieter und Banken in ihrer Rolle als Abnehmer und Absatzhelfer ein eigenes Interesse daran hätten, den Erfolg der Anleihe am Markt sicherzustellen, weil ihr Ansehen und damit verbundene künftige Geschäftsmöglichkeiten mit Anlegern auf dem Spiel stünden. Die daraus resultierende „Interessenkongruenz" mit dem Investorenpublikum, für welches die Schuldverschreibungen eigentlich bestimmt seien, sorge deshalb dafür, dass Emittenten, jedenfalls aber Kreditinstitute, bei der Aushandlung der Emissionsbedingungen die Anlegerinteressen berücksichtigten.

aaaa) Das Verhalten der Emittenten

Im Grundsatz gilt nun tatsächlich, dass Unternehmen Fremdkapital nur dann einwerben können, wenn sie den Kreditgebern sowohl zum Zeitpunkt der Mittelaufnahme als auch während der Laufzeit der Kapitalüberlassung verläßliche Informationen über den Wert ihrer Ansprüche zur Verfügung stellen sowie Interventionsbefugnisse eröffnen, die es diesen ermöglichen, auf eine etwaige Veränderung ihrer Anspruchsposition zu reagieren. Anderenfalls würde der Markt in der Tat mit Verteuerung und Verknappung der Finanzierungsbereitschaft antworten, so dass letztlich alle Vorteile aus opportunistischem Verhalten vom Schuldnerunternehmen selbst getragen werden müssten.

So sagt jedenfalls die Theorie. Ihr zufolge liegt es also auch im Interesse der Eigenkapitalgeber, sich in den Bedingungen des Fremdkapitaltitels Selbstbindungen aufzuerlegen, welche die Anleger gegen Vernachlässigung oder Ausbeutung versichern. Zwar bleibt zunächst eine Variable im Dunkeln – das künftige Verhalten des Schuldnerunternehmens. Eben dieses Verhalten und seine Wahrnehmung durch das Publikum aber bildet das wertvolle Reputationskapital, welches dem Emittenten auch für die Zukunft ermöglicht, Kapital am Markt nachzufragen.

Und die Wirklichkeit scheint diese Behauptung zuweilen auch zu rechtfertigen. Denn wer Anlegerinteressen vernachlässigt, wird nicht selten die Folgen solchen Eigennutzes spüren. Das Wirken des Reputationsmechanismus ist jedenfalls wiederholt in der Praxis zu beobachten gewesen. So nutzte – um nur ein Beispiel anzuführen – der Emittent einer mit hochverzinslichen 100-Millionen US-Dollar-Anleihe eine Klausel in den Emissionsbedingungen, derzufolge er im Falle der Veräußerung wesentlicher Unternehmensanteile verpflichtet ist, die Schuldverschreibungen zu kündigen und zu einem vorab bestimmten Kurs zu vergüten (sog. *sale of assets clause*), um sich leidiger, weil das Marktniveau überschreitender Zinsverpflichtungen zu entledigen: Das Unternehmen unternahm eine entsprechende Veräußerung ausgerechnet zu einem Zeitpunkt, da die Schuldverschreibungen aus makroökonomischen Gründen zu einem wesentlich höheren als dem im Falle der Kündigung nach Maßgabe der Emissionsbedingungen zu zahlenden Kurs gehandelt wurden. Nicht nur Anleihegläubiger, sondern auch Vertreter der Kreditwirtschaft argwöhnten deshalb, dass die Unternehmensveräußerungen nur zu dem Zwecke getätigt wurden, die entsprechende Kündigungspflicht auszulösen. Angesichts des Umstandes, dass eine Schutzklausel zu Gunsten der Anleihegläubiger zur Vermeidung von Zinsbelastungen des Anleiheschuldners zweckentfremdet wurde, war die Empörung groß. Es war deshalb übereinstimmende Annahme, dass es diesem Emittenten schwerfallen werde, erneut Kapital auf dem Anleihemarkt aufnehmen zu können. Die Reputation des Emittenten litt darunter schwer; die Reputation des allseits bekannten Emissionsführers ebenso.[82]

82 (o. V.), RAPP call spreads dismay, International Financing Review No. 1116 (January 18, 1997), S. 10.

Der besondere Charme einer im wesentlichen auf Reputationserwägungen gründenden (Selbst-)Disziplinierung ruht nun darauf, dass der mögliche Ansehensverlust des Emittenten nicht notwendig mit einem potentiellen Vermögensgewinn des Obligationärs einhergeht. Weil sich der Schaden für den Täter selbst nicht in einen Ersatz für das Opfer verwandelt, vermag dieses auch nicht von einem nur imaginierten Skandal zu profitieren. Dies senkt wiederum die Bereitschaft auf Investorenseite, angebliche Verfehlungen des Emittenten zu konstruieren, um sich auf diese Weise eines wenig geschätzten Investments zu entledigen.

Gleichwohl bleibt die Moral solcher Argumente und Anekdoten zwiespältig. Denn sie sagen recht eigentlich nur, dass (professionelle) Marktteilnehmer im Einzelfall auf eine gar zu flagrante Verletzung der Grundlagen ihrer Finanzierungsbeziehung mit dem Schuldnerunternehmen reagieren werden. Sie erweisen aber nicht, dass die Furcht der Emittenten, Reputationsverluste zu erleiden, auch bedeutet, dass er das *Anlegerpublikum insgesamt und von vornherein* mit Finanztiteln ausreichenden Schutzniveaus versorgen würde.

Tatsächlich gibt es gute Gründe für die Annahme, dass die Gefahr eines Ansehensverlusts, das Kalkül von Emittenten und am Absatz beteiligten Kreditinstituten auf ganz andere Weise beeinflussen kann: Wenn es nämlich richtig ist, dass die Ausstattungsmerkmale – insbesondere die Sicherheitskomponente der Anleihe – zur Zeit der Emission zumindest von retail-Investoren kaum zur Kenntnis genommen werden, sehr wohl jedoch dann, so Veränderungen in der Verfassung oder im Verhalten des Schuldnerunternehmens ihre Lektüre gebieten, wird es sich für den Emittenten womöglich eher rechnen, auch *erst zu diesem Zeitpunkt* auf die Interessen der Obligationäre Rücksicht zu nehmen. So kann die einzelfallweise und je nach Maß der Obligationärsproteste geübte „Aufgabe" von Rechtspositionen von Seiten des Emittenten mit einem Reputationsgewinn einhergehen,[83] dessen Umfang die Vorteile aus Nichtaufnahme rechtlich fragwürdiger Regelungen des Anleiheschuldverhältnisses in die Dokumentation, die von der breiten Investorenmasse bei Erwerb der Papiere ohnehin kaum zur Kenntnis genommen werden dürften, weit übertrifft. Es ist diese Vorgehensweise daher unter Umständen viel kostengünstiger als von vornherein und gegenüber allen Anlegern auf eine ihren Interessen gemäße Ausgestaltung der Emission zu achten.[84]

[83] Grundlegend *Katz*, Rand Journal of Economics 24 (1990), S. 518 ff.

[84] Vgl. *Gazal*, Economic Analysis of Unfair Terms in Standard Form Contracts, in

bbbb) Das Verhalten der Kreditinstitute

Weil auf Emittenten nicht notwendig Verlass ist, wendet sich der Blick auf Kreditinstitute. Ihnen wird zugetraut und zugemutet, für den notwendigen Investorenschutz zu sorgen. Seit je haben Emittenten sich denn auch den *guten Ruf* von Banken zu Nutze zu machen gewußt, um den Absatz der Schuldverschreibungen zu erleichtern – auch wenn dieser gute Ruf nur eine von vielen weiteren Entscheidungsvariablen für eine Mandatierung ist.[85] Erneut wird hier vor allem auf die *Reputation* der an der Emission Beteiligten abgestellt – denn (quasi-)vertragliche *Pflichten* gegenüber den Erwerbern der Schuldverschreibungen bestehen vor[86] der Platzierung für Kreditinstitute mangels anderweitiger Verabredungen grundsätzlich nicht.[87] Sie sind den Anlegern gegenüber nicht etwa gehalten, die Aufnahme unüblicher oder unangemessener Klauseln in die Anleihe zu unterbinden.[88]

Richtig ist, dass bei Banken als Emissionshelfern ein größeres Reputationskapital auf dem Spiel steht als bei Emittenten – denn während diese den Anlegern gegenüber lediglich als Anbieter der Fremdkapitalengagements auftreten, sind jene regelmäßig sowohl als kapitalsuchende Unternehmen, scil. Daueremittenten als auch als Dienstleister für die Anleger in weiteren Bereichen tätig – ob depotführend, beratend oder vermö-

Ott/Schäfer (Hrsg.), New Developments in Law and Economics; Papers presented at the Annual Conference 1999 in Hamburg, February 12-13, 1999, S. 100, 133.

85 Dazu zählen bereits bestehende Kreditverbindungen zum Emissionshaus und dessen – nicht nur vom Renommee, sondern auch von der sachlichen und personellen Kapazität abhängige – Platzierungskraft bei in- und ausländischen Investoren.

86 *Hartwig-Jacob*, Die Vertragsbeziehungen und die Rechte der Anleger bei internationalen Anleiheemissionen (2001), S. 190 und 227 m. w. N.

87 Davon zu unterscheiden ist selbstverständlich die Frage, welche Pflichten sie *bei* der Vermarktung der Anleihe treffen.

88 Vgl. auch *Hopt*, Die Verantwortlichkeit der Banken bei Emissionen (1991), S. 23; ebenso jetzt LG Frankfurt v. 16. 3. 2001 (Az. 2-21 0 403/00) – *unveröffentlicht*, sub I 1 der Entscheidungsgründe: „Allein das ... erhebliche eigene unmittelbare wirtschaftliche Interesse ... an dem Verkauf der Schuldverschreibungen rechtfertigt ... keine Haftung ... nach c. i. c. Das ... Interesse an einem erfolgreichen Verkauf der Anleihen ist das typischerweise Interesse eines jeden Konsortialführers bei der Emission von Schuldverschreibungen und geht über dieses auch nicht hinaus.“

gensverwaltend – und können deshalb erheblichere Verluste leiden, wenn diese als Obligationäre das Vertrauen zu ihnen verlieren.

Darauf, dass ein Institut die Anleger gegen Enttäuschungen – etwa durch eine implizite „Beistandsgarantie“ bei Bonitätsverschlechterungen des Emittenten in Form der Gewährung zusätzlicher Kredite oder gar marktlichem Rückkauf entwerteter Schuldverschreibungen – „versichert“, wird man sich als Anleger aber nicht verlassen dürfen; denn abweichende und im Einzelfall vorrangige Interessen können das Kreditinstitut jederzeit dazu anhalten, eben dieses Vertrauenskapital zu liquidieren.[89] Und noch ein weiteres kommt hinzu: Heutzutage müssen Kreditinstitute mit der Möglichkeit rechnen, dass ein von ihnen nur implizit abgegebenes, rechtlich nicht bindendes „Versprechen“ – etwa eine von ihnen vermarktete und späterhin faillierende Anleihe von betroffenen Investoren zurückzukaufen – bankaufsichtsrechtlich künftig als „reputational risk“ eingestuft und noch mit Eigenkapital zu unterlegen sein könnte. Auch dies ist ein Grund für die Kreditinstitute, in Zukunft davon Abstand zu nehmen, Anlegererwartungen mit ihrem Reputationskapital zu versichern.

So bleibt lediglich das weitere Argument, Kreditinstitute würden aus eigenem Absatzinteresse dafür Sorge tragen, bei Aushandlung der Emissionsbedingungen den Belangen potentieller Abnehmer umfassend Rechnung zu tragen. Es erscheint jedoch fraglich, ob die Konsortialführerin in den Verhandlungen auch die Interessen des Investoren in Acht nimmt, genauer noch: ob zwischen Emissionsbanken und Anlegern eine Interessenkongruenz besteht, welche es rechtfertigte, das Aushandeln der Bedingungen durch die Bank einem Aushandeln durch die Anleger gleichzustellen. Denn die Emissionsbank verfolgt ihre eigenen – legiti-

89 Ein gutes Beispiel dafür, wie schnell die Reputationskapital verbraucht werden kann, um andere, vorrangig gewordene Interessen zu verfolgen, findet sich beispielsweise in der Schweiz. In der „Biber“-Krise vor die Wahl gestellt, dass die von ihm gewährten Darlehen vertragsgemäß mit Zinsen bedient und endlich zurückgezahlt werden, oder die Interessen der Anleger zu vernachlässigen, welche Schuldverschreibungen aus der von ihr plazierten Emission halten, entschieden sich Banken gegen Obligationäre. Seitdem dürfen Anleihegläubiger nicht mehr darauf hoffen, aus außergerichtlichen Sanierungsbemühungen für ein in die Krise geratenes Schuldnerunternehmen herausgehalten zu werden. Die implizite und nicht klagbare „Beistandsgarantie“ des Emissionsführers, wie sie bei entsprechenden Anleihen zuvor vom Investorenpublikum erwartet werden durfte, war auf einmal wertlos; vgl. *Meyer*, Finanzmarkt und Portfolio Management 8 (1994), S. 165 ff.

men – Interessen. Die Konsortialführerin übernimmt die Anleihe nicht zu Anlagezwecken. Sie will sie vielmehr am Markt erfolgreich platzieren und auch in Zukunft weitere Emissionen betreuen. Von der Ausgestaltung des Platzierungsrisikos zu Lasten des Kreditinstituts – d. h. durch Vereinbarung einer Festübernahme oder bloßer best-efforts-Abrede – und von den marktlichen Verhältnissen selbst hängt es ab, welchen Anteil die Konsortialführerin an der Gestaltung der Leistungs- und Sicherheitskomponente der Anleihe nimmt – so etwa davon, ob Anleger die Qualität der Emissionsbedingungen selbst oder mit Hilfe von Informationsintermediären[90] einschätzen und damit zur Grundlage ihrer Kaufbereitschaft machen können, ob Reputations- und damit Geschäftsverluste durch Übernahme und Platzierung nur mit ungenügenden Schutzbestimmungen ausgestatteter Anleihen drohen, und nicht zuletzt auch davon, wie die Emissionshäuser ihre Verantwortung gegenüber den Anlegern selbst verstehen.[91]

Noch einmal: Die Interessen des Kreditinstituts bilden Grund und Grenze ihrer Bereitschaft, in den Verhandlungen Gesichtspunkte des Anlegerschutzes zu berücksichtigen. Die Bereitschaft, auf Investorenbedürfnisse Rücksicht zu nehmen, wird also von den Absatzmöglichkeiten diktiert. Wenn aber von den – von Fall zu Fall divergierenden – Interessen des Kreditinstituts und von Marktumständen abhängt, in welchem Umfang Anlegerinteressen in den Verhandlungen durch die Emissionsbank vertreten werden, so steht zugleich fest, dass diese Interessen zwar übereinstimmen können, nicht aber übereinstimmen müssen. Eine gleichsam notwendige Interessenkongruenz besteht zwischen Konsortialführerin und Anlegern jedenfalls nicht, so dass es sich auch verbietet, die Verhandlungsführung durch die Emissionsbank einer Verhandlungsbeteiligung der Anleger gleichzustellen. Ob das emissionsbegleitende Kreditinstitut auf den Emittenten einwirkt, Klauseln, die nicht im Interesse der Obligationäre sind, abzuändern, lässt sich daher nicht mit Sicherheit bestimmen.

90 Dies können etwa private Rating-Agenturen sein.

91 Ebenso die nüchterne Einschätzung von BuB/*Bosch* – Emissionsgeschäft (12/1997), Rn. 10/162 „Ihre Loyalität gilt nicht nur den Anlegern (Gläubigern), sondern auch dem Emittenten; dieser erteilt ihr das Mandat."

cc) Rechtliche Erheblichkeit der Marktkontrolle

Fassen wir zusammen: So wichtig und richtig es auch sein mag, bei der Frage nach der Notwendigkeit zwingenden Qualitätsschutzes die selbstregulierende Kraft des Marktes zu ermessen, so problematisch wäre es doch auch, eine bloße Momentaufnahme als hinreichenden Beleg seines segensreichen Wirkens oder seines Versagens ausreichen zu lassen. Markterscheinungen wandeln sich: Gestern mochten sich Obligationäre noch auf einen ausgereiften Markt mit erfahrenen Teilnehmern und eine „Inhaltskontrolle" der angebotenen Finanztitel durch institutionelle Anleger verlassen können. Heute ist der Markt womöglich segmentiert und die erhoffte „Vergesellschaftung" ihrer Erfahrung bleibt aus. Morgen mag es wieder anders sein, weil Informationsintermediäre diese Schutzlücke durch ein Qualitätsrating schließen werden. Und übermorgen werden – bedingt durch weitere KWG-rechtliche Einengungen aufsichtsfreier Publikumsfinanzierungen – Unternehmen und Berater des „grauen Kapitalmarktes" sich die Freiheiten der Anleihefinanzierung bei Vermarktung und Vertrieb ihrer, von Rating-Agenturen selbstverständlich nicht erfassten Finanzprodukte an die breite Anlegerschaft zu Nutze machen wollen. Ob das Fehlen von Schutzmechanismen ein grundsätzliches Versagen des Marktes anzeigt oder nur eine ökonomische Renten versprechende Nische für Anbieter der vermißten Leistungen ist, die alsbald wieder geschlossen sein wird, kann der Blick auf die heute vorherrschenden Institutionen- und Verhaltensmuster daher allein nicht offenbaren.

Wer über die Notwendigkeit und Zweckmäßigkeit zwingender Bestimmungen für Anleiheschuldverhältnisse befinden will, muss den Blick von den bloßen Phänomenen lösen – auch wenn es schwerfallen mag. Denn dass Emissionsbedingungen der Erscheinung nach „Kleingedrucktes" sind und daher mancherorts anlegerschutzrechtliche Beschützerinstinkte wecken mögen, präjudiziert die Entscheidung eben so wenig wie der wettbewerbsgläubige Verweis auf die weitgehende Störungsfreiheit des heute im Wesentlichen noch von Emittenten erstklassiger Bonität bevölkerten Marktes für Industrieobligationen. Mit derlei Beobachtungen wäre kaum etwas über die Qualität der Emissionsbedingungen erkannt, und nichts wäre auch darüber gesagt, ob und wie sie sich in einem künftigen, zwischen Unternehmen sehr unterschiedlicher Kreditwürdigkeit herrschenden Wettbewerb verändern können.

4. Unterschiede zwischen Allgemeinen Geschäftsbedingungen und Emissionsbedingungen

Eine Diskussion der Anwendung des ABG-Rechts auf Emissionsbedingungen hat in rechtspolitischer Perspektive die *Eigenheiten von Emissionsbedingungen* selbst genauer in den Blick zu nehmen und zu fragen, ob sie sich womöglich von Allgemeinen Geschäftsbedingungen unterscheiden, deren Verwendung bekanntermaßen in ein Marktversagen münden kann. Hier mag sich nämlich zeigen, dass die Ausgestaltung und Kontrolle von Emissionsbedingungen anderen Gesetzmäßigkeiten als das schlichte „Kleingedruckte" unterliegen.

a) Das Moment der Handelbarkeit

Der zentrale Unterschied zwischen Allgemeinen Geschäftsbedingungen und Emissionsbedingungen liegt im Moment der *Handelbarkeit* begründet. Nur unter der Voraussetzung einheitlicher Ausgestaltung ist die Handelbarkeit von Schuldverschreibungen einer Emission verbürgt. Die Schuldverschreibungen müssen – im wahren Sinne des Wortes – von vornherein austauschbar sein, damit sie das Investorenpublikum annimmt. Das aber setzt ihre inhaltliche Einheitlichkeit voraus.

Die durch Emissionsbedingungen geschaffene inhaltliche Konformität der Forderungen aus einer Emission ist aus Sicht des Emittenten nicht etwa bloß ein Mittel zur Rationalisierung von vielen, unverbundenen Geschäften, sondern eine Notwendigkeit, um den von ihm angebotenen Finanzierungstitel vielfach absetzen zu können. *Emissionsbedingungen vereinheitlichen nicht lediglich den Inhalt vieler unverbundener Geschäfte. Sie stiften vielmehr die inhaltliche Einheit verbundener Geschäfte.* Das ist ihr Unterschied zu Allgemeinen Geschäftsbedingungen.

Führt man sich im Lichte dieser Einsicht noch einmal vor Augen, welche Gründe es sind, die im Falle der Verwendung Allgemeiner Geschäftsbedingungen ein Marktversagen heraufbeschwören können – die *mangelnde Vernetzung von Kunden zum einen und die Interessenasymmetrie an Gestaltung und Verständnis der Klauseln* zum anderen – so fällt denn auch auf, dass Anleihen und Emissionsbedingungen in beiderlei Hinsicht bemerkenswerte systematische Unterschiede zu anderem „Kleingedruckten" aufweisen.

aa) Vernetzung der Investoren

Vielfach verwendete Allgemeine Geschäftsbedingungen sind – nachgerade per definitionem – *übereinstimmend* ausgestaltet. Die Leistung des Verwenders an den Kunden aber ist je *verschieden*. Der eine Kunde mag sich an der störungsfreien Abwicklung des Schuldverhältnisses erfreuen, der andere wird womöglich von Vertragsverletzungen betroffen sein. „Ausreißer" bei Leistungserbringung treffen daher zumeist je einzelne Vertragsverhältnisse und lediglich in Ausnahmefällen ihre Gesamtheit.

Ganz anders im Falle einer Emission. Nicht nur die Emissionsbedingungen sind standardisiert, vielmehr werden auch die Anleiheschuldverhältnisse von Entscheidungen des Emittenten gleichförmig erfasst. Das heißt: Wenn sich die Unternehmensverwaltung etwa für eine sehr viel riskantere, von den Ertragserwartungen her aber nicht günstigere Investitionsstrategie entschließt als ursprünglich geplant, so werden von den damit verbundenen Bonitätsverschlechterungen sämtliche und nicht etwa nur einzelne Schuldverschreibungen einer Emission erfasst. Ebenso liegt der Sachverhalt, wenn davon abgesehen wird, ein der Bonitätssteigerung dienliches, für die Eigenkapitalgeber aber wenig rentierliches Investitionsvorhaben zu verfolgen. Auch hier sind alle Obligationäre aus einer Emission gleichermaßen betroffen.

Dass Schuldverschreibungen einer Emission von Entscheidungen des Emittenten gleichmäßig berührt werden, führt wiederum zur notwendigen *Publizität der Leistungsstörung*. Jeder Obligationär weiß sich bei einem *Versprechensbruch* durch den Emittenten im „Verein" mit anderen Betroffenen. Was ihm zugestoßen ist, muss zwangsläufig auch anderen Inhabern der Schuldverschreibungen geschehen sein. Die Information über den Störungsfall verbreitet sich deshalb unter den Betroffenen sehr rasch – sowohl innerhalb einer Emission als auch unter anderen Gläubigern. Die gleichmäßige und gleichzeitige Störungsbetroffenheit der Schuldverschreibungen einer Emission erleichtert den Informationsfluss und (!) dramatisiert seine Bedeutung.

Diese *notwendige* (und nicht nur – beispielsweise von Informationsintermediären wie Rating-Agenturen – marktlich vermittelte) Publizität unterscheidet Anleiheschuldverhältnisse von anderen, AGB-unterworfenen Rechtsverhältnissen. Dort bleibt, wer als Kunde Opfer einer Leistungsstörung wird, so vereinzelt, wie er es schon bei Vertragsschluss war. *Die ungleichmäßige und ungleichzeitige* Betroffenheit von Leistungsstörungen erschwert es den Kunden, untereinander Erfahrungen über die Qualität der Vertragswerke und endlich auch der Gläubigerleistung insgesamt auszutauschen und weiterzutragen; ihre Erfahrungswerte fließen daher – wenn überhaupt – nur sehr verzögert in die Zahlungsbereitschaft der Konsumenten ein. Das ist bei der Ausgestaltung massenhaft emittierter Wertpapiere nicht der Fall.

bb) Informationsanstrengungen der Investoren

Der Handel der Schuldverschreibungen kann dafür sorgen, dass *über die gesamte Laufzeit* der Schuldverhältnisse wirtschaftliche Anreize bestehen, in Informationen über den Wert des Publikumskredites zu investieren, um auf ihrer Grundlage Gewinne zu machen. Jede weitere Verkaufs- und Kaufentscheidung am Anleihemarkt verlangt also, ihren Gegenstand erneut zu prüfen – und das Ergebnis dieser Prüfung in das Zahlungsverlangen und die Zahlungsbereitschaft einfließen zu lassen.

Anders etwa als Allgemeine Geschäftsbedingungen werden Emissionsbedingungen – auch *nachdem* sie einmal gestellt worden sind (!) – *von verschiedener Seite und zu verschiedenem Zeitpunkt* begutachtet. Der Sekundärhandel kann deshalb dazu führen, dass neue Informationen in die Preise eingehen und dadurch verbreitet werden. Die Preisbildung wirkt aber wie ein Brennglas, in dem sämtliche Einschätzungen der Marktteilnehmer gebündelt werden. Auf diese Weise wird dafür gesorgt, dass Informationen über die Werthaltigkeit der Ansprüche preislich abgebildet werden. Und von dieser preislichen Abbildung werden alle wertbildendenden Faktoren der Anleihe erfasst – also nicht nur ihre Leistungs- sondern auch ihre Sicherheitskomponente. Insbesondere können sich *innerhalb der Laufzeit* die Rahmenbedingungen wirtschaftlicher Art so verändert haben, dass vermehrt Anlass besteht, die einzelnen covenants und ihre tatsächliche Wirkmacht zu begutachten. Darum mag sich auch das Wissen um die Notwendigkeit und Eignung von Gläubigerschutzbestimmungen im Verhältnis zum Emittenten wandeln. Die mit dem Handel von Schuldverschreibungen verbundene wiederholte Preisbildung sorgt also nicht nur dafür, dass die Kauf- und Verkaufswünsche der Investoren befriedigt werden, sondern vermittelt Außenstehenden auch die im Markt vorfindlichen Informationen über den Fremdkapitaltitel.

b) Ergebnis und Ausblick

Der Vergleich von Allgemeinen Geschäftsbedingungen und Emissionsbedingungen hat folgenden Befund ergeben: Während Allgemeine Geschäftsbedingungen dazu dienen, eine Vielzahl von unverbundenen Transaktionen *einheitlich zu fassen,* sind Emissionsbedingungen dazu bestimmt, eine Vielzahl von einheitlichen Transaktionen *miteinander zu verbinden.* Dieser kategoriale, nicht nur der gegenwärtigen Marktsituation abgeschaute Unterschied ändert die Dynamik der Qualitätskontrolle:

Im ersteren Fall – also der „klassischen AGB" – mag angesichts der *Vereinzelung der Kunden einheitlich gefasster Verträge* je individuell der Anreiz fehlen, sich mit den Bedingungen und ihren Wirkungen auf die Leistungsbereitschaft des Anbieters von vornherein auseinanderzusetzen und nachträglich etwaige Erfahrungen mit dieser Leistungsbereitschaft weiterzutragen. Dieser Anreizmangel auf Kundenseite kann sich wegen Ausfalls eines Wettbewerbsfaktors in Qualitätsmängel der Bedingungen selbst übersetzen.

Im zweiten Fall – also der Emissionsbedingungen – kann die *Handelbarkeit der einheitlich gefassten Ansprüche* dagegen für die dauerhafte Bereitschaft am Markt sorgen, sich von vornherein und wiederholt mit der Qualität der Bedingungen zu befassen; mehr noch: die Vergemeinschaftung der Investoren wird überdies zu ihrer gleichmäßiger Störungsbetroffenheit führen, so dass auch ein nachträglicher Informationsfluss zwischen ihnen wahrscheinlich ist.

Damit fehlt es am Markt für Schuldverschreibungen aber am Marktversagenspotential, das im Reich von AGB-unterworfenen Verträgen besteht. AGB-rechtlicher Interventionsbedarf besteht daher nicht. Rechtspolitisch wäre daher in der Tat eine Ausnahme von Emissionsbedingungen vom Anwendungsbereich des AGB-Rechts geboten.

Im weiteren rechtspolitischen Ausblick sei ergänzend bemerkt, dass das notwendige Maß residualer – und weniger einschneidender, nämlich auf Prävention evidenter Mißbrauchsmöglichkeiten beschränkte – Inhaltskontrolle mit dem Abschied von einer AGB-rechtlichen Inhaltskontrolle von Emissionsbedingungen damit zwar noch nicht abschließend bestimmt wäre; wohl aber liegt im Lichte der vorstehenden Analyse nahe, jedenfalls für prospektpflichtige Emissionen den notwendigen Schutz der Anleger auf allfällige kapitalmarktrechtliche Publizitätserfordernisse zu stützen. Insbesondere könnte der Prospekt die mit dem in den Emissionsbedingungen beschriebenen Leistungs- und Pflichtenkatalog einhergehenden und ihn betreffenden *Risiken* nachvollziehbar erläutern. Sehr grob skizziert: Eine solche *Arbeitsteilung zwischen Emissionsbedingungen und Prospekt* ermöglichte einerseits, Anleiheprodukte in den Emissionsbedingungen so detailliert zu definieren, dass bei ihrer Umsetzung stets eindeutige und damit für die Finanzplanung von Emittenten und Anleihegläubigern vorhersehbare Ergebnisse erzielt werden; dies erlaubt insbesondere auch, komplexe innovative Strukturen zu entwickeln. Sie verbürgt andererseits, dass – je nach angesprochenem Markt- und Investorenkreis – die notwendigen Risikoinformationen durch eine erläuternde Prospektdarstellung geboten werden können und, wichtiger noch, auch die, womöglich für den einzelnen Investoren nachteilige Bedeutung einer Klausel offenbar wird. Diese Anlegerschutzkonzeption verspräche in kapitalmarktkonformer Weise zwischen *Produktdefinition* und *Risikobeschreibung* zu unterscheiden, und erlaubte, die Produktdefinition in den Anleihebedingungen technisch korrekt und wohldefiniert zu gestalten, und die transparenzschaffenden Erläuterungen in den Prospekt zu verlagern. Der prospekthaftungsrechtliche Schutz enttäuschter Anleger wirkte auch *kapitalmarktkonform* in der Schadensprävention wie auch im Schadensausgleich: Während die Möglichkeit einer einzelfallweisen nachträglichen rechtlichen Kontrolle von Emissionsbedingungen dazu einladen würde, die inhaltliche Einheitlichkeit einer Emission vieler, gleichförmig ausgestalteter Schuldverschreibungen und damit ihre Handelbarkeit in Frage zu stellen, droht eine solche Beeinträchtigung des Marktgeschehens nicht, wenn der enttäuschte Anleger auf seinen prospektrechtlichen Schutz verwiesen wird. Denn der Inhalt der Schuldverschreibung bliebe davon unberührt, die Anlegerbenachteiligung aber würde gleichwohl von vornherein vermieden oder jedenfalls nachträglich aufgehoben. Dabei wirkte das prospekt(haftungs-)rechtliche Schutz- und Sanktionsinstrumentarium umfassend: Es würde zum einen sicherstellen, dass Investoren vom Inhalt der Emissionsbedingungen *Kenntnis nehmen* können und es sorgte zum weiteren für *Klarheit und Verständlichkeit* der Produkteigenschaften.

Die Änderung von Anleihebedingungen durch Beschluß der Gläubiger

Dr. Hannes Schneider

Gliederung

Die Bundesregierung plant, das Anleiherecht gesetzlich zu regeln.[1] Das Bundesministerium der Justiz hat zu diesem Zweck im April 2003 einen – bislang unveröffentlichten – Diskussionsentwurf unter dem Arbeitstitel „Gesetz zur Änderung des Schuldverschreibungsrechts" vorgelegt. Es geht bei diesem Entwurf um die Schaffung eines gesetzlichen Rahmens für ein deutsches Anleiheschuldrecht. Das sachenrechtliche und das international privatrechtliche Anleiherecht werden durch dieses Vorhaben nicht berührt.

Der Entwicklung eines modernen – auch international konkurrenzfähigen – Anleiheschuldrechts stehen im deutschen Recht derzeit beträchtliche rechtliche Hindernisse entgegen. Es sind insbesondere drei Berei-

1 Dieses Thema behandelt ebenso der Antrag der CDU/CSU-Fraktion im Bundestag (BT-Drucks. 15/748, S. 5). Siehe auch die Beschlussempfehlung und den Bericht des Finanzausschusses vom 1. Juli 2003, BT-Drucks. 15/1296, welcher generell festschreibt, dass die rechtlichen Rahmenbedingungen des Finanzstandortes Deutschland neu gestaltet werden sollen.

che, in denen rechtliche Erneuerung durch den Gesetzgeber geboten ist. Erforderlich ist einmal die Begründung einer umfassenden Beschlußkompetenz der Anleihegläubiger zur Änderung von Anleihebedingungen, sei es zu Zwecken der Sanierung oder Umschuldung (d. h. zur Verhütung der Insolvenz oder des Staatsbankrotts) oder zu Zwecken der Anpassung an veränderte wirtschaftliche oder rechtliche Verhältnisse. Notwendig ist weiter die Schaffung eines zuverlässigen Rechtsrahmens für den Anleihetreuhänder. Schließlich bedarf es einer den Erfordernissen des Kapitalmarkts gerecht werdenden Regelung des Instituts der richterlichen Inhaltskontrolle, also des Rechts der Allgemeinen Geschäftsbedingungen. Die folgenden Ausführungen befassen sich mit dem erstgenannten dieser drei Themenkreise.

I. Der Anlaß für das Gesetzesvorhaben

Das Gesetzesvorhaben ist ausgelöst worden durch die nun schon einige Jahre andauernden *internationalen Bemühungen* – insbesondere des IWF, der G 7 und der G 10 –, die Gläubiger von Auslandsanleihen der Schwellenländer in die Lösung von Finanzkrisen dieser Staaten einzubeziehen.[2]

2 Vgl. Group of Ten, The Resolution of Sovereign Liquidity Crisis, 1996, S. 18 ff. (http://www.bis.org/publ/gten03.pdf); Group of 22, Report of the Working Group on International Financial Crisis, 1998, S. 27 f.; International Monetary Fund, Involving the Private Sector in Forestalling and Resolving Financial Crisis, 1999 (http://www.imf.org/external/pubs/ft/series/01/privsecp.pdf); Bundesverband deutscher Banken, Die Stabilisierung der internationalen Finanzbeziehungen, 1999 (http://www.bdb.de), S. 44 ff.; Institute of International Finance, Involving the Private Sector in the Resolution of Financial Crisis in Emerging Markets, 1999; Deutsche Bundesbank, Monatsbericht Dezember 1999, S. 33, 36 ff.; *Frenkel/Menkhoff*, ZfgKredW 2000, S. 123 m. w. N.; International Monetary Fund, Report of the acting Managing Director to the International Monetary and Financial Committee on progress in reforming the IMF and strengthening the architecture of the international financial system (12. April 2000) (http:www.imf.org/external/np/omd/2000/report.htm); International Monetary and Financial Committee of the Board of Governors of the IMF, Communiqué (16. April 2000) (http://www.imf.org/external/np/cm/2000/041600.htm); International Monetary Fund, International Capital Markets, September 2000, S. 115 ff.; Institute of International Finance, Principles for Private Sector Involvement in Crisis Prevention and Resolution, 2001 (http://www.iif.com/ipi/specialcomm.quagga); International Monetary Fund, Involving the Private Sector in the Resolution of Financial Crisis – Restructuring

Besonderes Augenmerk galt – und gilt – dabei der Aufnahme von Umschuldungsklauseln (*collective action clauses*) in die Anleihebedingungen künftiger Auslandsanleihen der Schwellenländer.[3] Dieser Weg zur Beteiligung der Anleihegläubiger an Umschuldungen hat in der internationalen Diskussion derzeit einen Abschluß gefunden mit den Empfehlungen einer von den G 10 eingesetzen Arbeitsgruppe. Diese Empfehlungen sind niedergelegt im *„Report of the G 10 Working Group on Contractual Clauses"* – dem sogenannten Quarles-Report vom September 2002.[4] Der Quarles-Bericht empfiehlt die Aufnahme von Klauseln in die

International Sovereign Bonds, 2001 (http://www.imf.org/external/pubs/ft/series/03/IPS.pdf); International Monetary Fund, Reviewing the Process for Sovereign Debt Restructuring within the Existing Legal Framework, 2003 (http://www.imf.org/external/np/pdr/sdrm/2003/080103.pdf).

3 In der Vergangenheit wurden verschiedene Vorschläge entwickelt, wie Umschuldungsklauseln bei künftigen Anleiheemissionen von Schwellenländern durchgesetzt werden können, vgl. dazu näher Internationaler Währungsfonds, Jahresbericht 1999, 2000, S. 55 f.; Internationaler Währungsfonds, Jahresbericht 2003, S. 80. Vergleiche hierzu auch die Aussage der Deutsche Bundesbank im Geschäftsbericht 2002, S. 106, wo es heißt: *„Auf Grund einer langen Tradition werden vor allem nach englischem Recht begebene Anleihen mit solchen Klauseln ausgestattet, während bei Emissionen nach New Yorker oder deutschem Recht dies bisher nicht üblich war. Nach Angaben des IWF wiesen Ende 2002 rund 30% des Bestandes der von „emerging markets" begebenen Fremdwährungsanleihen Umschuldungsklauseln auf."* Der Vorschlag, dass die G 10-Staaten Umschuldungsklauseln in ihre eigenen Anleiheemissionen aufnehmen sollten, um sie dadurch als Marktstandard zu etablieren, fand allerdings keine ungeteilte Zustimmung, vgl. Deutsche Bundesbank, Monatsbericht Dezember 1999, S. 33, 49. Aufgrund der oben beschriebenen Diskussion hat jedoch Großbritannien mittlerweile Regelungen über die Änderung der Anleihebedingungen durch Beschluss einer Gläubigerversammlung in die Bedingungen von Anleihen unter dem „UK Government Euro Treasury Note Programme" aufgenommen (vgl. Information Memorandum, 11 January 2000, S. 4, 17; http://www.bankofengland.co.uk/markets/forex/inmen20001.pdf). Auch Italien und Kanada haben sich beispielsweise zur Aufnahme der *„collective action clauses"* in ihre Anleihebedingungen entschlossen. Mexiko hat am 24. Februar 2004 angekündigt, zukünftig Fremdwährungsanleihen nach ausländischem Recht mit Mehrheitsklauseln auszustatten (siehe Pressemitteilung der G7-Finanzminister, veröffentlicht auf den Internetseiten des Bundesministeriums der Finanzen, http://www.bundesfinanzministerium.de).

4 Group of Ten, „Report of the G 10 Working Group on Contractual Clauses" vom 26. September 2002 (http://www.bis.org/publ/gten08.htm).

Anleihebedingungen von Staatsanleihen, die die Umschuldung ermöglichen und fördern sollen. Dabei steht die Änderung der Anleihebedingungen, insbesondere derjenigen über die Hauptleistungspflichten des Schuldners, durch Beschluß der Anleihegläubiger obenan. Dem Bericht sind die empfohlenen Regelungen als Musterklauseln beigefügt.

Der ganz unmittelbare Anstoß für das Reformvorhaben ist ein Bericht der Rechtsabteilung des Internationalen Währungsfonds vom Juni 2002. Er trägt den Titel *„The Design and Effectiveness of Collective Action Clauses"*.[5] Der Bericht stellt fest, daß es im wesentlichen vier nationale Rechte gibt, die auf Auslandsanleihen der *emerging market economies* angewendet werden: Das New Yorker, das englische, das deutsche und das japanische Recht.[6] Der Bericht stellt diese vier Rechte unter dem Gesichtspunkt dar, ob sie die Restrukturierung von Anleihen ausländischer Staaten durch „collective action clauses" oder – wie es auch heißt – „majority restructuring provisions" ermöglichen. Er kommt nur für das deutsche Recht zu dem für die zuständigen deutschen Stellen enttäuschenden Ergebnis, daß das zweifelhaft ist. Bundesbank und Bundesregierung hatten es Ende 1999 und Anfang 2000 in getrennten Erklärungen von sich gewiesen, daß im deutschen Recht Zweifel an der Zulässigkeit und Verbindlichkeit von *„collective action clauses"* angebracht seien.[7] Der auf den Bericht des Internationalen Währungsfonds zeitlich folgende Quarles-Report vermerkt

5 International Monetary Fund, „The Design and Effectiveness of Collective Action Clauses", 6. Juni 2002 (http://www.imf.org/external/np/psi/2002/eng/060602.pdf).

6 Laut *Dixon/Wall*, Collective action problems and collective action clauses, Financial Stability Review, June 2000, 142, 146 unterlagen Auslandsanleihen der *emerging market economies* in den Jahren 1990 bis 2000 zu 27,5% dem New Yorker Recht, zu 30,6% dem englischen Recht, zu 19,4% dem deutschen Recht und zu 13,1% dem japanischem Recht. Bezogen auf das Emissionsvolumen zum 31. Dezember 2001 unterlagen derartige Anleihen zu 59,07% dem New Yorker Recht, zu 24,05% dem englischen Recht, zu 10,13% dem deutschen Recht und zu 5,85% dem japanischen Recht (siehe hierzu International Monetary Fund, „The Design and Effectiveness of Collective Action Clauses", 6. Juni 2002 (http://www.imf.org/external/np/psi/2002/eng/060602.pdf).

7 Deutsche Bundesbank, Monatsbericht Dezember 1999, S. 33, 49; Erklärung der Bundesregierung, veröffentlicht als Pressemitteilung des Bundesministeriums der Finanzen, Berlin, 14. Februar 2000, abgedruckt im Geschäftsbericht 1999 der Deutsche Bundesbank, S. 117.

dann in einer Fußnote die Bereitschaft der deutschen Regierung zu „further legal clarification".[8]

II. Das Schuldverschreibungsgesetz von 1899

Die Notwendigkeit der gesetzlichen Begründung einer umfassenden Kompetenz der Anleihegläubiger zur Änderung der Anleihebedingungen erwächst auf dem Hintergrund des geltenden Rechts.

Das „Gesetz betreffend die gemeinsamen Rechte der Besitzer von Schuldverschreibungen" vom 4. Dezember 1899, kurz Schuldverschreibungsgesetz,[9] enthält Regelungen über die Änderung von Anleihebedingungen durch Mehrheitsbeschluß einer Versammlung der Anleihegläubiger. Motiv für den Erlaß des heute wenig bekannten Gesetzes war, daß in bestimmten Situationen eine kollektive Entscheidung der Anleihegläubiger über ihre Rechte ebenso wie die kollektive Geltendmachung dieser Rechte im Interesse aller Anleihegläubiger liegt. Beides wäre ohne eine gesetzliche Grundlage kaum möglich, da derartige kollektive Maßnahmen sonst von der Zustimmung sämtlicher Anleihegläubiger abhängig wären. Sie ist bei Anleihen bereits aufgrund der großen Zahl der Anleihegläubiger in aller Regel nicht zu erreichen.[10] Im Zentrum des Schuld-

8 Der „Report of the G 10 Working Group on Contractual Clauses" führt hierzu aus: *„As far as Germany is concerned, statutory rules exist for domestic issuance. However, some market participants are of the view that legislative clarification would be necessary to support the validity of such clauses in sovereign bonds governed by German Law. While the German government has confirmed in public the validity of such clauses in sovereign bond issues, further legal clarification is now underway in order to encourage and promote the use of collective action clauses in foreign bonds issued in Germany."* (Siehe Fußnote 3 des „Report of the G 10 Working Group on Contractual Clauses").

9 BGBl. III 4134-1 (nachfolgend bei der Bezeichnung einzelner Paragraphen als „SchVG" abgekürzt).

10 Begründung des Regierungsentwurfs des Schuldverschreibungsgesetzes (Stenographische Berichte über die Verhandlungen des Reichstages, X. Legislaturperiode, I. Session 1898/1900, Drucksache Nr. 105, S. 904, 907 f.); vgl. auch die Ausführungen von *Dr. Nieberding*, Staatssekretär des Reichsjustizamts, in Stenographische Berichte über die Verhandlungen des Reichstages, X. Legislaturperiode, I. Session 1898/1900, S. 1381, 1382. In der Begründung des Regierungsentwurfs zu Art. 53 des Einführungsgesetzes zur Insolvenzordnung (EGInsO), durch den verschiedene Bestimmungen des Schuldverschrei-

verschreibungsgesetzes steht daher die Regelung, daß ein mit der erforderlichen Mehrheit gefaßter Beschluß der Gläubigerversammlung bindende Wirkung für alle gegenwärtigen und künftigen Anleihegläubiger hat, unabhängig davon, ob sie dem Beschluß zugestimmt haben oder bei der Beschlußfassung anwesend waren (§ 1 Abs. 1 SchVG).

1. Der Geltungsbereich des Schuldverschreibungsgesetzes

Das Schuldverschreibungsgesetz hat indessen einen sehr begrenzten Anwendungsbereich.

Das Schuldverschreibungsgesetz gilt nur für Inlandsanleihen, d. h. für Anleihen inländischer Emittenten, die noch dazu im Inland ausgestellt sind (§ 1 Abs. 1 SchVG). Das Gesetz gilt damit *nicht* für die zahllosen Anleihen deutscher Unternehmen, die über ausländische Finanzierungsgesellschaften unter der Garantie der deutschen Muttergesellschaft begeben werden. Von der Geltung des Schuldverschreibungsgesetzes sind weiter ausgenommen Anleihen des Bundes und der Länder (§ 24 Abs. 1 SchVG). Auf Anleiheemisionen von Gemeinden oder Gemeindeverbän-

bungsgesetzes im Zusammenhang mit der Insolvenzrechtsreform geändert wurden, wurde dieser Gesetzeszweck bekräftigt (vgl. RegE BR-Drucks. 511/92, S. 97). – Vor dem Inkrafttreten des Schuldverschreibungsgesetzes galten verschiedene landesgesetzliche Bestimmungen hinsichtlich Anleihegläubigerversammlungen. Daneben bestanden in einigen Ländern besondere Regelungen bezüglich der Rechte der Pfandbriefgläubiger von Hypothekenbanken (vgl. die Zusammenstellung der verschiedenen Bestimmungen in der Begründung des Regierungsentwurfs, a. a. O., S. 96 ff.). Die Neuregelung des Rechts der Hypothekenbanken im Hypothekenbankgesetz wurde vom Gesetzgeber zum Anlass genommen, eine generelle bundesgesetzliche Regelung bezüglich kollektiver Entscheidungen von Schuldverschreibungsgläubigern zu treffen. Aufgrund dieses Zusammenhangs ist das Schuldverschreibungsgesetz gleichzeitig mit dem Hypothekenbankgesetz (und dem BGB) am 1. Januar 1900 in Kraft getreten (§ 26 Abs. 1 SchVG; vgl. Begründung des Regierungsentwurfs des SchVG, a. a. O., S. 96 ff., 918; zur Gesetzgebungsgeschichte vgl. näher *Ansmann*, Schuldverschreibungsgesetz, 1933, S. 1 ff.; *Vogel*, ZBB 1996, S. 321, 323 ff.). Nach Art. 55 EGBGB traten zu diesem Zeitpunkt sämtliche der oben genannten landesgesetzlichen Vorschriften außer Kraft, mit Ausnahme der Vorschriften über die von Eisen- und Kleinbahnen ausgegebenen Schuldverschreibungen (vgl. Art. 112 EGBGB, § 25 SchVG).

den ist das Gesetz nur dann anwendbar, wenn Landesgesetze dies bestimmen (§ 24 Abs. 2 SchVG).

Es muß schließlich noch ein ungeschriebenes Merkmal hinzukommen. Für die Anwendung des Schuldverschreibungsgesetzes ist es notwendig, daß die Anleihebedingungen unter deutschem Recht stehen. Werden sie etwa englischem Recht unterstellt, so findet auf die Änderung von Anleihebedingungen durch Gläubigerbeschluß nicht das Schuldverschreibungsgesetz, sondern englisches Recht Anwendung. Das bedeutet, daß Gläubiger und Schuldner nicht den eng gezogenen Schranken des Schuldverschreibungsgesetzes unterliegen, sondern daß ihnen die Freiheiten des englischen Rechts zur Änderung von Anleihebedingungen durch Gläubigerbeschluß zu Gebote stehen. § 20 SchVG steht dieser Rechtsauffasssung nicht entgegen.[11] Das wird auch durch die Praxis bestätigt.[12]

2. Änderungen zu Zwecken der Sanierung des Emittenten

Das Schuldverschreibungsgesetz erlaubt Eingriffe in die Rechte der Gläubiger nur zu Zwecken der Sanierung des Schuldners – in den Worten des Gesetzes: „... zur Abwendung einer Zahlungseinstellung oder des Insolvenzverfahrens über das Vermögen des Schuldners ...“ (§ 11 Abs. 1 Satz 1 SchVG). Jeder Eingriff in die Rechte der Gläubiger darf längstens

11 § 20 SchVG bestimmt: „Die in diesem Gesetz der Gläubigerversammlung und dem Vertreter der Gläubiger eingeräumten Befugnisse können durch Festsetzung in den Schuldverschreibungen nicht ausgeschlossen werden.“ Das ist zwar eine Bestimmung zwingenden Rechts. Sie ist jedoch nicht Teil des deutschen *ordre public,* sodass sie bei der zulässigen Wahl fremden Rechts dem fremden Recht weicht.

12 Bei der vorübergehenden Einführung einer Kuponsteuer im Jahre 1989 hatte beispielsweise die vormalige Deutsche Siedlungs- und Landesrentenbank eine Anzahl von Anleihen ausstehen, von denen einige unter englischem Recht und andere unter deutschem Recht standen. Um die Quellensteuer auf die Anleihezinsen zu vermeiden, berief die Bank für die Anleihen nach englischem Recht Gläubigerversammlungen ein, die den Beschluss fassten, dass eine ausländische Konzerngesellschaft die Verbindlichkeiten der Bank aus den Anleihen unter der Garantie der Bank übernimmt. Für die unter deutschem Recht stehenden Anleihen war eine derartige Maßnahme wegen der Beschränkungen der Beschlusskompetenz der Gläubigerversammlung nach dem Schuldverschreibungsgesetz nicht möglich.

auf die Dauer von drei Jahren beschlossen werden (§ 11 Abs. 1 Satz 1 SchVG). Wird binnen dieser Zeit das Insolvenzverfahren eröffnet, so wird der beschlossene Eingriff hinfällig (§ 11 Abs. 1 Satz 2 SchVG). Eine Herabsetzung der Kapitalforderung dürfen die Gläubiger unter gar keinen Umständen beschließen (§ 12 Abs. 3 SchVG).

(1) *Zulässige und unzulässige Sanierungsmaßnahmen.* Das absolute Verbot der Herabsetzung der Kapitalforderung kannte schon das Gesetz von 1899. Die Begrenzung der Dauer von Eingriffen in Gläubigerrechte auf maximal drei Jahre ist erst mit Wirkung zum 1. 1. 1999 – durch das Einführungsgesetz zur Insolvenzordnung von 1994 – in das Schuldverschreibungsgesetz eingefügt worden.[13] Danach dürfen die Anleihegläubiger zu Zwecken der Sanierung nur folgendes beschließen:

- Die Stundung der Kapitalforderung,
- den Verzicht auf oder die Stundung von Zinsansprüchen und
- die Nichtausübung von Kündigungsrechten aus bereits vorliegenden oder möglicherweise noch eintretenden Kündigungsgründen.

Alle diese Maßnahmen dürfen längstens auf die Dauer von drei Jahren beschlossen werden.

Um die Sanierung des Schuldners zu fördern, dürfen die Gläubiger die folgenden *typischen Sanierungsmaßnahmen nicht* beschließen:

- Die Herabsetzung der Kapitalforderung, also den Kapitalverzicht.
- Die Umwandlung der Kapitalforderung in Eigenkapital oder Eigenkapitalsurrogate (wie z. B. Genußrechte).[14]
- Die dauerhafte (d. h. für die Laufzeit der Anleihe) Herabsetzung der Zinsforderung.
- Die langfristige Stundung der Zinsforderung.
- Den Rangrücktritt der Kapital- und/oder Zinsforderung zur Beseitigung oder Verhinderung des Eintritts der Überschuldung des Emittenten.[15]

13 Artikel 53 Ziffer 1 EGInsO.

14 Die Umwandlung von Forderungen in Eigenkapital ist ein wichtiges Instrument der Unternehmenssanierung; siehe *Buth/Hermanns*, Restrukturierung, Sanierung, Insolvenz, München 1998, S. 238 f.

15 Da nach § 11 Abs. 1 Satz 2 SchVG ein Beschluss der Gläubigerversammlung

- Die Aufhebung oder Einschränkung einer Negativklausel.[16]
- Die Aufgabe oder den Umtausch von Sicherheiten, die zugunsten der Anleihegläubiger bestellt sind. Die Wirkung eines solchen Beschlusses läßt sich in der Regel nicht auf einen Zeitraum von bis zu drei Jahren beschränken.
- Die Aufhebung oder Einschränkung von Nebenverpflichtungen des Emittenten, wie etwa das Verbot, bestimmte Vermögensgegenstände (etwa eine wesentliche Tochtergesellschaft) während der Laufzeit der Anleihe nicht zu veräußern, und andere mehr.

Um eine nachhaltige Überwindung der Krise eines Unternehmens zu erreichen, sind in aller Regel einzelne oder mehrere oder auch sämtliche der im Gesetz verbotenen Maßnahmen erforderlich (wie die Herabsetzung der Verbindlichkeiten, die Zuführung neuen Eigenkapitals, die Umwandlung von Fremdkapital in Eigenkapital, der Rangrücktritt zur Beseitigung der Überschuldung). Das vom Schuldverschreibungsgesetz zur Unternehmenssanierung bereitgestellte Instrumentarium reicht nicht aus, um die Krise des Unternehmens zu überwinden. Das Gesetz ist deshalb nicht geeignet, seinen vorgegebenen Zweck zu erfüllen.

(2) *Ein Fall aus der Praxis.* Falls es dafür noch einer Bestätigung bedarf, so kommt sie gerade zur rechten Zeit: der Fall EM.TV Merchandising AG. Der Sachverhalt ist folgender:[17]

über den Rangrücktritt gegenüber allen Anleihegläubigern hinfällig wird, wenn binnen drei Jahren nach der Beschlussfassung ein Insolvenzverfahren über das Vermögen des Emittenten eröffnet wird, würde ein solcher Beschluss die Überschuldung nicht ausräumen. In der Begründung des Regierungsentwurfes zu Art. 53 Nr. 1 EGInsO (RegE BR-Drucks 511/92, S. 98), durch den § 11 Abs. 1 SchVG geändert wurde, wird hierzu folgendes ausgeführt: *„Ein vertraglicher Rangrücktritt kann durch den Beschluss der Versammlung nicht vorgesehen werden, da er nach [§ 11 Abs. 1 Satz 2 SchVG] im Insolvenzverfahren keinen Bestand hätte und deswegen die Insolvenz des Schuldners nicht ausräumen würde.“*

16 Eine Verpflichtung der Emittenten in den Anleihebedingungen, im Falle der Berechnung anderer Verbindlichkeiten die Anleihegläubiger zur gleichen Zeit, im gleichen Rang und im gleichen Verhältnis an dieser Sicherheit oder einer gleichwertigen Sicherheit teilnehmen zu lassen, macht in der Praxis aufgrund der gebotenen zeitlichen Begrenzung auf 3 Jahre keinen Sinn.

17 Eine umfangreiche Dokumentation des Restrukturierungskonzeptes sowie die Einladung zur Gläubigerversammlung, diverse Pressemitteilungen des Unternehmens und Informationen zum gemeinsamen Gläubigervertreter al-

EM.TV hat im Jahre 2000 eine Wandelanleihe über € 400 Mio. zu 4% Zinsen begeben. Die Anleihe ist im Februar 2005 zur Rückzahlung fällig. Nach den Feststellungen des Vorstands ist die Gesellschaft wegen der wirtschaftlichen Belastung aus der Anleihe in einer finanziellen Krise. Die Rückzahlung der Anleihe ist danach nicht gesichert. Werden die finanziellen Belastungen der Gesellschaft aus der Anleihe nicht umstrukturiert, so ist nach Auffassung des Vorstands die Insolvenz der Gesellschaft voraussichtlich unvermeidlich.[18]

Die Anleihegläubiger haben in einer Gläubigerversammlung am 9. Januar 2004 die nach dem Schuldverschreibungsgesetz zulässigen Maßnahmen beschlossen,[19] und zwar:

- Die Stundung der Kapitalforderung für drei Jahre,
- die Herabsetzung der zukünftigen Zinsforderungen auf 0 für drei Jahre sowie den Verzicht auf die seit dem letzten Zinszahlungstermin aufgelaufenen Zinsen,
- den Verzicht auf die Ausübung von Kündigungsrechten für drei Jahre.

Diese Änderungen der Anleihebedingungen sind *nicht* die eigentlichen Sanierungsmaßnahmen. Die Sanierung der Gesellschaft in bezug auf die Anleihe soll vielmehr dadurch erreicht werden, daß die Gläubiger ihre Schuldverschreibungen unter massivem Kapitalverzicht „umtauschen“ in ein Bündel anderer Leistungsversprechen und Rechte, die der Sache nach einschließen:

- einen vollständigen Verzicht auf die Kapitalforderung aus den Schuldverschreibungen,
- den Umtausch der Schuldverschreibungen in andere Leistungsversprechen des Schuldners, sowie
- die Umwandlung der Schuldverschreibungen in Eigenkapital.

ler Inhaber von Wandelschuldverschreibungen finden sich auf der Internetseite des Unternehmens (http://www.em-ag.de).

18 Aus dem Schreiben des Vorstandes der EM.TV & Merchandising AG vom 13. Februar 2004 an die Investoren der EM.TV Wandelanleihe (http://www.em-ag.de).

19 Siehe die Ad-hoc Mitteilungen des Unternehmens auf dessen Internetseiten (http://www.em-ag.de). Hierzu insbesondere die Mitteilungen hinsichtlich der Beschlussfassung vom 5. Februar 2004 sowie die Feststellung des Zustimmungsergebnisses vom 27. Februar 2004.

Alle diese Maßnahmen sind im Rahmen des Schuldverschreibungsgesetzes nicht zulässig.

EM.TV bestätigt, daß – wenn immer Beiträge der Anleihegläubiger zur Sanierung eines Unternehmens gefordert sind – die Sanierung nicht nach dem Schuldverschreibungsgesetz zu haben ist. So ist denn auch in den mehr als 100 Jahren seiner Geltung das Regelwerk des Gesetzes so gut wie nie angewendet worden. Das Schuldverschreibungsgesetz ist weithin „totes Recht" geblieben.[20, 21]

(3) *Sinn und Zweck der Einschränkung* der Beschlußkompetenz sind offenkundig: Der Schutz der Minderheit vor als übermäßig und damit als unbillig angesehenen Eingriffen der Mehrheit in die Rechte der Minderheit. Das war für den historischen Gesetzgeber *das* Motiv schlechthin. Es ergibt sich sowohl aus den Materialien von 1898/99[22] wie aus denen der

20 Das Schuldverschreibungsgesetz gelangte nur während der Weltwirtschaftskrise in den 1930er Jahren in einem gewissen Umfang zur Anwendung (vgl. *Ansmann*, Schuldverschreibungsgesetz nebst Durchführungsbestimmungen, 1933, S. 3 ff.). In neuerer Zeit ist im Jahre 1993 im Zusammenhang mit einem durchgeführten Vergleichsverfahren eine Versammlung der Anleihegläubiger bei der Südmilch AG einberufen worden, vgl. näher *Vogel*, ZBB 1996, S. 321, 333. Im Jahr 2003 rief die Rinol AG (*Einladung zur Gläubigerversammlung durch die Rinol AG, Renningen, veröffentlicht in der Börsenzeitung, 25. 9. 2003*) und EM.TV AG (*Veröffentlicht im elektronischen Bundesanzeiger vom 23. 12. 2003*) eine Gläubigerversammlung ein, um über die Änderung von Anleihebedingungen beschließen zu lassen. Ungeachtet seiner mangelnden praktischen Bedeutung wurde das Gesetz jedoch bis in die jüngste Zeit an die Änderungen anderer Gesetze angepasst und durch Art. 53 EGInsO vom 5. Oktober 1994 auch substantiell geändert.

21 In einer Reihe von Insolvenzen inländischer Emittenten in den letzten Jahren haben die Anleihegläubiger nach Eröffnung des Insolvenzverfahrens gemäß § 19 Abs. 1 SchVG einen Vertreter der Gläubiger gewählt, der für alle Anleihegläubiger die Ansprüche aus den Schuldverschreibungen im Insolvenzverfahren angemeldet hat.

22 Aus einer Gesamtschau der Gesetzesmaterialien ergibt sich, dass diese Frage zur Zeit der Entstehung des Schuldverschreibungsgesetzes als eines der zentralen Regelungsprobleme des Gesetzes angesehen wurde. Ob das Gesetz dem Minderheitenschutz ausreichend Rechnung trägt, war dementsprechend während der Gesetzesberatungen Gegenstand eingehender Erörterungen. (Vgl. die Redebeiträge in der ersten Beratung des Gesetzes [Stenographische Berichte über die Verhandlungen des Reichstages, X. Legislaturperiode, I. Session 1898/1900, S. 1381, 1382, 1383 ff.], den Bericht der X. Kommission des Reichstages [a. a. O., S. 2355 f.] und die Redebeiträge in der zweiten Beratung des Gesetzes [Stenographische Berichte über die Verhandlungen des Reichstages, X. Legis-

Gesetzesänderung von 1994[23] (mit Wirkung zum 1. 1. 1999), die in das Gesetz eingefügt hat, daß die Eingriffe in Rechte der Gläubiger längstens auf die Dauer von drei Jahren erfolgen dürften.

laturperiode, I. Session 1898/1900, S. 2894].) Als zentrale Gewährleistung des Minderheitenschutzes sah der Gesetzgeber die in § 12 Abs. 3 SchVG enthaltene Beschränkung an, dass durch Beschluss der Gläubigerversammlung auf die Kapitalforderung aus einer Anleihe nicht verzichtet werden kann. In der Gesetzesbegründung zu dieser Vorschrift heißt es unter anderem: *„Anders verhält es sich mit Beschlüssen, welche eine Herabsetzung der Kapitalforderungen aus den Schuldverschreibungen zum Gegenstande haben. Abgesehen von dem Falle des Konkurses, für welche der § 16 Abs. 5* [jetzt § 19 a Abs. 2] *eine besondere Bestimmung trifft, will der Entwurf einen so weitgehenden Eingriff in die Rechte der einzelnen Gläubiger nicht gestatten.* (...) *Auch aus Billigkeitsrücksichten muss die Pflicht der einzelnen Gläubiger, sich unter dem Verzicht auf eigene Rechte dem Willen einer Mehrheit von anderen Gläubigern zu fügen, eine bestimmte sachliche Grenze haben. Der Entwurf sucht diese dort, wo dem Gläubiger der Verlust von Kapitalforderungen angesonnen wird.“* (Begründung des Regierungsentwurfs a. a. O., S. 912, vgl. ebd., S. 908). Zudem sollte nach der Auffassung des Gesetzgebers auch der in § 12 Abs. 1 Satz 1 SchVG bestimmte Gleichbehandlungsgrundsatz dem Schutz der Minderheit dienen (Begründung des Regierungsentwurfs, ebd., S. 913).

23 Das Motiv für die 1994 eingefügte Beschränkung lag in der Verstärkung des Minderheitenschutzes. Obwohl es zur Zeit des Gesetzgebungsverfahrens keine aktuellen Anwendungsfälle gab, die das Gegenteil belegt hätten, war der Gesetzgeber offenbar der Auffassung, dass das Schuldverschreibungsgesetz bis zu dieser Änderung den Schutz der Minderheit der Anleihegläubiger nicht ausreichend gewährleistet hat. Der Hintergrund für diese Gesetzesänderung ist insgesamt unklar. In der Begründung des Regierungsentwurfs (RegE BR-Drucks. 511/92) zu dieser Beschränkung heißt es unter anderem: *„Aufgabe der Insolvenzrechtsreform ist es nicht, die freie Sanierung von Unternehmen zu erschweren oder zurückzudrängen. Der Gesamtheit der Gläubiger soll es deshalb auch künftig unbenommen bleiben, mehrheitlich gewisse Maßnahmen zu treffen, die der Insolvenzverhütung dienen. Allerdings sind (...) Vorkehrungen dagegen erforderlich, dass einer Minderheit von der Mehrheit Sonderopfer auferlegt werden, die allein im Interesse der Mehrheit liegen. Das Schutzbedürfnis der Minderheit ist um so dringender, als eine Rechtsänderung nach § 11 nicht voraussetzt, dass auch andere Gläubigergruppen einen Sanierungsbeitrag erbringen. (...) Die Regelung gestattet es, insolvenzabwendende Maßnahmen zu treffen, die einen konkreten Sanierungsbedürfnis entsprechen. Im Verlauf von drei Jahren zeigt es sich regelmäßig, ob ein Sanierungsversuch gelungen ist oder als gescheitert angesehen werden muss. Die Neuregelung ermöglicht es der Mehrheit der Gläubiger jedoch nicht, ein unrentables Schuldnerunternehmen längere Zeit durch erzwungene Opfer der Minderheitsgläubiger am Markt zu halten.“* (Begründung des Regierungsentwurfs, a. a. O., S. 97.)

3. Änderungen zu Zwecken der Anpassung an veränderte Verhältnisse

So wie das Schuldverschreibungsgesetz ein unbrauchbares Instrumentarium zu Zwecken der Sanierung des Schuldners bereitstellt, so ist das Gesetz auch keine geeignete Grundlage für die Änderung der Anleihebedingungen zur *Anpassung an veränderte wirtschaftliche oder rechtliche Verhältnisse.*

Das Bedürfnis, die Bedingungen von Anleihen außer zu Zwecken der Sanierung während ihrer Laufzeit an veränderte rechtliche oder tatsächliche Umstände anzupassen, besteht weniger bei den Hauptleistungspflichten des Emittenten, sondern vor allem bei

- Nebenverpflichtungen,
- Kündigungsrechten der Gläubiger und
- sonstigen Bestimmungen.

Nebenverpflichtungen sind alle vom Emittenten in den Anleihebedingungen übernommenen Handlungs- und Unterlassungsverpflichtungen, die nicht Zahlungs- oder Lieferpflichten sind, und die dem Emittenten Beschränkungen in seiner wirtschaftlichen Freiheit auferlegen. In den klassischen zinstragenden Anleihen sind derartige Nebenverpflichtungen in der deutschen Anleihepraxis heute eher selten, im Unterschied zu früher und zu Anleihen etwa unter englischem Recht. Eine Ausnahme sind die Negativklauseln, die bei Emittenten, die nicht Kredit- oder Finanzinstitute sind, nahezu regelmäßig in den Anleihebedingungen enthalten sind. In ihnen verpflichtet sich der Emittent, für andere Finanzschulden des Emittenten oder eines Dritten keine Sicherheiten zu bestellen, sofern er nicht zumindest gleichzeitig, im gleichen Rang und im gleichen Verhältnis die gleiche (oder eine gleichwertige) Sicherheit für die Verbindlichkeiten aus der Anleihe bestellt. Diese Negativklauseln sind von Emittent zu Emittent unterschiedlich ausgestaltet. Nebenverpflichtungen ergeben sich häufig auch mittelbar aus den in den Anleihebedingungen niedergelegten Kündigungsgründen. Räumt die Kündigungsklausel dem Anleihegläubiger etwa ein außerordentliches Kündigungsrecht ein, wenn die Emittentin eine wesentliche Tochtergesellschaft veräußert, einen Beherrschungsvertrag abschließt oder beendet, mit anderen Unternehmen eine Unternehmensverbindung eingeht, oder ihren Betrieb nachhaltig verändert oder aufhört, Tochtergesellschaft der Garantin zu sein oder nicht mehr im Besitz des Staates steht, also privatisiert wird, so begründen derartige Kündigungsklauseln mittelbare Verhaltenspflichten, an deren Einhaltung dem Emittenten wegen der andernfalls drohenden Kündigung der Anleihe gelegen sein muß.

Kündigungsrechte gewähren den Anleihegläubigern das Recht, bei Eintritt bestimmter Ereignisse ihre Schuldverschreibungen fristlos zur Rückzahlung zu kündigen.[24] Die Ereignisse, an die das Recht zur außerordentlichen Kündigung geknüpft ist, lassen sich im großen und ganzen in zwei Kategorien unterteilen. Einmal in Ereignisse, die eine drohende oder bereits eingetretene finanzielle Krise des Emittenten anzeigen. Hierhin gehören etwa die Nichtzahlung von Kapital oder Zinsen bei Fälligkeit oder nach Ablauf einer Nachfrist, der Verzug in der Erfüllung anderer Finanzverbindlichkeiten des Emittenten oder die Kündigung anderer Finanzverbindlichkeiten des Emittenten durch deren Gläubiger (*cross default*), die Einleitung von Vollstreckungsmaßnahmen, ein allgemeiner Vergleich mit den Gläubigern des Emittenten, der Eintritt der Zahlungsunfähigkeit, ein Antrag auf Eröffnung eines Insolvenzverfahrens und dergleichen mehr. – Daneben tritt eine zweite Kategorie von Ereignissen, die nicht die finanzielle Krise des Emittenten indizieren oder befürchten lassen, sondern die den Zweck verfolgen, die Bedienung der Anleihe in der Zukunft sicherzustellen. Diese zweite Art von Kündigungsgründen ist technisch unterschiedlich ausgestaltet. Das Kündigungsrecht knüpft entweder an die Verletzung einer ausdrücklich normierten Nebenverpflichtung an oder die Kündigungsklausel selbst bestimmt, daß die Gläubiger ihre Schuldverschreibungen kündigen können, wenn ein bestimmtes Ereignis eintritt (etwa die Aufgabe der Mehrheitsbeteiligung an einer bestimmten Tochtergesellschaft). In der Anleihepraxis spielt diese zweite Kategorie von Kündigungsgründen eine wichtige Rolle.

Sonstige Bestimmungen sind etwa Zusicherungen des Emittenten über das Bestehen und den Fortbestand bestimmter rechtlicher oder tatsächlicher Verhältnisse (wie z. B. die Gleichrangklausel, bestehende Beteiligungsverhältnisse von Unternehmen an dem Emittenten oder des Emittenten an anderen Unternehmen, deren Beendigung oder Änderung das Recht zur fristlosen Kündigung auslöst), ebenso Bestimmungen über den Nach-

24 Es gibt vereinzelt Emittenten höchster Bonität, deren Anleihen kein außerordentliches Kündigungsrecht der Gläubiger vorsehen. Auch bei Commercial Paper mit einer Laufzeit bis zu einem Jahr entspricht es gegenwärtig weitverbreiteter Praxis in Deutschland, kein außerordentliches Kündigungsrecht zu bestimmen.

rang der Ansprüche aus der Anleihe, *put and call*-Optionen, und ein weites Bündel sonstiger Vorschriften, wie etwa Schuldnerersetzungsklauseln, Steuerklauseln, Bestimmungen über das anwendbare Recht, Bekanntmachungsvorschriften, Gerichtsstandsklauseln, Anforderungen an die gerichtliche Geltendmachung von Ansprüchen, Fristen für die Ausübung von Rechten der Gläubiger, Vorlegungs- und Verjährungsfristen, Immunitätsverzichte staatlicher Emittenten und anderes mehr.

Die Erfahrungen der Praxis lehren, daß für solche Nebenverpflichtungen, Kündigungsgründe und sonstigen Bestimmungen im Laufe einer Anleihe ein akutes Bedürfnis für die Anpassung an geänderte wirtschaftliche und rechtliche Verhältnisse entstehen kann.

Die Regelungen in Anleihebedingungen begründen nahezu ausnahmslos *Rechte* der Anleihegläubiger. Nach dem Schuldverschreibungsgesetz ist eine Änderung der Anleihebedingungen zur Anpassung an zwischenzeitlich veränderte Verhältnisse des Emittenten oder des rechtlichen oder steuerlichen Umfelds nur zulässig, soweit damit kein Eingriff in die *Rechte* der Anleihegläubiger verbunden ist (§ 11 Abs. 1 Satz 1 SchVG). Das Gesetz verbietet dabei selbst solche Eingriffe, bei denen den Gläubigern gleichzeitig ein Vorteil gewährt würde, wie dies etwa bei einem Umtausch von Wertpapieren, einem Austausch von Sicherheiten oder der Änderung von Nebenverpflichtungen gegen Gewährung zusätzlicher Sicherheiten der Fall wäre.

Im *Ergebnis* bedeutet dies, daß das Schuldverschreibungsgesetz eine Änderung der Anleihebedingungen zur Anpassung an veränderte Verhältnisse *praktisch verbietet.*

4. Nachteilige Auswirkungen des geltenden Rechts

Das geltende Recht bietet somit keine brauchbare Grundlage für die Änderung von Anleihebedingungen. Das gilt sowohl für Änderungen zu Zwecken der Sanierung des Schuldners als auch für Änderungen, die infolge geänderter Verhältnisse im gemeinsamen Interesse der Schuldners und seiner Gläubiger liegen. Das geltende Recht wird damit einem breiten und dringenden Bedürfnis nicht gerecht.

Mehr noch: Das Gesetz hat überaus nachteilige Folgewirkungen.

(a) Das geltende Recht führt zu einer *Verkümmerung der Gläubigerrechte.* Anleihebedingungen sind heute – im Unterschied zu früher und zu Anleihen etwa nach englischem Recht – weitgehend frei von Nebenverpflichtungen und Zusicherungen des Emittenten. Auch Kündigungsgründe sind häufig auf ein absolutes Minimum reduziert (Nichtzahlung bei Fälligkeit, *cross default,* Insolvenz). Selbst die Negativklauseln werden immer nichtssagender. Emittenten sind immer weniger bereit, Bestimmungen in Anleihebedingungen aufzunehmen, die im wohlverstandenen Interesse der Gläubiger an der Sicherstellung der zukünftigen Erfüllung der Hauptleistungspflichten des Emittenten liegen, die aber den Emittenten in seiner wirtschaftlichen Gestaltungsfreiheit und wirtschaftlichen Entwicklung in der Zukunft behindern können, weil diese Beschränkungen unverrückbar, d. h. im Bedarfsfall nicht abänderbar sind.

(b) Das Gesetz *gefährdet* den Erfolg von *Unternehmenssanierungen.* Unternehmenssanierungen sind schon heute – und in Zukunft voraussichtlich noch häufiger als heute – davon abhängig, daß die Anleihegläubiger des in die Krise geratenen Unternehmens in die Sanierungsbemühungen einbezogen werden. Der Grund ist: Unternehmen nehmen in ständig steigendem Maße Fremdmittel anstelle durch Bankkredite direkt am Kapitalmarkt auf.[25] Künftige Sanierungen außerhalb von Insolvenzverfahren von Unternehmen, die sich in größerem Umfang durch Anleihen finanzieren, werden nur noch dann möglich sein, wenn die Anleihegläubiger dieser Unternehmen einen Sanierungsbeitrag leisten können.

(c) Schließlich, die beschriebenen Unzulänglichkeiten des geltenden Rechts befördern die *Abwanderung in fremdes Recht,* welches frei ist von diesen Unzulänglichkeiten und das den Bedürfnissen der Marktteilnehmer Rechnung trägt, und damit im Wettbewerb der Rechtsordnungen einen überragenden Vorsprung genießt.

Gegen diese Entwicklungen hilft nichts anderes als eine gelungene Reform des deutschen Anleiherechts.

25 Vgl. Deutsche Bundesbank, Monatsbericht Dezember 1999, S. 33, 35 f.; Bundesverband deutscher Banken, Die Stabilisierung der internationalen Finanzbeziehungen, 1999, S. 48 f.

5. Auslandsanleihen

Es war in den vergangenen Jahren ein sehr umstrittenes Thema, ob Auslandsanleihen, d. h. Anleihen ausländischer Emittenten, die deutschem Recht unterstehen, durch Mehrheitsentscheid der Gläubiger geändert werden können.

Das Schuldverschreibungsgesetz findet auf derartige Auslandsanleihen keine unmittelbare Anwendung.

Rechtliche Grundlage für die Zulässigkeit der Änderung der Anleihebedingungen von Auslandsanleihen durch Gläubigerbeschluß könnten sein (i) die analoge Anwendung des Schuldverschreibungsgesetzes oder (ii) die Anleihebedingungen selbst durch Aufnahme von Bestimmungen, die ihre Änderung durch Gläubigerbeschluß regeln.

(1) *Der Meinungsstand in der Literatur.*

(a) In der Literatur herrscht Einigkeit darüber, daß eine *Gesamtanalogie* rechtlich nicht in Betracht kommt.[26] Das Schuldverschreibungsgesetz kann nicht in Gänze auf Auslandsanleihen angewendet werden. Dies verbietet sich bereits wegen der im Schuldverschreibungsgesetz vorgesehenen verfahrens- und insolvenzrechtlichen Bestimmungen (vgl. §§ 4, 5, 6 Abs. 1, 14 a Abs. 2, 16 Abs. 4, 18–19 a SchVG), die sich auf inländische Verhältnisse beziehen und nur bei Inlandsanleihen angewendet werden können.

(b) Einzelne Stimmen in der Literatur halten dagegen eine *Teilanalogie* grundsätzlich für zulässig. Danach würden nur die Bestimmungen des Schuldverschreibungsgesetzes über die Gläubigerversammlung oder, noch enger, lediglich einzelne dieser Bestimmungen, entsprechend angewendet.[27]

(c) Mehrheitlich bejaht die Literatur die Änderungskompetenz der Gläubiger, sofern die *Anleihebedingungen selbst dies vorsehen.*[28] Dabei wird über-

[26] *Than*, Festschrift Coing, Bd. 2, 1982, S. 520, 528 ff.; *Hopt*, Festschrift Steindorff, 1990, S. 341, 349 f.; *Bosch* in Bankrecht und Bankpraxis, Rn. 10/234; *Stucke*, Die Rechte der Gläubiger bei DM-Auslandsanleihen, 1988, S. 76 f.; *Grundmann*, in *Schimansky/Bunte/Lwowski*, Bankrechts-Handbuch, 1997, Bd. III, Rn. 130; *Eidenmüller*, Unternehmenssanierung zwischen Markt und Gesetz, 1999, S. 451.

[27] *Hopt*, a. a. O., S. 349 f.; *Eidenmüller*, a. a. O., S. 452 ff.

[28] *Than*, a. a. O., S. 532 ff., *Siebel*, Rechtsfragen internationaler Anleihen, 1997, S. 683, *Grundmann*, in *Schimansky/Bunte/Lwowski*, Bankrechts-Handbuch,

wiegend zugrunde gelegt, daß die Anleihebedingungen nur solche Regelungen enthalten, die die Schranken der Änderungskompetenz gemäß dem Schuldverschreibungsgesetz respektieren.

(d) Gegen die Mehrheitsmeinung werden in einem Teil der Literatur unter Hinweis auf das AGB-Recht *Bedenken* geäußert.[29]

(2) *Die Erklärungen der Deutschen Bundesbank*[30] *und der Bundesregierung*[31]. Bundesbank und Bundesregierung haben mit Erklärungen von Ende 1999 und Anfang 2000 in die Diskussion eingegriffen. Beide Erklärungen sind ergangen im Rahmen der internationalen Bemühungen um die Einbeziehung von Staatsanleihen aus Schwellenländern in notwendig werdende Umschuldungen.

Die Bundesregierung hat in ihrer Erklärung zum Ausdruck gebracht, daß Umschuldungsklauseln in Staatsanleihen unter deutschem Recht wirksam vorgesehen werden können und AGB-rechtlich nicht zu beanstanden sind, sofern sie sich am Leitbild des Schuldverschreibungsgesetzes orientieren und die im Schuldverschreibungsgesetz aufgestellten Schranken berücksichtigen (Einberufungsvorschriften, Mehrheitserfordernisse, Beschlüsse zur Wahrung der gemeinsamen Interessen der Gläubiger etc.). Allerdings seien *über das Schuldverschreibungsgesetz hinaus* bei Auslandsemissionen auch Klauseln zulässig, die durch Mehrheitsbeschluß *einen teilweisen Kapitalverzicht ermöglichen.*

a. a. O., § 112 Rn. 130 f.; *Eidenmüller*, a. a. O., S. 209; grdsl. auch *Stucke*, a. a. O., S. 146 ff. Hierfür werden allerdings unterschiedliche rechtliche Begründungen genannt. – In bezug auf Genußscheinemissionen wird im Anschluß an eine Entscheidung des Reichsgerichts (RGZ 132, S. 199, 204 f.) in der Literatur einhellig vertreten, daß in den Emissionsbedingungen Bestimmungen über eine Gläubigerversammlung der Genußscheininhaber vorgesehen werden können (Kölner Kommentar zum AktG/*Lutter*, 2. Aufl., 1993, § 221 Rn. 266; *Geßler/Hefermehl/Eckardt/Kropff/Karollus*, AktG, 1993, § 221 Rn. 375 m. w. N.; *Hachenburg/Goerdeler/Müller*, GmbHG, 8. Aufl., 1992, Anhang nach § 29 Rn. 10; *Reuter*, NJW 1984, S. 1849, 1854; *Hammen*, BB 1990, S. 1917, 1920; *Hirte*, ZIP 1991, S. 1461, 1468; *Sethe*, AG 1993, S. 351, 358).

29 *Bosch*, a. a. O., Rn. 10/234, hinsichtlich bestimmter Beschlussgegenstände auch *Hopt*, a. a. O., S. 372 f.; *Gruson/Harrer*, ZBB 1996, S. 37, 45 bezeichnen die Rechtslage als nicht abschließend geklärt.

30 Deutsche Bundesbank, Monatsbericht Dezember 1999, S. 33, 49.

31 Erklärung der Bundesregierung, veröffentlicht als Pressemitteilung des Bundesministeriums der Finanzen, Berlin, 14. Februar 2000, abgedruckt im Geschäftsbericht 1999 der Deutsche Bundesbank, S. 117.

In gleicher Weise wie die Bundesregierung hat die Deutsche Bundesbank in ihrer Stellungnahme hervorgehoben, daß Umschuldungsklauseln in Staatsanleihen, die deutschem Recht unterstehen, wirksam sind, sofern sie sich an die Bestimmungen des Schuldverschreibungsgesetzes „anlehnen", daß jedoch darüber hinausgehend auch ein *Verzicht auf Kapitalrückzahlungen „grundsätzlich möglich* sein dürfte".

(3) *Die Haltung der Praxis.* Die Anleihebedingungen von Auslandsanleihen enthalten seit Alters her keine Bestimmungen über ihre Änderung durch Gläubigerbeschluß. Die Marktteilnehmer und ihre Rechtsberater stehen auf dem Standpunkt, daß derartige Bestimmungen ausdrücklicher gesetzlicher Ermächtigung bedürfen, um – *erstens* – die Änderungskompetenz der Gläubiger so bestimmen zu können, daß sie praktischen Notwendigkeiten gerecht wird und – *zweitens* – deren Rechtswirksamkeit außerhalb begründeter Zweifel zu stellen. Aus diesem Grunde ist im Jahre 1996 von einem Freundeskreis einiger Bankjuristen und Anwälte ein Entwurf zur Änderung des Schuldverschreibungsgesetzes mit Begründung vorgelegt worden, der allen heutigen Anliegen des Diskussionsentwurfs schon damals Rechnung getragen hat (auch wenn er beim Thema der Inhaltskontrolle von Anleihebedingungen zu zaghaft war).[32]

Diese Meinungsverschiedenheiten verlieren mit der vorgesehenen Reform jede Relevanz.

III. Die Vorschläge des Diskussionsentwurfs

Der Diskussionsentwurf des Bundesministeriums der Justiz schlägt der Sache nach die Beseitigung aller beschriebenen Unzulänglichkeiten des geltenden Rechts vor. Nach dem Diskussionsentwurf hat die Gläubigerversammlung eine umfassende Beschlußkompetenz zur Änderung der Anleihebedingungen. Das gilt gleichermaßen für Inlands- wie für Auslandsanleihen, und zwar ohne Unterschied des Status des Emittenten, also sowohl für privatrechtlich organisierte Schuldner wie auch für Staaten und internationale Organisationen des öffentlichen Rechts.

32 Diesem Entwurf, den der Deutsche Anwaltverein den für die Vorbereitung der Gesetzgebung zuständigen Bundesministerien zugeleitet hat, hatte sich auch der Verband der Auslandsbanken in Deutschland angeschlossen.

(1) *Zulässige Beschlußgegenstände.* Der Entwurf enthält eine Aufzählung von Beschlußgegenständen. Diese Aufzählung ist nicht abschließend. Ein solcher Katalog ist notwendig. Es wäre nicht sachgerecht einfach zu bestimmen, daß die Gläubigerversammlung jede Änderungen der Anleihebedingungen beschließen kann. Verschiedene Beschlußgegenstände sollten unterschiedlichen Mehrheitsanforderungen unterworfen sein. Das ist auch international so üblich. Beschlußgegenstände, die in die Hauptleistungspflichten des Emittenten und damit die Hauptansprüche der Gläubiger eingreifen, bedürfen allgemein einer höheren Mehrheit, als solche, die sich mit Nebenpflichten des Emittenten und sonstigen Bestimmungen befassen.

Nach dem Entwurf kann die Gläubigerversammlung „insbesondere" beschließen über (i) den teilweisen Verzicht auf die Hauptforderung, (ii) den Nachrang im Insolvenzverfahren für die Hauptforderung oder die Zinsforderung, (iii) die Ermäßigung der Zinsforderung, (iv) die Bewilligung einer Stundung, (v) die Umwandlung des Anspruchs auf die Hauptleistungen in Gesellschaftsanteile, (vi) den Umtausch der Schuldverschreibungen in andere Wertpapiere oder Leistungsversprechen, (vii) die Aufgabe von Sicherheiten, (viii) die Änderung der Währung der Schuldverschreibungen, (ix) gewisse Fälle der Schuldnerersetzung, (x) die Aufhebung oder Änderung von Nebenverpflichtungen aus den Schuldverschreibungen sowie (xi) die Bestellung und Abberufung eines Anleihetreuhänders.

Es wäre sehr zu wünschen, daß in diesen Katalog von Beschlußgegenständen noch aufgenommen werden: Beschlußfassungen über *Kündigungsrechte* der Anleihegläubiger, insbesondere über die *Gesamtkündigung* einer Anleihe durch den Anleihetreuhänder, sowie Beschlußfassungen über die *Rückgängigmachung* einer solchen *Gesamtkündigung.* Mit Rücksicht auf die zahllosen Bestimmungen in Anleihebedingungen, die nicht in den Katalog der Beschlußgegenstände fallen, wäre es zu begrüßen, wenn in den Katalog ausdrücklich Beschlußfassungen über „andere Bestimmungen" der Anleihebedingungen einbezogen würden. Diese Ergänzungen des Katalogs sind auch deshalb anzuraten, damit die angemessenen Mehrheitserfordernisse für jeden dieser Beschlußgegenstände in den Regeln über Mehrheiten und Beschlußfähigkeit bestimmt werden können.

Besonderes Augenmerk verdient die *Gesamtkündigung* einer Anleihe durch den Vertreter der Gläubiger. Der Quarles-Bericht[33] mißt der Möglichkeit

[33] Group of Ten, „Report of the G 10 Working Group on Contractual Clauses" vom 26. September 2002 (http://www.bis.org/publ/gten08.htm).

zu solchen Maßnahmen in Anleihen von Schwellenländern größte Bedeutung zu. Die Möglichkeit, solche Maßnahmen in Anleihebedingungen vorzusehen, sollte jedoch nicht auf staatliche Emittenten oder gar Schwellenländer beschränkt sein, sondern auch für Anleihen sonstiger Schuldner offenstehen. Damit ist gerade den Anleihegläubigern in aller Regel mehr gedient als mit dem das deutsche Recht beherrschenden traditionellen Individualkündigungsrecht. Erfahrungen mit notleidend gewordenen Anleihen inländischer und ausländischer Schuldner zeigen, daß die zentralisierte Rechtsverfolgung durch den Treuhänder aus einer Reihe von Gründen für den einzelnen Anleihegläubiger vorteilhaft ist.[34]

Darüber hinaus vermeidet die Gesamtkündigung eine Reihe von Problemen, die bei der individuellen Rechtsverfolgung durch einzelne Gläubiger auftreten und für die die zur Verfügung stehenden Abwicklungsver-

34 So führt das Einzelkündigungsrecht, wie Erfahrungen aus jüngster Zeit belegen, unter Umständen zu übereilten Kündigungen einzelner Gläubiger, gelegentlich gar zu sich überstürzenden Kündigungen vieler Gläubiger („Windhundrennen"), die dem Schuldner keine andere Wahl lassen, als die Eröffnung des Verfahrens wegen Zahlungsunfähigkeit zu beantragen, auch wenn andernfalls zum Vorteil aller Gläubiger die Insolvenz des Schuldners vermeidbar und die volle Bedienung der Anleihe wahrscheinlich wäre. Zudem ist eine drohende Gesamtkündigung durch den Anleihetreuhänder (etwa auf Verlangen von Gläubigern, denen 25% des ausstehenden Nennbetrages der Anleihe gehören) für den Schuldner eine machtvolle Drohkulisse, die anders als eine oder mehrere oder gar viele Einzelkündigungen den Druck auf den Schuldner im Interesse der Gesamtheit der Gläubiger erhöht, die Anleihe – wenn auch möglicherweise mit Verzögerung – voll zu bedienen. Das in der Person des Treuhänders zentralisierte Kündigungsrecht begründet, auch schon vor Ausspruch der Kündigung durch ihn, eine starke Verhandlungsposition gegenüber dem Schuldner, bei einem privaten Schuldner vielleicht mehr noch als bei einem nicht privaten Schuldner. Schließlich ist bei einer Einzelkündigung der Gläubiger in der Durchsetzung seiner Rechte auf sich allein gestellt, und er wird häufig die Kosten und Mühen einer gerichtlichen Durchsetzung seines Rechts scheuen. Die Gesamtkündigung dagegen dient der zügigen und wirkungsvollen Durchsetzung der Rechte der Gläubiger, und sie vermeidet die Aufsplitterung von Klagen und den damit verbundenen höheren Aufwand und die höheren Kosten der individuellen Durchsetzung des Gläubigerrechts. Die Anleihebedingungen dürften für die Gesamtkündigung regelmäßig vorsehen, daß die Auslagen und eine angemessene Vergütung des Treuhänders vom Schuldner zu tragen sind (und nur insoweit als sie von diesem nicht zu erhalten sind, auf die Gläubiger im Verhältnis ihrer Forderungen umgelegt werden können) (vgl. insbesondere auch *Vogel*, in diesem Band, S. 92 ff., S. 96 f.).

fahren der Girosammelverwahrer keine Lösungen bereit halten.[35] In Anleihen, die englischem oder amerikanischem oder schweizerischem

35 Die praktischen und rechtlichen Schwierigkeiten, die sich aus dem Einzelkündigungsrecht ergeben, sind außerordentlich und, so wie die Dinge stehen, nicht in befriedigender, praxisgerechter Weise zu lösen. Die Kündigung ist Ausübung eines Gestaltungsrechts, welches den Inhalt des gekündigten Rechts – der Schuldverschreibung – ändert. Die (beispielsweise wegen Nichtzahlung von Zinsen bei Fälligkeit) gekündigte Schuldverschreibung ist sofort zur Rückzahlung fällig; sie trägt bei Nichtzahlung des Kapitals hinfort nicht mehr den in den Anleihebedingungen festgesetzten (Vertrags-) Zinssatz, sondern Verzugszinsen zum gesetzlichem Verzugszinssatz (bei entsprechender inhaltlicher Gestaltung der Anleihebedingungen den jeweils höheren der beiden Sätze). Mit der wirksamen Ausübung des Kündigungsrechts ist das Gestaltungsrecht ein für allemal verbraucht. In der Girosammelverwahrung ist die gekündigte Schuldverschreibung von der ungekündigten nicht zu unterscheiden. Veräußert der kündigende Gläubiger die gekündigte Schuldverschreibung, so erwirbt der Dritte nach Gutglaubensgrundsätzen die Schuldverschreibung zu den in der Urkunde niedergelegten Bedingungen, also die gekündigte Schuldverschreibung als ungekündigte. Er kann sie demnach erneut kündigen. Dieser Sachlage könnte theoretisch dadurch begegnet werden, daß die gekündigten Schuldverschreibungen eine separate Wertpapierkennummer erhalten und damit mit den ungekündigten Schuldverschreibungen nicht mehr fungibel sind. Das ist aus verschiedenen Gründen praktisch jedoch nicht zuverlässig machbar, und zwar um so mehr, als in Ansehung aller Schuldverschreibungen, die von ihren Inhabern zu unterschiedlichen Zeiten gekündigt worden sind, wegen der unterschiedlichen Zeitpunkte, zu denen Zins nach dem geänderten Zinssatz geschuldet wird, ihre Fungibilität endet und deshalb separate Wertpapierkennummern für die zu unterschiedlichen Zeitpunkten gekündigten Schuldverschreibungen eingerichtet werden müßten. Das heißt, daß die gekündigten Papiere nicht nur nicht mit den ungekündigten fungibel sind, sondern auch die ungekündigten sind untereinander nicht mehr vertretbar. Das Einzelkündigungsrecht führt so dazu, daß eine ganze Emission nicht mehr handelbar sein kann, ein gravierender Nachteil für die Gläubiger. Es liegt keine Übertreibung in der Feststellung, daß das Einzelkündigungsrecht mit dem System der Girosammelverwahrung unvereinbar ist. Es gibt weitere praktische Unzulänglichkeiten beim Einzelkündigungsrecht. Der Nachweis des Zugangs der Kündigungserklärung ist insbesondere bei ausländischen Schuldnern nicht, oder nicht einfach, zu führen, und wie jüngste Fälle gezeigt haben, erwarten kündigende Gläubiger vergebens eine Bestätigung des Emittenten über den Eingang ihrer Kündigungserklärung. Für die Gläubiger ist es ohne die – in der Regel ausbleibende – Kooperation des Schuldners nicht möglich, einen Überblick über die Zahl und das Volumen gekündigter Schuldverschreibungen zu erhalten, und der Schuldner ist oftmals bei der Administration der Einzelkündigungen überfordert.

Recht unterstehen und einen Treuhänder (*trustee*) vorsehen, steht das Recht zur außerordentlichen Kündigung der Anleihe in allen Fällen, also auch und im besonderen beim Verzug des Emittenten in der Erfüllung seiner Hauptleistungspflichten, dem Treuhänder (*trustee*) zu. Der angloamerikanische Treuhänder hat das Recht, und bei Verlangen einer Minderheit der Gläubiger (üblicherweise 25% des ausstehenden Kapitals) die Pflicht, die gesamte Anleihe bei Vorliegen eines außerordentlichen Kündigungsgrundes fällig zu stellen. Ein Einzelkündigungsrecht der Gläubiger besteht erst und nur dann, wenn der Treuhänder (*trustee*) in der Ausübung dieser Pflicht säumig ist.[36]

So wie die Möglichkeit einer Gesamtkündigung einer Anleihe durch den Anleihetreuhänder hält der Quarles-Bericht die Möglichkeit zur *Rückgängigmachung* einer solchen Gesamtkündigung durch Beschluß der Gläubiger (mit einfacher oder qualifizierter Mehrheit) für in hohem Maße wünschenswert. Der Bericht betont, daß diese Möglichkeit auch im Einklang steht mit der gängigen Marktpraxis in England und den USA. Sinn und Zweck beider Möglichkeiten sieht Quarles im wesentlichen in der Vermeidung von „disruptive legal actions", d.h. von Klagen, die den Prozeß der Umschuldung und Sanierung stören, und zu denen die Konzentration der Befugnis zur Einleitung von gerichtlichen Maßnahmen in der Hand der Anleihetreuhänder hinzutreten muß.[37] In der Regel werden die Anleihebedingungen oder der Beschluß der Gläubiger die Rjückgängigmachung der Gesamtkündigung an das Vorliegen bestimmter Voraussetzungen knüpfen (wie die Beseitigung der Umstände, die das außerordentliche Kündigungsrecht begründet haben).[38]

36 Siehe *Bösch*, in diesem Band S. 189 ff., 207 f.; siehe *Burn*, in diesem Band S. 219 ff., 231; siehe *Kenadjian*, in diesem Band S. 245 ff., 262.

37 S. 6 des Berichts mit Musterklausel S. 13. Bei Quarles heißt es (S. 6): „... *the Working Group would recommend the use of two types of provisions: majority enforcement provisions, which build upon existing market practice, and provisions that effectively concentrate the power to initiate litigation in a single entity. Making the power to accelerate a bond upon a default dependent upon a collective vote of the creditors and providing for the ability to reverse such an acceleration are critically important to deterring litigation, since the ability to declare principal and interest due and payable is an effective prerequisite for legal action. A provision, therefore, requiring a 25% bondholder vote for acceleration and a clause requiring a majority or a supermajority with a maximum of a 66 2/3% vote for a rescission of acceleration would prove useful. In particular, the ability to rescind an acceleration through the collective action of bondholders may be of tactical importance to a sovereign in a restructuring. Both provisions are consistent wiht current market practice in England and the U.S.*"

38 Vergleiche die einschlägige Musterklausel bei Quarles (S. 13).

Die Reform des deutschen Anleiherechts sollte nicht hinter den Empfehlungen des Quarles-Berichts und den Gestaltungsmöglichkeiten des englischen und des amerikanischen Rechts zurückbleiben. Die Überlegungen, die für die Möglichkeit zur Rückgängigmachung einer Gesamtkündigung bei staatlichen Schuldnern sprechen, beanspruchen in gleichem Maße Geltung bei Anleihen privater Schuldner.

Die Reform sollte es weiter möglich machen, in Emissionsbedingungen vorzusehen, daß bei Vorliegen von außerordentlichen Kündigungsgründen eine Anleihe insgesamt fällig gestellt ist, wenn ein in den Emissionsbedingungen bestimmtes Quorum an Gläubigervoten erreicht ist. Das Quorum sollte mindestens 25% der ausstehenden Schuldverschreibungen betragen. Mit einer solchen Regelung würde auch bei Anleihen, die keine Gesamtkündigung durch einen Anleihetreuhänder vorsehen (inbesondere weil ein solcher nicht bestellt ist), erreicht, daß die in den Fußnoten 34 und 35 beschriebenen Nachteile der Einzelkündigung nicht eintreten. Eine derartige Regelung kann vor allem dann sinnvoll sein, wenn die Beteiligten – wie häufig in der internationlen Anleihepraxis – nicht (oder jedenfalls nicht von vorneherein) einen Anleihetreuhänder einsetzen wollen (der dann mit der Befugnis zur Gesamtkündigung ausgestattet werden könnte).[39] Umgekehrt sollte es auch möglich sein, im Interesse des Erfolges von Umschuldungen und Sanierung die Fälligstellung der Anleihe infolge einer derartigen Bestimmung wieder zurückzunehmen, sofern eine (einfache oder qualifizierte) Mehrheit der Gläubiger das verlangt oder beschließt, und die Umstände, die die Kündigungsrechte begründet haben (wie z. B. die Nichtzahlung von Kapital oder Zinsen bei Fälligkeit), zu gegebener Zeit beseitigt sind. So enthalten diejenigen Post-Quarles-Anleihen, die keinen Treuhänder vorsehen, in der Regel solche Vorkehrungen.[40, 41] Ohne die Eröffnung solcher Möglichkeiten

39 Kommt es bei einer derartigen Regelung im Einzelfall zur Fälligstellung der gesamten Anleihe, so können die Gläubiger dann immer noch einen Treuhänder bestellen und ihn mit der Rechtsverfolgung der Ansprüche der Gesamtheit der Gläubiger betrauen.

40 Als Beispiel können die Bestimmungen einer Anleihe der Republik Südafrika (€ 1,250,000,000 5.25% Notes due May 16, 2013) dienen. Die Anleihedokumentation bestimmt die Regelung über die Fälligstellung wie folgt: „*If any of the events of default described above occurs and is continuing, the holders of at least 25% of the aggregate principal amount of the Notes autstanding (as definded below) may, by notice to the Fiscal Agent, declare all the Notes to be due and payable immediately.*" Zur Bestimmung über die Rücknahme einer derartigen Fälligstellung der Gesamtanleihe sagt die Anleihedokumentation: „*... The holders of more than 50% of the*

durch die Reform wären derartige Strukturen im deutschen Recht im Unterschied zu den angelsächsischen Rechten und im Einklang mit der internationalen Praxis nicht möglich.

Schließlich: Das Gesetz sollte Verfahrensvorschriften über die Einberufung und Durchführung der Gläubigerversammlung sowie über Verfahren zur Beschlußfassung der Gläubiger außerhalb von Versammlungen enthalten. Das ist ein dringender Wunsch der Praxis. Dabei sollte sichergestellt werden, daß Stimmrechtsvollmachten für die Gläubigerversammlung in jeder Form (also auch elektronisch) erteilt werden können. Auch das „electronic voting" müßte vorgesehen werden. Die Hinterlegungsvorschriften des SchVG und weitere Bestimmungen des SchVG über die Einberufung und Durchführung der Gläubigerversammlung sind antiquiert.

(2) *Mehrheiten und Beschlußfähigkeit.* Was die Anforderungen an Mehrheitsbeschlüsse der Gläubiger betrifft, so sieht der Entwurf grundsätzlich vor, daß Beschlüsse gemäß den vorstehenden Ziffern (i) bis (ix) der Mehrheit von mindestens drei Vierteln des Gesamtnennbetrages der ausstehenden Schuldverschreibungen bedürfen. Beschlüsse gemäß den vorstehenden Ziffern (x) und (xi) können dagegen mit der einfachen Mehrheit des Gesamtnennbetrages der ausstehenden Schuldverschreibungen gefaßt werden. Die Gläubigerversammlung ist grundsätzlich nur beschlußfähig, wenn in ihr mindestens die Hälfte des Gesamtnennbetrages der ausstehenden Schuldverschreibungen vertreten ist. Ist die erste Gläubigerversammlung nicht beschlußfähig, so kann eine zweite Versammlung zum Zwecke der erneuten Beschlußfassung berufen werden, die grundsätzlich ohne Rücksicht auf den in ihr vertretenen Anteil am Gesamtnennbetrag der ausstehenden Schuldverschreibungen beschlußfähig ist.

aggregate principal amount of the outstanding Notes may rescind a declaration of acceleration if the event or events of default giving rise to the acceleration have been cured or waived."

41 Außer der in Fußnote 40 erwähnten Anleihe Südafrikas, etwa die Währungsanleihen (US Dollar oder Euro) Italiens, Mexikos, Polens und des Vereinigten Königreiches.

Die Stellung des Anleihetreuhänders nach deutschem Recht

Dr. Hans-Gert Vogel

Gliederung

A. Einleitung

Mit der Frage der umfassenden Kodifizierung des Schuldverschreibungswesens befasste sich im Jahre 1898 bereits der 24. Deutsche Juristentag. Es scheint, als ob der damals geäußerte Wunsch nach einer „erschöpfenden Gesamtkodifikation der Rechtsverhältnisse der Obligationen und der Obligationäre“[1], nach mehr als hundert Jahren nun erhört würde. Der im Bundesjustizministerium erarbeitete Diskussionsentwurf hat sich eines solchen ambitionierten Projektes angenommen. Sein großes Verdienst beschränkt sich nicht auf die Erleichterung der Änderung von Anleihebedingungen durch Mehrheitsbeschluss der Gläubiger. En passant wird die im deutschen Recht bislang eher unterentwickelte Anleihetreuhand ausgebaut.

Der Titel meines Referats lautet „Die Stellung des Anleihetreuhänders nach deutschem Recht“. Hierzu gäbe es ohne den aktuellen Diskussionsentwurf wenig zu berichten. Auch der Gesetzentwurf des Bundesjustizministeriums verwendet die Begriffe „Treuhand“ oder „Treuhänder“ nicht, sondern spricht von einem „gemeinsamen Vertreter der Gläubiger“. Ein solcher ist notwendig, um die in der Gläubigerversammlung organisierte Gemeinschaft handlungsfähig zu machen. Den von der Gläubigerversammlung gewählten Vertreter hat bereits das eher glücklose Schuldverschreibungsgesetz von 1899[2] (SchVG) eingeführt. Die Möglichkeiten des in den Anleihebedingungen eingesetzten Vertreters oder Treuhänders hat das Schuldverschreibungsgesetz weitgehend offengelassen. Die Frage nach Reichweite und Grenzen vertraglicher Anleihevertretung wurde niemals zufriedenstellend beantwortet. Einer effektiven Zentralisierung von Rechten der Anleihegläubiger aus der Schuldverschreibung in der Hand eines Treuhänders standen stets zahlreiche rechtliche Unsicherheiten entgegen. Genannt seien die wertpapierrechtlichen Anforderungen an die Inhaberschuldverschreibung, das Recht der Allgemeinen Geschäftsbedingungen sowie generelle Prinzipien des deutschen Zivilrechts, wie etwa das Verbot der verdrängenden Vollmacht. Zu nennen sind des Weiteren – was die Anleihesicherheiten anbelangt – Grundprinzipien des

1 *Riesser*, 24. DJT, 1898, Bd. III (Verhandlungen), S. 205.

2 Gesetz betreffend die gemeinsamen Rechte der Besitzer von Schuldverschreibungen vom 4. 12. 1899, RGBl. I, 691, zuletzt geändert durch Art. 3 des Gesetzes vom 20. 12. 1993, BGBl. I, S. 2182.

deutschen Sachenrechts, z. B. die Absolutheit des Eigentumsbegriffs und die sachenrechtlichen Publizitätserfordernisse.

Ein ähnlich flexibles Instrument der Anleihetreuhand, wie aus dem anglo-amerikanischen Recht bekannt, hat sich nie entwickelt. Funktionsdefizite des deutschen Treuhandrechts kompensiert nun die im Entwurf vorliegende spezialgesetzliche Regelung. Sie führt den in den Anleihebedingungen vom Emittenten eingesetzten Anleihevertreter in einer einheitlichen Regelung mit dem gewählten Vertreter zusammen und macht ihn für das deutsche Recht zum Funktionsäquivalent des Treuhänders nach anglo-amerikanischen Recht. Die Regelungen in § 795 e des Entwurfs des Bundesjustizministeriums sind ausgewogen. Allenfalls stellt sich die Frage nach zusätzlichem Regelungsbedarf. Nachzugehen sein wird daneben der Frage der Differenzierung zwischen „Wahl"- und „Vertragsvertreter" in einzelnen Zusammenhängen.

Bevor ich auf den Entwurf des Bundesjustizministeriums eingehe, möchte ich zunächst unter Beleuchtung der geltenden rechtlichen Rahmenbedingungen nach der Notwendigkeit eines Ausbaus der Anleihetreuhand im weiteren Sinne fragen. Im Anschluss soll das – sicherlich unzureichende – Modell des Schuldverschreibungsgesetzes, an das sich der Entwurf des Bundesjustizministeriums anlehnt, in aller Kürze dargestellt werden. Anschließend möchte ich die Einzelheiten des Entwurfs und verschiedene „offene" Fragen ansprechen.

B. Zweck der Anleihetreuhand

Bei der Emission einer Anleihe sind die Erwerber der einzelnen (Teil-) Schuldverschreibungen Gläubiger einer einheitlichen Bedingungen unterliegenden „Gesamtschuld". Da Schuldverschreibungen an den internationalen Kapitalmärkten üblicherweise als Inhaberpapiere ausgegeben werden, steht der Emittent der Masse der Gläubiger anonym gegenüber. Ebenso besteht unter den Anleihegläubigern selbst Anonymität. Dies erschwert die abgestimmte und effektive Interessenwahrnehmung gegenüber dem Emittenten. Die Abstimmung der Interessen kann in einer Gläubigerversammlung erfolgen, wie sie etwa das Schuldverschreibungsgesetz und auch der vom Bundesjustizministerium im April 2003 vorgelegte Entwurf vorsehen. Die Interessendurchsetzung erfordert hingegen eine Vertretungsperson. Diese sieht das Schuldverschreibungsgesetz primär in einem von der Gläubigerversammlung gewählten „gemeinsamen Vertreter“ (§§ 14 ff. SchVG). Durch ihn wird die Gläubigergemeinschaft – dauernd oder im Einzelfall – handlungsfähig. Der historische Gesetzgeber wollte dem gewählten Vertreter neben der gebündelten Rechtsdurchsetzung die Aufgabe der Kommunikation und Verhandlungsführung mit dem Emittenten sowie dessen Kontrolle übertragen wissen.[3] Die erstgenannte Funktion greift der aktuelle Entwurf des Bundesjustizministeriums auf und erweitert sie.

Das Schuldverschreibungsgesetz findet bekanntlich in der Praxis kaum Anwendung. Auf vertraglichem Wege eingerichtete Gläubigerversammlungen mit dem Instrument eines gewählten Vertreters sind – soweit ersichtlich – die Ausnahme. In der Praxis wird ein (neutraler) Dritter bestellt, der für die zusammengefasste Verwaltung und Ausübung der Rechte der zahlreichen Anleihegläubiger Sorge trägt. Im anglo-amerikanischen Recht sind Regelungen in den Anleihebedingungen üblich, wonach bestimmte Rechte aus Schuldverschreibungen ausschließlich von einem Treuhänder wahrgenommen werden können. Hierbei geht es sowohl um die den Gläubigern gewährten Sicherheiten als auch um die Rechte in Ansehung der verbrieften Hauptforderung selbst. Bei deutschem Recht unterliegenden Anleihen ist ein Treuhänder üblicherweise allenfalls als Sicherheitentreuhänder vorgesehen. Er nimmt etwa die Rechte aus einer Garantie der Muttergesellschaft des Emittenten wahr, verwaltet dingliche Sicherheiten oder im Falle von Negativ- oder Verpflichtungserklärungen zu bestellende Sicherheiten zu Gunsten der Gläubiger.[4] Sofern Sicherheiten dem Treuhänder bestellt sind oder dieser ausschließlich berechtigt ist, vom Emittenten die Besicherung zu verlangen, wurden die hauptsächlich in den USA im 19. Jahrhundert entwickelten Funktionen eines Treuhänders (*trustee*) nutzbar gemacht.[5] Die in

3 Begründung des Regierungsentwurfs zum Schuldverschreibungsgesetz, Stenografische Berichte über die Verhandlungen des Reichstags, 10/I, 1898–1900, 2. Anlagenband, S. 907, 913.

4 *Siebel,* Rechtsfragen internationaler Anleihen, Berlin 1997, S. 531, m. w. N.; *Stucke,* Die Rechte der Gläubiger bei DM-Auslandsanleihen, Diss., Frankfurt am Main 1988, S. 225; *Than,* Festschrift Coing, II, München 1982, S. 520, 525 ff.

5 Zur Historie siehe *Hartwig-Jacob,* Die Vertragsbeziehungen und die Rechte der Anleger bei internationalen Emissionen, Diss., München 2001, S. 181 ff.; *Siebel* (Fn. 4), S. 540 ff. Dass eine Garantie dem Treuhänder als alleinigem Berechtigten gegenüber abgegeben wird, ist nicht zwingend. Denkbar und in der Praxis anzutreffen sind auch die Konstruktion einer eigenen materiellen Berechti-

der dem deutschen Recht unterliegenden Schuldverschreibung verbrieften Rechte auf Verzinsung und Rückzahlung stehen dagegen ausschließlich den Gläubigern zu. Entsprechendes gilt für Leistungsstörungsrechte, namentlich das außerordentliche Kündigungsrecht etwa im Verzugsfall. Die Einschaltung einer Vertretungsperson oder eines Treuhänders in diese Rechtsposition ist regelmäßig nicht vorgesehen. Der Grund dürfte darin liegen, dass die Treuhand im deutschen Recht nicht die gleiche Ausgestaltung erfahren hat, wie im anglo-amerikanischen Recht.[6]

Der deutsche Anwaltverein (DAV) hat 1996 in der Begründung seines Entwurfes eines „Gesetzes über Schuldverschreibungen aus Gesamtemissionen" auf Erfahrungen mit notleidend gewordenen Schuldverschreibungen ausländischer Emittenten verwiesen, die gezeigt haben, dass die gebündelte Rechtsverfolgung durch einen Treuhänder auch über die Sicherheiten hinaus sinnhaft sein kann. Denn der für den einzelnen Anleihegläubiger mit der Rechtsverfolgung verbundene Aufwand wird vielfach in keinem Verhältnis stehen zu dem zu erzielenden Erlös, insbesondere dann, wenn er am Ende nur die Insolvenzquote erhält. Für die Gläubiger kann es deswegen von Vorteil sein, wenn die Geltendmachung von Leistungsstörungsrechten, Kündigung oder Verhandlung über die Änderung der Anleihebedingungen, ggf. im Zusammenwirken mit einer Gläubigerversammlung, in einer möglichst unabhängigen Person zentralisiert wird. Die effektive Geltendmachung von Leistungsstörungsrechten setzt voraus, dass die Anleihe und der hinter ihr stehende Schuldner kontrolliert werden. Hierzu fehlt einzelnen Gläubigern – sofern es sich nicht um große Fonds handelt – regelmäßig die Möglichkeit.

Daneben kann passives Verhalten aus Sicht des einzelnen Gläubigers bekanntlich sogar ökonomisch rational sein, wenn sich der Erfolg von

gung der Gläubiger selbst durch Abschluss eines Vertrages zu Gunsten Dritter gem. § 328 BGB zwischen Emittent und Treuhänder einerseits oder der entsprechenden Mitverpflichtung des Garanten in der Schuldverschreibung andererseits.

6 Demgemäß sprechen gesetzliche Regelungen in Deutschland, so das Schuldverschreibungsgesetz, § 1189 BGB und auch der aktuelle Entwurf des Bundesjustizministeriums von einem „Vertreter" der Gläubiger und nicht von einem „Treuhänder". Letzteren Begriff verwendet lediglich das Hypothekenbankgesetz in § 29 ff. für die durch die Aufsichtsbehörde bestellte Person, der die Überwachung der Pfandbriefdeckung nach diesem Gesetz obliegt. Der in zahlreichen Landesgesetzen der deutschen Partikularstaaten vor 1900 vorgesehene „echte" Sicherheitentreuhänder wurde dagegen als „Pfandhalter" bezeichnet.

Bemühungen Einzelner auf alle Gläubiger verteilen würde. An Anreizen für den Einzelnen, zum Wohle der Gläubigergesamtheit tätig zu werden, fehlt es, wenn er auf die Initiative anderer vertraut. Dieses unter dem Stichwort „rationale Apathie" bekannte Phänomen wirkt sich insbesondere im Zusammenhang mit dem Monitoring der Anleihe oder des Schuldners aus. Die singuläre Rechtsverfolgung verursacht Probleme bei Bestehen von *cross-default*-Klauseln. Das Knüpfen der wirksamen Kündigung an das Erreichen einer bestimmten Mindestquote mag dagegen zu Zufallsergebnissen führen. Daneben kann eine zentralisierte Verhandlungsführung über die Änderung von Anleihebedingungen auch außerhalb der Krise des Schuldnerunternehmens wünschenswert sein. Nicht jeder für die Anleihe relevante Umstand, der während ihrer Laufzeit eintreten kann, kann in den Anleihebedingungen antizipiert werden.[7] Im Übrigen erfreuen sich detaillierte *financial covenants* in Deutschland bislang geringer Beliebtheit. Der Vorteil für die Gläubiger, bei Fehlen einer Vertretungsperson von Umschuldungsansinnen „verschont" zu bleiben, ist von geringem Wert, wenn ohne einen Beitrag der Anleihegläubiger eine Sanierung insgesamt scheitert.

Dass eine Zentralisierung von Gläubigerrechten auch den Schuldnerinteressen entspricht, liegt auf der Hand. Bei Eintritt von unvorhergesehenen Umständen will er es nicht mit einer Vielzahl von Anspruchstellern zu tun haben, die sich möglicherweise zu Unrecht auf Leistungsstörungsrechte berufen und ggf. vertragliche Mechanismen in anderen Finanzierungsverträgen auslösen. Die Implementierung von Mindestquoten ist dagegen aus Gläubigersicht ein Instrument von nur relativer Tauglichkeit zur Überwindung der „rationalen Apathie" des Einzelnen. Daneben besteht ein Interesse des Emittenten, über eine ggf. erforderliche Änderung der Anleihebedingungen mit einer für alle Gläubiger verbindlich handelnden Institution zu kommunizieren. Dies erfordert neben entsprechender kollektiver Rechtsmacht der zentralen Institution eine korrespondierende Beschränkung individueller Kompetenz.

Aus wertpapierrechtlichen, AGB-rechtlichen und – im Hinblick auf die Sicherheiten – sachenrechtlichen Gründen ist es bislang zweifelhaft, ob und inwieweit die Anleihebedingungen für eine im Interesse des Kapitalmarkts wünschenswerte Kanalisierung von Befugnissen eine dem

7 *Hopt*, Festschrift Steindorff, Berlin 1990, S. 341, 346 f., nennt in diesem Zusammenhang etwa Änderungen des steuerlichen Umfelds oder Umstrukturierungen im Konzern des Schuldnerunternehmens.

Standard anderer Rechtsordnungen vergleichbare Gestaltung vorgesehen können. Folge der bestehenden Rechtsunsicherheit ist die „Flucht aus dem deutschen Recht". Dieser entgegenzuwirken, hat sich der vorliegende Gesetzentwurf zur Aufgabe gemacht.

C. Vergleich der deutschen mit der anglo-amerikanischen Anleihetreuhand

I. Die Anleihetreuhand nach anglo-amerikanischem Recht

Schwierigkeiten, vor denen kontinentaleuropäische Rechtsordnungen im Zusammenhang mit einer Aufteilung von Rechten zwischen Gläubigern und einer dritten Person stehen, werden im anglo-amerikanischen Recht durch ein flexibles und universell anwendbares Trustrecht vermieden. Das für den angelsächsischen Rechtskreis charakteristische Rechtsinstitut des *trust* erlaubt es, einer Person, dem *trustee,* in einem weitgehend beliebig bestimmbaren Umfang Rechte (*trust property*) zur Ausübung zu Gunsten der *beneficiaries* zu übertragen. Dabei besteht die Möglichkeit, die Ausübungs- und Verfügungsbefugnis des *trustee* mit dinglicher Wirkung dem jeweiligen Zweck des *trust* anzupassen.[8]

Bestandteil des Trustvermögens sind erstens die Ansprüche der Anleihegläubiger auf Zahlung von Kapital und Zinsen oder zumindest die vom Emittenten zum Zwecke der Bedienung der Anleihe an den *trustee* geleisteten Gelder, die der *trustee* dann entsprechend den Festlegungen des *trust deeds* oder *indentures* zu verwenden hat. Hinsichtlich dieser Ansprüche entsteht eine Art Verdoppelung der Gläubigerposition, die im deutschen Recht auf Schwierigkeiten stieße. Gläubiger sind zwar die einzelnen *bondholder.* Der *trust deed* verpflichtet den Emittenten aber zur Zahlung an den *trustee.* Dieser kann wiederum den Emittenten ermächtigen, mit befreiender Wirkung an die einzelnen *bondholder* zu zahlen. Nur im Falle der Insolvenz nimmt ausschließlich der *trustee* die Zahlungen in Empfang. Zweitens werden dem *trustee* als Trustvermögen bestimmte Rechte für außergewöhnliche Situationen ausschließlich übertragen. Zu nennen

[8] Vgl. *Coing,* Die Treuhand kraft privaten Rechtsgeschäfts, München 1973, S. 7 ff.; *Hartwig-Jacob* (Fn. 5), S. 588 ff.; *Siebel* (Fn. 4), S. 540 ff.

sind hier das Recht zur außerordentlichen Kündigung sowie die gerichtliche Geltendmachung von Ansprüchen oder Geltendmachung von Ansprüchen in der Insolvenz (*„no-action-clause“*). In bestimmten Fällen muss der *trustee* die Entscheidung einer Gläubigerversammlung einholen und sein Handeln danach ausrichten. Allerdings wird in den *trust deeds* regelmäßig ein subsidiäres Recht der *bondholder* zum Ergreifen von Maßnahmen für den Fall vorgesehen, dass der *trustee* seine Pflichten verletzt. Eine ganz ähnliche Regelung sieht der Entwurf des Bundesjustizministeriums in § 795 e Abs. 3 BGB-E als Voraussetzung für den Ausschluss von Gläubigern von der individuellen Rechtsverfolgung vor. Drittens zählen bei gesicherten Anleihen zum Trustvermögen Ansprüche aus Garantie-, Negativ- und Patronatserklärungen oder anderen Sicherheiten.

Die Besonderheit des *trust* nach *common law* gegenüber der Treuhand nach deutschen Rechtsvorstellungen besteht letztendlich in einer – in der Terminologie des deutschen Rechts – „Gesamtgläubigerschaft“ mit klar aufgeteilten Zuständigkeiten.[9]

Eine Befugnis zur Abänderung der Anleiherechte wird dem Treuhänder allerdings auch nach anglo-amerikanischem Recht nur in beschränktem Umfang zugestanden. Nur Änderungen eher technischer Art können regelmäßig allein zwischen Anleiheschuldner und *trustee* vereinbart werden. Änderungen der materiellen Vertragsbestimmungen sind nur auf Grund eines Beschlusses einer Gläubigerversammlung möglich. Deren Zuständigkeiten sind üblicherweise ebenfalls in den *trust deeds* oder *indentures* geregelt. Ein ähnliches Konzept liegt dem Entwurf des Bundesjustizministeriums zu Grunde.

Die Aufspaltbarkeit des Eigentums zwischen *legal ownership* und *equitable ownership* in zeitlicher und sachlicher Hinsicht zwischen trustee und Anleihegläubigern ist nach deutschem Recht nur unter schwieriger vertraglicher Gestaltung oder im Wege der gesetzlichen Regelung zu erreichen. Als hinderlich erweisen sich hier die Absolutheit des Eigentumsbegriffs des BGB, der numerus clausus der dinglichen Rechte sowie das im deutschen Sachenrecht geltende Publizitätsprinzip.

9 *Bosch*, in: Hellner/Schröter/Steuer/Weber, Bankrecht und Bankpraxis, Köln 2003, Rn. 10/200 f.

II. Die Anleihetreuhand nach deutschem Recht

Unter einem Treuhänder wird im deutschen Recht eine Person verstanden, der bestimmte Rechte in vollem Umfange und zur Ausübung im eigenen Namen, aber auf fremde Rechnung übertragen wurden.[10] Dem Treuhänder werden Vermögensrechte übertragen oder eine Rechtsmacht eingeräumt. Er ist aber in der Ausübung nach außen im Innenverhältnis zum Treugeber nach näherer Maßgabe einer schuldrechtlichen Treuhandabrede beschränkt. Untechnisch wird der Begriff der Treuhand auch im weiteren Sinne zur Kennzeichnung einer jeden Rechtsposition verwandt, der rechtliche Befugnisse zur Ausübung im fremden Interesse übertragen worden sind. Letzteres trifft etwa auf den Treuhänder nach § 29 Hypothenbankgesetz zu. Eine gesetzliche Regelung der Anleihetreuhand fehlt hingegen. Der Grundbuchvertreter nach § 1189 BGB ist kein „echter" (Vollrechts-) Treuhänder, sondern ein rechtsgeschäftlich Bevollmächtigter. Das Fehlen einer gesetzlichen Regelung der Anleihetreuhand wirkt sich in der Praxis der deutschem Recht unterstehenden Anleihen darin aus, dass die vertraglichen Bestimmungen über Funktionen und Pflichten des Anleihetreuhänders auf ein Minimum beschränkt sind. Ihm wird in der Regel ausschließlich die Verwaltung und ggf. Durchsetzung gewährter Sicherheiten übertragen.[11] Im Gegensatz zur anglo-amerikanischen Praxis wird dabei regelmäßig der Konsortialführer ohne Rücksicht auf Interessenkonflikte zum Treuhänder ernannt. In jüngerer Zeit werden allerdings insbesondere bei von ausländischen Finanzierungstöchtern deutscher Kreditinstitute emittierten Anleihen Wirtschaftsprüfungsgesellschaften zum Treuhänder bestellt.

Dem Treuhänder können nicht akzessorische Sicherheiten als ausschließlich materiell Berechtigtem übertragen werden. Durch Verweis auf den Treuhandvertrag in den Anleihebedingungen wird sichergestellt, dass die Treuhandabrede für und gegen jeden Erwerber einer Teilschuldverschreibung der Emission wirkt. Die Vergütung des Treuhänders erfolgt durch den Emittenten. Der Treuhandvertrag ist in diesem Fall ein Geschäftsbesorgungsvertrag gemäß §§ 675, 611 BGB. Subsidiär gelangen damit die Auftragsregeln gemäß §§ 662 ff. BGB zur Anwendung. Die

10 MüKo-*Schramm*, BGB, 3. Aufl., München 1992, vor § 164, Rn. 27.

11 *Hopt*, Die Verantwortlichkeit der Banken bei Emissionen, München 1991, Rn. 258; *Siebel* (Fn. 4), S. 531.

Anleihegläubiger können als Drittbegünstigte (§ 328 BGB) in den Vertrag einbezogen werden.[12]

Der (Sicherheiten-)Treuhänder nach deutscher Praxis ist fiduziarischer Treuhänder, wenn die Verpflichtungserklärung des Emittenten nur ihm gegenüber abgegeben wird. Es handelt sich dann um einen Vollrechtserwerb des Treuhänders mit ausschließlichem und vollständigem Verfügungsrecht. Denkbar sind allerdings auch Gestaltungen, dass Ansprüche auf Stellung von Sicherheiten aus Verpflichtungserklärungen des Emittenten den Gläubigern selbst zustehen und lediglich die Geltendmachung dem Treuhänder übertragen ist. Dann handelt es sich um einen Fall der Vollmachts- oder Ermächtigungstreuhand. Anzutreffen ist des Weiteren die Konstellation, dass die Geltendmachung des Anspruchs auf Sicherheitenstellung den Gläubigern selbst vorbehalten bleibt. Inhaltlich geht der Anspruch jedoch auf Einräumung der Sicherheit an den Treuhänder. Die Rechte der auf Grund einer Verpflichtungserklärung gewährten Sicherheit werden dann durch den Treuhänder ausschließlich gehalten, so dass hier ein Fall der (begrenzten) Vollrechtstreuhand vorliegt.

Abgesehen von Rechten in Ansehung von Garantie- und Negativerklärung werden dem Anleihetreuhänder mitunter bestimmte administrative Funktionen übertragen, die nur indirekt mit der Durchsetzung der Hauptforderung oder Verwaltung und Verwertung von Sicherheiten zu tun haben.

D. Funktionsdefizite des deutschen Rechts

Eine klare Trennung der Befugnisse wie im anglo-amerikanischen Recht ist nach deutschem Recht nicht ohne Weiteres möglich.[13] Probleme bereiten die allgemeinen Vorschriften des deutschen Zivilrechts im Zusammenhang mit akzessorischen Sicherheiten und insbesondere der verbrieften Forderung selbst.

[12] Einzelheiten zur vertraglichen Konstruktion bei *Hartwig-Jacob* (Fn. 5), S. 608 ff.
[13] Im Einzelnen *Stucke* (Fn. 4), S. 108 ff., 231 ff.

I. Akzessorische Sicherheiten

Der grundsätzliche Vollrechtserwerb des Treuhänders an den vom Anleiheschuldner oder Garanten zu gewährenden Sicherheiten hat seine Berechtigung in der andernfalls kaum möglichen Sicherheitenbestellung auf jeden einzelnen Gläubiger. Grundschulden und Sicherungszessionen müssten durch dinglichen Vertrag mit jedem einzelnen Gläubiger nachträglich bestellt werden. Andererseits können akzessorische Sicherheiten, wie Bürgschaft, Pfandrecht und Hypothek nicht auf den Treuhänder übertragen werden. Bei Anwendbarkeit deutschen Rechts werden deswegen üblicherweise nichtakzessorische Sicherheiten gewählt, wie etwa die Sicherungszession von Forderungen und Sicherungsübereignung von Wertpapieren, Grundschuld oder Garantie. Denn akzessorische Sicherheiten sind nicht nur in Bestand und Umfang von der Hauptschuld abhängig. Sie können stets auch nur den Gläubigern selbst zustehen, nicht dem Treuhänder.

Hinsichtlich der Bestellung von Hypotheken für Forderungen aus Inhaber- und Orderpapieren sind zwar in den §§ 1187 ff. BGB Sonderregelungen getroffen. Dabei kann nach § 1189 BGB auch ein Grundbuchvertreter mit bestimmten Verwaltungs- und Verwertungsbefugnissen bestellt werden.[14] Allerdings ist die Bestellung von inländischen Grundpfandrechten für Teilschuldverschreibungen, abgesehen von Pfandbriefen, die eine besondere Sicherungsstruktur aufweisen und auf dem Prinzip der Deckungsmasse beruhen, selten geworden.[15] Der Grundbuchvertreter ist kein „echter" Vollrechtstreuhänder, sondern Stellvertreter der Gläubiger.[16] Dabei bleiben die Einzelgläubiger selbst verfügungsberechtigt.[17] Ein Ausschluss individueller Verfügungsmacht ist nur durch schuldrecht-

14 Von dem in Anlehnung an die Pfandhalter alten Landesrechts geschaffenen Grundbuchvertreter ist ursprünglich erwartet worden, er werde sich auf der Grundlage kautelarischer Gestaltung zu einem umfassenden Anleihetreuhänder nach anglo-amerkanischem Vorbild entwickeln. Vgl. *Mugdan*, Die gesamten Materialien zum Bürgerlichen Gesetzbuch für das Deutsche Reich, 1899, Prot. III, S. 881; *Kuhlenbeck*, JW 1899, S. 217, 220; *von Zimmermann*, Die Teilschuldverschreibung und das Reichsgesetz betr. die gemeinsamen Rechte der Besitzer von Schuldverschreibungen vom 4. 12. 1899, Diss., Greifswald 1901, S. 118.

15 *Bosch* (Fn. 9), Rn. 10/195.

16 RGZ 90, S. 211 ff.; 117, S. 372 ff.; 150, S. 290 ff.

17 KGJ 45, S. 275, 279.

liche Verpflichtung denkbar, die nicht im Grundbuch eingetragen werden kann.

Vor diesem Hintergrund hatte etwa der Entwurf des DAV aus dem Jahr 1996 eine Regelung vorgesehen, wonach von dem Schuldner zu gewährende Sicherheiten einem gemeinsamen Vertreter der Gläubiger einzuräumen sein sollten. Soweit diese nur dem Gläubiger selbst bestellt werden können, also bei akzessorischen Sicherheiten, sollte der gemeinsame Vertreter „für Zwecke dieser Sicherheiten" als Gläubiger gelten. Eine derartige ausdrückliche Regelung, die den Vertreter in Durchbrechung sachenrechtlicher Grundsätze des BGB dem *trustee* anglo-amerikanischer Praxis angenähert hätte, ist im vorliegenden Entwurf des Bundesjustizministeriums nicht enthalten. Zwar ist in dem Entwurf vorgesehen, dass soweit der „gemeinsame Vertreter" zur Geltendmachung von Rechten der Gläubiger ermächtigt ist, deren individuelle Rechtsmacht ausgeschlossen werden kann. Gemeint ist dabei aber das Recht zur Kündigung sowie zur „gerichtlichen und außergerichtlichen" Geltendmachung von Rechten. Dass hiervon auch das separate Halten akzessorischer Sicherheiten durch einen nicht mit dem Gläubiger identischen Treuhänder oder Vertreter erfasst ist, erscheint fraglich. Die amtlichen Materialien sowie die zahlreichen historischen Kommentierungen zu dem ähnlich lautenden § 14 Abs. 2 SchVG schweigen zu dieser Frage.

II. Rechte aus der Schuldverschreibung

Ohne Anspruch auf Vollständigkeit kann eine Zentralisierung von Befugnissen auf einen Vertreter der Treuhänder hinsichtlich folgender Rechte oder Maßnahmen sinnvoll sein:

- Gerichtliche und außergerichtliche Geltendmachung von Zahlungs- und Zinsansprüchen,
- Geltendmachung von Leistungsstörungsrechten, insbesondere Kündigung aus wichtigem Grund,
- Zustimmung zur Änderung der Anleihebedingungen in technischer Hinsicht,
- Verhandlung über die Änderung der Anleihebedingungen in materieller Hinsicht (Sanierungsbeiträge wie Stundung, Reduktion von Zahlungs- und Zinsansprüchen; Schuldnerwechsel; Aufgabe, Austausch

oder Erweiterung von Sicherheiten, Abänderung sonstiger Zahlungsmodalitäten),

- Geltendmachung von Rechten der Anleihegläubiger in der Insolvenz,
- Ausübung einer permanenten Kontrolle des schuldnerischen Unternehmens.

Zusätzlich ist die Übertragung von Aufgaben im Zusammenhang mit der Einberufung, Durchführung und Umsetzung von Beschlüssen der Gläubigerversammlung auf den Vertreter oder Treuhänder denkbar.

Der privatautonomen Gestaltungsfreiheit sind jedoch namentlich dann Grenzen gesetzt, wenn ein Treuhänder mit der Wahrnehmung von Rechten in Ansehung der Hauptforderung unter Ausschluss der Einzelgläubiger von singulärer Rechtsverfolgung betraut werden soll. Neben AGB-rechtlichen Problemen, die hier – da Gegenstand eines eigenen Referats – ausgeklammert werden sollen, ergeben sich Schranken aus den wertpapierrechtlichen Anforderungen an die Inhaberschuldverschreibung. Des Weiteren kennt das Vollmachtsrecht keine verdrängende, insbesondere keine unwiderrufliche verdrängende Vollmacht.

1. Wertpapierrechtliche Anforderungen

Für die inhaltliche Gestaltbarkeit einer Inhaberschuldverschreibung besteht der Grundsatz, dass dem Inhaber des Papiers das darin verbriefte Forderungsrecht zustehen muss und er – oder ein sonstiger Berechtigter – dieses nur bei Innehabung der Urkunde geltend machen kann. Ein Inhalt dergestalt, dass einem nicht formell legitimierten Dritten anstelle des Inhabers das Forderungsrecht zustände, wäre mit dem Wesen der Inhaberschuldverschreibung nicht vereinbar. Fallen Inhaberschaft an Papier und Forderung auseinander, so fehlt es an einer Inhaberschuldverschreibung. Damit ist eine Vollrechtstreuhand hinsichtlich der Forderung ausgeschlossen, sofern nicht der „Umweg" über die Ausgabe von Treuhandzertifikaten eines Treuhänders statt Teilschuldverschreibungen des Emittenten an die Einzelgläubiger gewählt wird.[18] Missverständlich war es insofern, wenn in früheren Kommentierungen zum Schuldverschreibungsgesetz ausgeführt wurde, dass durch entsprechende Ausgestaltung der Anleihebedingungen dem Vertragsvertreter die Forderungen der Gläubiger auf Zahlung von Kapital und Zinsen „zur allei-

18 *Bosch* (Fn. 9), Rn. 10/201; *Stucke* (Fn. 4), S. 271 ff.

nigen Vertretung übertragen werden können", so dass die einzelnen Gläubiger weder zur Geltendmachung dinglicher noch persönlicher Rechte befugt seien.[19]

2. Keine exklusive Drittberechtigung

Dem Vertreter oder Treuhänder kann eine Berechtigung an der Forderung nur im Wege der Vollmacht oder Ermächtigung eingeräumt werden. Die Bindung aller künftigen Erwerber der Papiere wird durch Wiedergabe dieser Vereinbarung in den Schuldverschreibungen erreicht. Für das Rechtsverhältnis zwischen dem Schuldner und dem jeweiligen Gläubiger gilt jedoch, dass Vollmacht oder Ermächtigung des Dritten nach §§ 164 ff. oder 185 BGB den jeweiligen Gläubigern nicht die Befugnis nehmen können, die Rechte aus dem Papier selbst geltend zu machen. Dies folgt auch aus der Aussage des § 137 Satz 1 BGB, wonach die Befugnis zur Verfügung über ein veräußerliches Recht nicht durch Rechtsgeschäft mit dinglicher Wirkung ausgeschlossen oder beschränkt werden kann. Stets verbleibt eine konkurrierende Verfügungsmacht. Allenfalls ein schuldrechtlich wirkender Ausschluss ist möglich. Dies gilt nicht nur für die verbriefte Forderung und den Zinsanspruch, sondern etwa auch für die isolierte Abtretbarkeit „akzessorischer Hilfsrechte" wie insbesondere der Fälligkeitskündigung.[20]

Rechtliche Unsicherheit besteht dagegen im Hinblick auf sonstige Gestaltungs- oder Leistungsstörungsrechte. In Parallele zur (zulässigen) Vertreterklausel in der Kommanditgesellschaft[21] werden im Schrifttum Ausübungsbindungen mit guten Gründen unter Hinweis auf das berechtigte Interesse des Gläubigers an einheitlicher Ausübung des Kündigungsrechts für zulässig erachtet.[22] Zum einen geht es hier nicht um Mitgliedschafts-, sondern „nur" um Gläubigerrechte, die von vornherein lediglich mit einer entsprechenden Ausübungsbindung begründet würden. Zum anderen kann der Ausschluss von Einzelkündigungen, die bei Bestehen von *cross-default*-Klauseln in anderen Verträgen eine Sanierung des Schuldnerunternehmens beeinträchtigen können, ohne Weiteres mit einem berechtigten Interesse der Gläubiger an einheitlicher Ausübung

19 So *Ansmann*, Schuldverschreibungsgesetz nebst Durchführungsbestimmungen, München 1933, § 16, Anm. 12.

20 BGH, NJW 1973, S. 1793.

21 BGHZ 46, S. 291, 296.

22 So vor allem von *Hopt* (Fn. 7), S. 375 f. Ähnlich wohl *Than* (Fn. 4), S. 539.

des Kündigungsrechts gerechtfertigt werden. Gleichwohl finden sich – soweit ersichtlich – bei deutschem Recht unterstehenden Anleihen keine Bestimmungen, die die Ausübung des Kündigungsrechts dem Treuhänder oder Vertreter vorbehalten.[23]

E. Das Vertretungsmodell des Schuldverschreibungsgesetzes

Das Schuldverschreibungsgesetz stellt aus heutiger Sicht einen ersten frühen – allerdings eher glücklosen – Versuch dar, durch spezialgesetzliche Regelung Defizite des deutschen „Treuhandrechts" zu kompensieren. Der Entwurf des Bundesjustizministeriums verfolgt dasselbe Ziel auf grundsätzlich demselben Weg. Deswegen sei das Modell des Schuldverschreibungsgesetzes nachstehend in aller Kürze skizziert.

I. Der Wahlvertreter nach §§ 14 ff. SchVG

Dem von der Versammlung gewählten Gläubigervertreter werden Aufgaben und Rechtsmacht allein durch die Gläubigerversammlung erteilt. Wie die Gläubigerversammlung verbindlich für alle Gläubiger Beschlüsse fassen kann, so kann sie für alle Gläubiger einen Vertreter bestellen (§ 1 Abs. 2 SchVG). Die Berufung des Vertreters wurde im älteren Schrifttum als die wesentliche Funktion der Gläubigerversammlung angesehen.[24]

Dass dem Gläubigervertreter im Außenverhältnis die Stellung eines gesetzlichen Vertreters seiner jeweiligen Gläubigerklasse übertragen wird, spricht das Gesetz lediglich für die Führung eines Rechtsstreits aus (§ 14 Abs. 4 SchVG). Für alle übrigen Rechtsgeschäfte dürfte von einer rechtsgeschäftlichen Vollmacht gemäß § 164 BGB auszugehen sein.[25] Im Innen-

23 Vgl. auch *Horn*, Internationale Anleihen, Frankfurt am Main 1972, S. 414.

24 *Bruns*, WM 1954, S. 147; Lederer, Die Verwaltungs- und Kontrollbefugnisse der Obligationäre einer Aktiengesellschaft nach inländischem und ausländischem Recht, Marburg 1941, S. 123.

25 Anders die historische Kommentarliteratur: *Ansmann* (Fn. 19), § 14, Anm. 8; *Koenige*, Commentar zum Gesetz, betreffend die gemeinsamen Recht der Besitzer von Schuldverschreibungen, 2. Auflage, Berlin 1922, § 14, Rn. 6. Wie hier nur *von Zimmermann* (Fn. 14), S. 108.

verhältnis entsteht zwischen Gläubigern und Gläubigervertreter durch Annahme der Wahl ein Vertragsverhältnis, aus dem für den Vertreter die Pflicht zur Wahrnehmung der gemeinsamen Gläubigerinteressen nach Maßgabe des Gesetzes und des Bestellungsbeschlusses erwächst. Hierbei dürfte es sich um einen Auftrag mit Geschäftsbesorgungscharakter handeln.[26]

Der Gläubigervertreter wird grundsätzlich mit einfacher Mehrheit in der Gläubigerversammlung gewählt. Werden ihm bei der Bestellung Befugnisse zur Aufgabe oder Beschränkung von Gläubigerrechten übertragen, so bedarf es der Dreiviertelmehrheit (§§ 14 Abs. 3, 11 Abs. 2 SchVG). Die Abberufung des Vertreters erfordert hingegen stets die qualifizierte Mehrheit (§ 14 Abs. 6 SchVG).

Anders als der aktuelle Entwurf des Bundesjustizministeriums, enthält das Schuldverschreibungsgesetz keine exemplarische Aufzählung möglicher Befugnisse des Vertreters, sondern nur generelle Umschreibungen (Geltendmachung von Rechten der Gläubiger, Führen von Rechtsstreiten). Enthält der Beschluss über seine Bestellung keine Regelung über Rechte und Pflichten, so stehen ihm gleichwohl bestimmte gesetzliche Mindestbefugnisse zu. Seine gemäß § 20 SchVG unentziehbaren Befugnisse bestehen in dem Recht, vom Schuldner die Einberufung einer Gläubigerversammlung zu verlangen (§ 3 Abs. 2 SchVG) oder nach Erteilung einer gerichtlichen Ermächtigung die Einberufung auf Kosten des Schuldners selbst vorzunehmen (§ 4 Abs. 2 SchVG) sowie Anträge anzukündigen (§§ 6, 7 Abs. 3 SchVG). Handelt es sich bei dem Schuldner um eine Gesellschaft oder juristische Person, so ist der gewählte Gläubigervertreter befugt, Gesellschafter- oder Mitgliederversammlungen beizuwohnen und sich an den Beratungen zu beteiligen (§ 15 Abs. 1 SchVG). Dabei sind dem Gläubigervertreter die gleichen Unterlagen zur Verfügung zu stellen wie den Gesellschaftern oder Mitgliedern (§ 15 Abs. 2 SchVG). Erweiterte Informationsrechte hat der Gläubigervertreter zur Vorbereitung eines Beschlusses der Gläubigerversammlung über Aufgabe oder Beschränkung von Gläubigerrechten (§ 15 Abs. 3 SchVG). Entsprechende gesetzliche Mindestbefugnisse sind im Entwurf des Bundesjustizministeriums nicht vorgesehen.

Durch Beschluss der Gläubigerversammlung mit qualifizierter Mehrheit können die Einzelgläubiger von der individuellen Rechtsverfolgung aus-

26 Vgl. RGZ 90, S. 211, 214; *Koenige* (Fn. 25), § 14, Rn. 10.

geschlossen werden (§ 14 Abs. 2 SchVG). Der ursprüngliche Regierungsentwurf zum Schuldverschreibungsgesetz sah dagegen einen zwingenden Ausschluss individueller Rechtsverfolgung vor.

Zum Verzicht auf Gläubigerrechte bedarf der Vertreter eines ihn hierzu berechtigenden Ermächtigungsbeschlusses im Einzelfall mit qualifizierter Mehrheit (§ 14 Abs. 3 SchVG). Insgesamt können dem Vertreter nicht mehr Befugnisse zustehen als der Gläubigerversammlung.

Beruhend auf negativen Erfahrungen im Rahmen der Weltwirtschaftskrise, wurden 1932 durch eine Notverordnung des Reichspräsidenten[27] solche Personen als Vertreter ausgeschlossen, die in einem Näheverhältnis zum Schuldner stehen, d. h. einem Organ des Schuldnerunternehmens oder eines seiner Kreditgeber angehören, die zum Schuldner selbst in Kreditbeziehung stehen oder auf die der Schuldner oder ein Gläubiger des Schuldners maßgeblichen Einfluss haben (§ 14 a Abs. 1 SchVG). Klargestellt wurde des Weiteren, dass die Aufwendungen des Gläubigervertreters vom Schuldner zu tragen sind (§ 14 a Abs. 3 SchVG).[28]

II. Der Vertragsvertreter nach § 16 SchVG

Das Schuldverschreibungsgesetz unterscheidet zwischen dem Gläubigervertreter, der seine Rechtsstellung und Befugnisse von der Gläubigerversammlung ableitet, und dem Vertragsvertreter, der „auf Grund einer bei Ausgabe der Schuldverschreibungen in verbindlicher Weise getroffenen Festsetzung“ bestellt worden ist. Auch dem Vertragsvertreter steht das Recht zur Einberufung der Versammlung und der Ankündigung von Gegenständen zur Beschlussfassung zu. Im Übrigen bestimmen sich die rechtliche Grundlage und der Umfang der Befugnisse des Vertragsvertreters nach den Anleihebedingungen sowie ergänzend den Regeln des BGB über Vollmacht und Auftrag.

27 Verordnung des Reichspräsidenten über die gemeinsamen Rechte der Besitzer von Schuldverschreibungen vom 24. 9. 1932, RGBl. I, S. 447.

28 Ein Vertragsverhältnis besteht gleichwohl nur mit dem Gläubigerverband, wobei der Emittent die Aufwendungen des Vertreters von Gesetzes wegen zu tragen hat. Geschuldet wird nur eine „angemessene“, nicht in jedem Fall die mit dem Gläubigerverband vereinbarte Vergütung. Vgl. *Quassowski/Schmölder*, Verordnung über die Rechte der Schuldverschreibungsgläubiger vom 24. 9. 1932, Berlin 1932, S. 43.

Nicht geregelt war im Schuldverschreibungsgesetz ursprünglich die Ersetzung eines fortgefallenen Vertragsvertreters. Für den Fall fehlender Vorsorge in den Anleihebedingungen wurde 1914 eine Regelung eingeführt, wonach eine Gläubigerversammlung mit Dreiviertelmehrheit die Zustimmung zur Bestellung eines Ersatzvertreters beschließen kann (§ 16 Abs. 3 SchVG).[29] Die Abberufung des Vertragsvertreters richtet sich grundsätzlich nach den Anleihebedingungen. Sie kann jedoch aus wichtigem Grund auch auf Antrag einer mindestens 20% des Gesamtbetrages der im Umlauf befindlichen Schuldverschreibungen repräsentierenden Gläubigerminderheit ohne Rücksicht auf die Festsetzungen in den Anleihebedingungen durch das zuständige Amtsgericht erfolgen. Unter den gleichen Voraussetzungen kann das Gericht einen neuen Vertreter bestellen (§ 16 Abs. 4 SchVG).

F. Der Entwurf des Bundesjustizministeriums

Der vom Bundesjustizministerium vorgelegte Entwurf lehnt sich an die Regelungen des Schuldverschreibungsgesetzes an. Teilweise finden sich ähnliche Formulierungen. Hinsichtlich des in den Emissionsbedingungen bestellten „Vertragsvertreters" geht der Entwurf jedoch über die Regelungsdichte des Schuldverschreibungsgesetzes hinaus. In anderen Bereichen bleibt der Entwurf dagegen hinter den Regeln des Schuldverschreibungsgesetzes zurück. So wurden dem gewählten oder bestellten Vertreter keine im Falle seiner Bestellung von Gesetzes wegen bestehenden Befugnisse oder Funktionen zuerkannt. Des Weiteren wurden die Regeln des Schuldverschreibungsgesetzes zur Vermeidung von Interessenkonflikten in der Person des Vertreters nicht übernommen.

I. Wahl- und Vertragsvertreter

Das Schwergewicht der Regelungen des geltenden Schuldverschreibungsgesetzes liegt auf dem von der Gläubigerversammlung gewählten Vertreter. Das Gesetz nennt daneben zwar auch den in den Anleihebedingungen bestellten Vertragsvertreter. Dessen Funktion, Befugnisse

[29] Erste Novelle des Schuldverschreibungsgesetzes vom 14. 5. 1914, RGBl. I, S. 121.

und Rechtstellung werden jedoch fast ausschließlich der Vertragsgestaltung überlassen. Der Entwurf des Bundesjustizministeriums – und hier liegt dessen Verdienst – führt diesen Vertragsvertreter nunmehr mit dem Wahlvertreter in einer einheitlichen Regelung zusammen. Die vertragliche Vertretung von Anleihegläubigern erhielte erstmals eine solide gesetzliche Grundlage, was sich auf die Rechtssicherheit in der (internationalen) Vertragspraxis förderlich auswirken dürfte. Beide Vertreter haben die Interessen der Gläubiger zu wahren. Diese Aussage trifft das Schuldverschreibungsgesetz nicht ausdrücklich. Eine Klarstellung erscheint – jedenfalls für den Vertragsvertreter – sinnvoll. Beiden Vertretern sollen entweder in den Emissionsbedingungen oder per Gläubigerbeschluss die gleichen Befugnisse übertragen werden können. In § 795 e Abs. 1 BGB-E heißt es, dass in den Emissionsbedingungen ein gemeinsamer Vertreter bestellt oder die Bestellung eines solchen durch Beschluss der Gläubigerversammlung vorgesehen werden kann. Vermieden werden durch diese Alternativität die unter dem Schuldverschreibungsgesetz möglichen Konflikte aus dem Nebeneinander eines gewählten und eines in den Schuldverschreibungen bestellten Vertreters. Probleme bestehen nämlich dann, wenn beide Vertreter mit identischen Befugnissen ausgestattet werden. Nach § 16 Abs. 1 SchVG bleiben die Befugnisse und Verpflichtungen des Vertragsvertreters durch die Bestellung eines Wahlvertreters unberührt. Zwar ging die historische Kommentarliteratur gleichwohl unter Berufung auf § 20 SchVG von einem Primat des Wahlvertreters in Konfliktfällen aus.[30] Zwingend erscheint dies jedoch nicht. Zum einen spricht § 20 SchVG nur von den „gesetzlichen" Befugnissen des Wahlvertreters. Nur diese dürfen nach dem Wortlaut der Vorschrift durch vertragliche Regelungen nicht abbedungen werden. Zum anderen bedeutet dies im Ergebnis nichts anderes als einen nachträglichen Eingriff der Gläubigergesamtheit in die Vertragsbedingungen, der im Gesetz so nicht vorgesehen ist.

II. Der Gläubigervertreter als permanente Institution

In der Begründung zu § 795 e BGB-E heißt es, die Regelung stelle klar, dass ein gemeinsamer Vertreter der Gläubiger bereits vom Beginn der Laufzeit einer Anleihe an bestellt werden kann und nicht erst „wie im

30 *Göppert/Trendelenburg*, Gesetz betr. die gemeinsamen Rechte der Besitzer von Schuldverschreibungen, 2. Aufl., Berlin 1915, § 16, Anm. 3.

Schuldverschreibungsgesetz vorgesehen, in der Krise des Schuldners". Nun mag es faktisch in den wenigen Anwendungsfällen des Schuldverschreibungsgesetzes so gewesen sein, dass eine Gläubigerversammlung auch und gerade zum Zwecke der Wahl eines gemeinsamen Vertreters immer erst im unmittelbaren zeitlichen Vorfeld der Insolvenz des Schuldners zusammengetreten ist. Genannt seien etwa die spektakulären Fälle kommunaler Anleihen der Städte Frankfurt am Main, Köln und Dresden aus dem Jahr 1932. Diese Fälle bildeten den Anlass für die Ausdehnung des Anwendungsbereiches des Schuldverschreibungsgesetzes auf kommunale Anleihen durch die Notverordnung des Reichspräsidenten vom 24. September 1932. Zu Beginn der dreißiger Jahre des vergangenen Jahrhunderts war das Schuldverschreibungsgesetz in der Tat ein „Notstandsgesetz" geworden.[31] Der Intention des historischen Gesetzgebers und den Erwartungen, die zu Beginn des zwanzigsten Jahrhunderts an das Schuldverschreibungsgesetz geknüpft wurden, entsprach diese Reduzierung des Gesetzes jedoch keineswegs. Es herrschte ursprünglich vielmehr das Verständnis, dass sich die Gläubigervertretung nach dem Schuldverschreibungsgesetz als „regelmäßige Institution" etablieren werde.[32] So sollten die gesetzlichen (Kontroll-)Befugnisse des § 15 SchVG das permanente Monitoring des Schuldnerunternehmens durch einen Gläubigervertreter und nicht etwa nur die Reaktion auf bereits eingetretene Krisensituationen ermöglichen. Die Anwendungspraxis hat diese Erwartungen bekanntlich nicht erfüllt. Der aufwendige Prozess der Einberufung und Durchführung einer Gläubigerversammlung zum Zwecke der Vertreterwahl ohne ersichtliche unmittelbare Notwendigkeit in Gestalt einer Gefährdung von Gläubigeransprüchen mag hier prohibitiv gewirkt haben. Mit sehr viel weniger Aufwand verbunden ist allerdings die Einsetzung eines vertraglichen „ständigen Vertreters" der Anleihegläubiger. Insofern darf mit Spannung erwartet werden, ob und inwieweit sich der nunmehr im Entwurf des Bundesjustizministeriums ebenfalls im Detail geregelte Vertragsvertreter als permanente Institution entwickeln wird. Eine Änderung der Rechtswirklichkeit im Hinblick auf den gewählten Vertreter wird man auch von der beabsichtigten Neuregelung nicht erwarten dürfen.

31 Vgl. *Hallier*, HansRGZ 1932, Sp. 293 f.; *Quassowski/Schmölder* (Fn. 28), S. 4 f. Zu ersten Anwendungsfällen des Schuldverschreibungsgesetzes siehe auch *Beck*, Die Gläubigergemeinschaft bei Anleihensobligationen nach der Verordnung des Bundesrates vom 20. 2. 1918, Bern 1918, S. 19; *Heinemann*, JW 1933, S. 84.

32 Vgl. *Hecht*, DJZ 1889, S. 364, 367.

III. Befugnisse des Vertreters

Sowohl für den gewählten als auch für den in den Emissionsbedingungen bestellten Vertreter ist mit der Bestellung der Umfang seiner Befugnisse zu bestimmen. Die Rechtsmacht des Wahlvertreters ergibt sich aus einem entsprechenden Beschluss der Gläubigerversammlung, diejenige des Vertragsvertreters aus den Emissionsbedingungen. Dabei gilt jeweils ein identischer gesetzlicher Rahmen. Die Identität der gesetzlichen Rahmenbedingungen wirft die Frage auf, ob die Gläubigerversammlung künftig berechtigt ist, auch dem in den Emissionsbedingungen bestellten Vertragsvertreter, und zwar ohne Zustimmung des Schuldners, Befugnisse zu übertragen. Die Frage dürfte zu verneinen sein. Zwar könnte der Emittent den Gläubigern durch Regelung in den Emissionsbedingungen die Usurpation des von ihm eingesetzten Vertreters verwehren oder diesem selbst die Wahrnehmung einer entsprechenden Doppelfunktion ausdrücklich untersagen. Allerdings besteht bei einseitiger Begründung einer Doppelfunktion des vom Emittenten eingesetzten Vertreters durch die Gläubiger die Gefahr von Interessenkonflikten in dessen Person, so dass stets die Zustimmung des Emittenten hierzu erforderlich sein wird.[33] Des Weiteren lässt der gewählte Gesetzeswortlaut auf ein Exklusivitätsverhältnis von Wahl- und Vertragsvertreter schließen.

1. Eigene Zuständigkeiten

Hinsichtlich der möglichen Befugnisse des Vertreters geht der Entwurf des Bundesjustizministeriums im Übrigen davon aus, „dass der Vertreter zu den weniger wichtigen Entscheidungen berufen ist, während Entscheidungen von größerem Gewicht der Gläubigerversammlung vorbehalten sind“.[34] Exemplarisch sind einzelne Vereinbarungen aufgezählt, die der Vertreter mit Wirkung für alle Gläubiger mit dem Emittenten schließen kann. Die „eigenen“ Befugnisse des Vertreters können beinhalten:

- den Austausch von Sicherheiten gegen gleich- oder höherwertige Sicherheiten,

[33] So für die ähnlich lautende Regelung in Art. 1159 des schweizerischen Obligationenrechts *Zobl*, SZW/RSDA 1990, S. 129, 136.

[34] So die Begründung zu § 795 e Abs. 2 BGB-E.

- die Änderung der in den Emissionsbedingungen vorgesehenen Art der Bekanntmachung hinsichtlich der Schuldverschreibung,
- die Berichtigung offensichtlicher Unrichtigkeiten in den Emissionsbedingungen.[35]

Zweckmäßig erscheint es daneben, wie es dem Standard des Schuldverschreibungsgesetzes und teilweise der internationalen Anleihepraxis entspricht,[36] dem Gläubigervertreter Befugnisse im Zusammenhang mit der Gläubigerversammlung zu übertragen, etwa zur Vorbereitung und Einberufung von Versammlungen, die Ernennung des Vorsitzenden der Gläubigerversammlung und ein Recht zur Teilnahme. Die Aufnahme eines entsprechenden klarstellenden Hinweises in das Gesetz könnte sich auf eine entsprechende Standardisierung im Hinblick auf Gläubigerversammlungen förderlich auswirken.

2. Abgeleitete Befugnisse

Daneben kann der Vertreter zu den grundsätzlich der Zuständigkeit der Gläubigerversammlung überantworteten Entscheidungen ermächtigt werden. Es handelt sich insofern um „abgeleitete" Befugnisse. Hierzu bedarf er eines besonderen Beschlusses der Gläubigerversammlung, wobei die Ermächtigung zu besonders bedeutsamen Entscheidungen nur im Einzelfall erteilt werden kann. Diese Regelung in § 795 e Abs. 2 Satz 3 und 4 BGB-E gilt auch für den in den Emissionsbedingungen eingesetzten Vertreter. Auch der Vertragsvertreter ist insoweit auf die Mitwirkung einer Gläubigerversammlung angewiesen. Der einseitigen Gestaltung von Vertreterbefugnissen durch den Emittenten werden damit möglicherweise auch Grenzen gesetzt.

Nur mit Ermächtigung durch die Gläubigerversammlung im Einzelfall kann der Vertreter folgende Vereinbarungen mit dem Emittenten schließen:

- Teilweiser Verzicht auf die Hauptforderung,

[35] Der Zentrale Kreditausschuss (ZKA) hat in seiner Stellungnahme zum Entwurf des Bundesjustizministeriums die Ansicht vertreten, dass die Berichtigung offensichtlicher Unrichtigkeiten in den Emissionsbedingungen vom Aussteller selbst vorgenommen werden sollte, ohne dass es der Zustimmung eines Gläubigervertreters bedarf.

[36] *Hartwig-Jacob* (Fn. 4), S. 663 ff.

- Nachrang der Hauptforderung oder des Zinsanspruchs im Insolvenzverfahren,
- Ermäßigung des Zinssatzes,
- Bewilligung einer Stundung,
- Umwandlung des Anspruchs auf die Hauptleistung in Gesellschaftsanteile,
- Umtausch der Schuldverschreibung in andere Wertpapiere.

Eine generelle Ermächtigung durch die Gläubigerversammlung genügt hingegen für folgende Maßnahmen:

- Aufgabe von Sicherheiten,
- Schuldnerwechsel über die in § 795 a BGB-E genannten Fälle der zulässigen einseitigen Schuldnerersetzung (mindestens 90%iges Tochterunternehmen des Ausstellers) hinaus,
- Aufhebung oder Änderung von Nebenpflichten aus der Schuldverschreibung.

Eine derartige generelle Ermächtigung des Vertreters in bestimmten Angelegenheiten kennt das Schuldverschreibungsgesetz nicht. Vielmehr verlangt es in § 14 Abs. 3 für jede Maßnahme, die mit einem Verzicht auf Rechte der Gläubiger verbunden ist, also auch für die Zustimmung zum Austausch von Sicherheiten, stets einen Beschluss der Gläubigerversammlung im Einzelfall.

Zwar geht der Entwurf damit über das Schuldverschreibungsgesetz hinaus. Er bewirkt eine Stärkung der Position des Vertreters. Insbesondere im Zusammenhang mit dem Austausch von Sicherheiten liegt hierin eine wünschenswerte Erleichterung. Eine eigene Kompetenz zur Änderung von Anleihebedingungen in materiellen Fragen kann dem Vertreter jedoch auch nach dem neuen Entwurf nicht eingeräumt werden. Dies dürfte als allgemeine Wertung auch für sonstige wesentliche Regelungen in den Anleihebedingungen gelten, die nicht in der exemplarischen Aufzählung enthalten sind. Insofern zementiert der Entwurf, was internationalem Standard entspricht. Auch hierin liegt sein Verdienst. Insgesamt bewirkt die nunmehr vorgenommene Kompetenzabgrenzung eine genauere Definition oder gar Eingrenzung der Befugnisse eines vertraglich eingesetzten Anleihevertreters und damit des unter dem § 16 SchVG bestehenden vertraglichen Gestaltungsspielraums.

3. Gesetzliche Befugnisse?

Besondere gesetzliche Informations- und Kontrollrechte gegenüber dem Emittenten sieht der Entwurf des Bundesjustizministeriums nicht vor. Die etwa in § 15 SchVG genannten Befugnisse[37] können zwar dem Vertrags-, möglicherweise auch dem Wahlvertreter, in den Emissionsbedingungen durch den Emittenten eingeräumt werden. Grundsätzlich ist der Vertreter aber auf allgemein zugängliche Quellen (Finanzpresse, Geschäftsberichte) oder die Dienste professioneller Berater (Analysten, Rechtsanwälte) angewiesen. Besondere Kontrollrechte mögen insbesondere entbehrlich sein, wenn die Vertreterfunktion von der (wohlinformierten) Haus- oder Emissionsbank wahrgenommen wird. Auch ist die Transparenz am Kapitalmarkt heute eine andere als bei Inkrafttreten des Schuldverschreibungsgesetzes. Verwiesen sei nur auf § 15 WpHG. Der Teilnahme an Gesellschafterversammlungen kommt heute nicht mehr dieselbe Bedeutung zu wie vor 100 Jahren. Den Aktionären eines Unternehmens zur Verfügung zu stellende Unterlagen, wie Jahresabschlüsse, Geschäftsberichte etc., sind – etwa im Internet – frei zugänglich. Es besteht keine Veranlassung, Anleihegläubiger „besser" zu behandeln als etwa Aktionäre. Des Weiteren wird eine Verbreiterung der Informationsbasis, die aus Sicht des Emittenten eine Ausdehnung von Informationspflichten bedeutet, die Akzeptanz der (freiwilligen) gesetzlichen Regelung auf Emittentenseite nicht befördern. Zu befürchten wäre des Weiteren, bezogen auf den Gesamt-Kapitalmarkt, eine wenig wünschenswerte Ungleichbehandlung von Anlegern mit und ohne Anleihevertreter.

IV. Ausschluss singulärer Rechtsverfolgung

1. „Verdrängende Vollmacht"

Was die (konkurrierende) singuläre Rechtsverfolgung durch Einzelgläubiger anbelangt, so enthält der Entwurf in § 795 e Abs. 3 BGB-E folgende Regelung:

„Soweit der Vertreter zur Kündigung der Schuldverschreibung sowie zur gerichtlichen und außergerichtlichen Geltendmachung von Rechten der Gläubiger ermächtigt ist, kann die Befugnis der einzelnen Gläubiger zur selbständigen Kündigung sowie Geltendmachung aus-

[37] Siehe oben E.II.

geschlossen werden, sofern gleichzeitig bestimmt wird, dass die Befugnis der Gläubiger wieder auflebt, wenn der Vertreter pflichtwidrig nicht binnen angemessener Frist tätig geworden ist."

Überwunden wird damit durch spezialgesetzliche Anordnung das grundsätzliche Verbot der verdrängenden Vollmacht. Da auch die Wiederherstellung individueller Rechtsmacht des Beschlusses der Gläubigerversammlung bedarf, kommt der vorgesehene Mechanismus für den Einzelgläubiger in seiner Wirkung einer unwiderruflichen verdrängenden Vollmacht nahe. Dabei ist ein notwendiger Sicherungsmechanismus für den Fall des Versagens des Vertreters vorgesehen.

Eine ähnliche Regelung enthält § 14 Abs. 2 SchVG für den Wahlvertreter. Allerdings wird dort die Kündigung der Schuldverschreibung nicht ausdrücklich erwähnt. Durch das Zusammenführen von Wahl- und Vertragsvertretung im vorliegenden Entwurf wird klargestellt, dass auch in den Emissionsbedingungen eine entsprechende Beschränkung der Anleihegläubiger erfolgen kann. Auch diese Regelung ist zu begrüßen. Der Vertragsvertreter wird einem „echten" Vollrechtstreuhänder auch hinsichtlich der Rechte aus der Schuldverschreibung selbst angenähert.

2. Kündigung durch den Vertreter

Bei anglo-amerikanischem Recht unterstehenden Anleihen ist regelmäßig vorgesehen, dass das Recht zur Kündigung der Anleihe bei Verzugseintritt ausschließlich dem *trustee* zusteht.[38] Die individuelle Ausübung des Kündigungsrechts wird in sog. *no-action-clauses* ausgeschlossen. Regelmäßig hat der *trustee* das Recht, nicht aber Pflicht zur Ausübung des Kündigungsrechts. Außer im Falle der Nichtzahlung fälliger Beträge wird dem *trustee* ein weiter Entscheidungsspielraum eingeräumt. Der Vorteil des Ausschlusses individueller Kündigungsrechte zu Gunsten einer Gesamtkündigung liegt vor allem im Schutz vor übereilten Reaktionen der Einzelgläubiger, die andere Gläubigergruppen des Emittenten verunsichern und zu einer Aktivierung der in anderen Finanzierungsverträgen des Emittenten vereinbarten Drittverzugsklauseln führen könnten (*„race to the courthouse door"*). Der Vorteil einer Zentralisierung entsprechender Befugnisse manifestiert sich insbesondere bei Leistungsstörungen vorübergehender oder technischer Natur, aus denen sich kein unmittelbarer materieller Schaden für die Anleihegläubiger ergibt. Des Weiteren rechtfertigt sich ein Ausschluss der Einzelgläubiger mit

[38] *Bosch* (Fn. 9), Rn. 10/200.

dem Interesse an rascher und effektiver Geltendmachung von Rechten.[39] Die individuelle Durchsetzung von Gläubigerrechten führt zu einer Aufsplitterung von Klagen verbunden mit höherem Aufwand und höheren Kosten.

Was bei den einer anglo-amerikanischen Rechtsordnung unterliegenden Anleiheemissionen zu den Standardformulierungen zählt, nämlich, dass die Ausübung des Kündigungsrechts dem *trustee* vorbehalten ist, findet sich bei deutschem Recht unterstehenden internationalen Anleihen üblicherweise nicht. Die Ausübung des Kündigungsrechts bei Eintritt eines Verzugstatbestands bleibt den Anleihegläubigern überlassen.[40] Das Kündigungsrecht ist nach deutscher Zivilrechtsdogmatik dem einzelnen Anleihegläubiger als Forderungsinhaber ausschließlich zugeordnet und nicht ohne weiteres übertragbar.[41] Dies macht eine spezialgesetzliche Regelung, wie sie nunmehr im Entwurf des Bundesjustizministeriums vorgesehen ist, erforderlich.

Nun stößt die ausschließliche Übertragung der Geltendmachung sämtlicher Kündigungsgründe, d. h. auch des Rechts zur vorzeitigen Fälligstellung bei Nichtzahlung von Hauptleistung oder Zinsen oder deren Abhängigmachung vom Erreichen einer Mindestquote von Gläubigerkündigungen auf rechtliche Bedenken.[42] Diesen misst der Entwurf des Bundesjustizministeriums offensichtlich erhebliche Bedeutung bei. Denn einerseits ist in § 795 Abs. 3 BGB-E der Ausschluss des individuellen Kündigungsrechts sogar ohne Mitwirkung der Gläubigerversammlung, d. h. allein auf Grund einseitiger Festsetzung durch den Emittenten, zulässig. Andererseits ist aber an anderer Stelle bestimmt, dass die Emissionsbedingungen ein Recht des einzelnen Gläubigers zur Kündigung der Schuldverschreibung aus wichtigem Grund im Falle der Nichtzahlung von Hauptleistungen oder Zinsen nicht ausschließen dürfen (§ 795 d Satz 1 BGB-E). Für andere Kündigungsrechte nach Maßgabe der Emissionsbedingungen kann – neben dem Ausschluss der Individualkündigung – als „milderes Mittel" bestimmt werden, dass die Kündigung erst wirksam wird, wenn für einen bestimmten Mindestanteil von höchstens 25% am Gesamtnennbetrag der Schuldverschreibung die Kündigung erklärt worden ist (§ 795 d Satz 2 BGB-E). Insgesamt liegt dem Entwurf

39 *Horn* (Fn. 23), S. 434.
40 *Hartwig-Jacob* (Fn. 4), S. 651, m. w. N.
41 Siehe oben D.II.
42 *Stucke* (Fn. 1), S. 82. Einschränkend *Siebel* (Fn. 4), S. 566.

des Bundesjustizministeriums im Zusammenhang mit der individuellen Kündigung ein dreistufiges Konzept zugrunde: Die individuelle Kündigung bei Verletzung von Kardinalpflichten kann nicht ausgeschlossen oder beschränkt werden. In sonstigen Fällen können die Emissionsbedingungen Mindestquoten oder aber den völligen Ausschluss der individuellen Kündigung vorsehen.

V. Abberufung und Ersetzung des Vertragsvertreters

Eine Modifikation des Modells des Schuldverschreibungsgesetzes stellt die im Entwurf des Bundesjustizministeriums vorgesehene Regelung über die Abberufung des Vertreters dar. Danach kann sowohl der gewählte als auch der vertraglich eingesetzte Vertreter jederzeit von der Gläubigerversammlung abberufen werden. Für den Wahlvertreter ist dies selbstverständlich, nicht jedoch für den in Emissionsbedingungen bestellten Vertreter. Ohne eine entsprechend Regelung wäre eine Abberufung des Vertragsvertreters nur bei Zustimmung aller Gläubiger und des Emittenten möglich. § 14 Abs. 6 SchVG findet bereits wegen der erforderlichen Mitwirkung des Emittenten keine entsprechende Anwendung.[43] Die Abberufung des Vertragsvertreters durch die Gläubigerversammlung bedeutet einen einseitigen Eingriff in das Vertragsverhältnis. Das Schuldverschreibungsgesetz lässt einen solchen bislang nur bei Vorliegen eines wichtigen Grundes und auf gerichtliche Anordnung zu.[44]

Nicht geregelt wird hingegen die Ersetzung eines abberufenen Vertragsvertreters. Nach dem Schuldverschreibungsgesetz kann das Gericht auf Antrag nach der gerichtlichen Abberufung des alten Vertreters auch einen neuen Vertreter bestellen.[45] Eine entsprechende Regelung ist im vorliegenden Entwurf nicht enthalten. Sie wäre auch nicht wünschenswert. Dringend anzuraten ist es insofern dem Emittenten, die Nachfolge eines abberufenen Vertragsvertreters – mit oder ohne Beteiligung einer Gläubigerversammlung – in den Emissionsbedingungen zu regeln.[46] Da der Entwurf eine § 16 Abs. 3 SchVG entsprechende Bestimmung nicht enthält, kann andernfalls nur ein Wahlvertreter bestellt werden, dessen

43 *Ansmann* (Fn. 19), § 16, Anm. 16.
44 Siehe oben E.II.
45 Siehe oben E.II.
46 Zu den möglichen Gestaltungen einer Nachfolgeregel siehe *Ansmann* (Fn. 19), § 16, Anm. 18.

Befugnisse im Bestellungsbeschluss ohne Mitwirkung des Emittenten neu festgelegt werden. Es handelt sich hierbei dann nicht um einen bloßen Austausch von Personen. Zwar ist es der Gläubigerversammlung unbenommen, die vertraglichen Festsetzungen zu „übernehmen", zwingend ist dies jedoch nicht. Erinnert sei daran, dass auch das Schuldverschreibungsgesetz sich ursprünglich für den Fall des „Wegfalls" des Vertragsvertreters darauf verlassen hatte, dass in den Anleihebedingungen entsprechende Vorsorge getroffen wird. Gegenstand der ersten Ergänzung des Gesetzes war dann allerdings 1914 eine Regelung, die die Gläubigerversammlung ermächtigt, mit Dreiviertelmehrheit der Ernennung eines Ersatzvertreters durch den Schuldner zuzustimmen.[47]

G. Offene Fragen

I. Person des Vertreters und Interessenkonflikte

Der Entwurf des Bundesjustizministeriums enthält keine Anforderungen an die Person des Vertreters. Von der Gläubigerversammlung bestellt oder vom Emittenten in den Emissionsbedingungen als Vertreter eingesetzt werden könnte danach, außer dem Schuldner selbst, jedermann, d. h. neben unabhängigen Wirtschaftsprüfern etwa auch die Emissionsbank, der Konsortialführer oder die Hausbank des Emittenten. So entspricht etwa die Bestellung des Konsortialführers zum (Sicherheiten-) Treuhänder der gängigen Praxis bei deutschem Recht unterstehenden Anleihen. Kreditinstitute wählen etwa als Anleihetreuhänder der emittierenden ausländischen Mutterbank die inländische Hauptzahlstelle und Tochterbank. Soweit ersichtlich, sind Schädigungen von Anlegern auf Grund von Interessenkonflikten in der Person des Treuhänders bislang nicht zu verzeichnen gewesen. Bei den Anleihevertretern nach dem Modell des vorliegenden Entwurfs soll es sich jedoch um Vertretungspersonen mit sehr viel weiteren Befugnissen als dem bloßen Sicherheitentreuhänder handeln.

In der Person des Anleihetreuhänders laufen vielfache und möglicherweise divergierende Interessen zusammen, wenn er gleichzeitig als Hauptzahlstelle, führendes Emissionshaus und Hausbank fungiert. Er

47 Siehe oben E.II.

befindet sich in einem ständigen – zumindest potentiellen – Interessenkonflikt. Zum einen bestehen vertragliche Beziehungen des Konsortialführers zum Emittenten. Diese sind nach Abschluss der Emission nicht beendet, sofern der Konsortialführer während der Gesamtlaufzeit der Anleihe mit der Kurspflege und der Erledigung des Zahlungsdienstes beauftragt wird. Daneben können wirtschaftliche Beziehungen oder Abhängigkeiten eine Rolle spielen. Dies gilt insbesondere dann, wenn es sich beim Konsortialführer um die Hausbank des Emittenten handelt, zu der Kreditbeziehungen bestehen. Denkbar sind daneben personelle und kapitalmäßige Verflechtungen. Letztere können insbesondere dann bestehen, wenn es sich beim Konsortialführer um die Tochter- oder Schwestergesellschaft einer ausländischen Bank oder die deutsche Muttergesellschaft eines ausländischen Emittenten handelt. Zum anderen unterliegen sowohl der gewählte als auch der in den Emissionsbedingungen bestellte Vertreter Bindungen gegenüber den Anleihegläubigern, die etwa Interessen der Hausbank im Zusammenhang mit anderen Kreditengagements entgegenlaufen können. Genannt sei nur eine mögliche Konkurrenz um bestimmte Sicherheiten des Schuldners. Namentlich in der Krise ist nicht auszuschließen, dass die Interessen des Emittenten und der Anleihegläubiger sich nicht decken. Dann besteht die latente Gefahr, dass durch das Eingreifen eines Vertreters oder Treuhänders zu Gunsten einer Partei Interessen der anderen Partei verletzt werden.[48] Andererseits ist nicht ausgeschlossen, dass der Konsortialführer als Anleihevertreter eigene Interessen verfolgt. Dies ist namentlich dann denkbar, wenn er selbst Papiere aus der betreffenden Emission im eigenen Bestand hält oder in Kundendepots mit Vermögensverwaltungsauftrag. In diesen Fällen nimmt er bis zu einem gewissen Grad auch Eigeninteressen wahr.[49]

Vor diesem Hintergrund erscheint fraglich, ob die Sicherstellung von Neutralität und Loyalität des Vertreters allein der disziplinierenden Wirkung des Marktes überlassen bleiben kann. Dies gilt insbesondere für den vom Emittenten in den Emissionsbedingungen eingesetzten Vertreter, auf dessen Auswahl die (späteren) Anleger keinen Einfluss haben. Zu fragen ist vielmehr, ob nicht das Gesetz ein entsprechendes Signal an den Kapitalmarkt setzen sollte. Zwar enthält der Entwurf des Bundesjustizministeriums in Gestalt der jederzeitigen Abberufungsmöglichkeit auch des Vertragsvertreters durch eine Gläubigerversammlung einen gewissen disziplinierenden Mechanismus. Entsprechende Wirkung wird von ei-

48 Vgl. *Hopt* (Fn. 7), S. 347; *ders.* (Fn. 11), Rn. 261.
49 Vgl. *Daeniker*, Anlegerschutz bei Anleiheobligationen, Zürich 1992, S. 127.

nem Haftungsrisiko des Vertreters ausgehen.[50] Beide Mechanismen wirken unmittelbar jedoch nur ex post. Eine stärkere Signalwirkung würde von einer ex ante wirkenden Regelung von Interessenkonfliktsituationen ausgehen.

Auch das Schuldverschreibungsgesetz enthielt in seiner ursprünglichen Fassung keine Regelung zum Ausschluss von Interessenkonflikten in der Person des Vertreters. Ausgeschlossen war lediglich der Emittent selbst.[51] Die frühe Anwendungsgeschichte des Schuldverschreibungsgesetzes hatte dann aber doch Missstände zu verzeichnen, die zur Schädigung von Gläubigerinteressen geführt haben.[52] Als Reaktion wurde 1932 die Regelung des § 14 a SchVG eingeführt.[53] Hintergrund der Regelung war allerdings auch der gleichzeitig erfolgte Ausbau der Kontrollkompetenzen des Vertreters in § 15 Abs. 3 SchVG. Derartige Kontrollrechte sieht der Entwurf des Bundesjustizministeriums nicht vor. Neben Organmitgliedern des Schuldners ist nach § 14 Abs. 1 Nr. 2 SchVG etwa die Hausbank des Emittenten von der Vertreterfunktion ausgeschlossen.[54] Nach der – weit auszulegenden[55] – Generalklausel des § 14 a Abs. 1 Nr. 3 SchVG, wonach als Vertreter nicht bestellt werden kann, „auf wen der Schuldner oder ein Gläubiger des Schuldners maßgeblichen Einfluss hat", dürfte die Wahl der Emissionsbank oder des Konsortialführers Schwierigkeiten bereiten. Dennoch wurde und wird die Regelung des § 14 a SchVG als unzureichend angesehen.[56] Zum einen hat ein Verstoß nicht die Ungültigkeit des Wahlaktes zur Folge, sondern gibt lediglich einer 20%igen Gläubigerminderheit ein Widerspruchsrecht. Über den Widerspruch entscheidet das zuständige Amtsgericht. Zum anderen ist die Regelung als bloße Sollvorschrift ausgestaltet. Die Sinnhaftigkeit von Sollvorschriften im Zivilrecht ist bekanntlich zweifelhaft.

Sehr viel weiter geht etwa der US-amerikanische Trust Indenture Act von 1939. In der ursprünglichen Fassung des sect. 310 (b) des Trust Indenture Act wurden neun Konfliktsituationen beschrieben, nach deren Eintritt der *trustee* sein Amt niederzulegen hatte. Dabei wurde nicht danach

50 Dazu unten II.
51 *Koenige* (Fn. 25), § 14, Rn. 2.
52 *Quassoswki/Schmölder* (Fn. 28), S. 35.
53 Siehe oben E. I.
54 *Quassoswki/Schmölder* (Fn. 28), S. 37.
55 *Ansmann* (Fn. 19), § 14 a, Anm. 2; *Quassoswki/Schmölder* (Fn. 28), S. 36.
56 *Ansmann* (Fn. 19), § 14 a, Anm. 1 und 7 ff.; *Bernstein*, Über Obligationärsvertretung, Berlin 1936, S. 36; *Hopt* (Fn. 11), Rn. 262.

unterschieden, ob Konfliktsituationen vor oder nach dem Eintritt eines *default* des Emittenten eingetreten sind. Nach einer 1990 erfolgten Änderung der Bestimmung ist der *trustee* zu einer Amtsniederlegung nur noch dann verpflichtet, wenn die Konfliktsituation erst nach Eintritt von *default* des Emittenten entstanden ist. Hierzu zählen etwa die Übernahme von Schuldverschreibungen der entsprechenden Anleihe als *underwriter* durch den *trustee*, das Tätigwerden als *trustee* bei mehreren Emissionen des Emittenten, gegenseitige kapitalmäßige Kontrolle von Emittent und *trustee* etc. Seit der 1990 erfolgten Änderung gilt auch das eigene Halten von Schuldverschreibungen der betreffenden Emissionen durch den *trustee* als Konfliktsituation. Tritt in der Person des *trustee* eine der beschriebenen Konfliktsituationen ein, so ist dieser verpflichtet, innerhalb einer Frist von 90 Tagen sein Amt niederzulegen, falls der *default*-Grund nicht innerhalb dieser Zeit überwunden wird.[57]

Die strengeren Bestimmungen des US-amerikanischen Rechts – insbesondere hinsichtlich der Überprüfung und Rechtsfolgen – mögen damit erklärt werden, dass der *trustee* des US-amerikanischen Rechts eine stärkere Stellung einnimmt als der Gläubigervertreter nach dem Schuldverschreibungsgesetz. Des Weiteren wird er nicht von den Anleihegläubigern gewählt, sondern einseitig vom Emittenten in vorformulierten Vertragsbestimmungen bestimmt. Hinsichtlich eines gewählten Vertreters haben die Gläubiger es selbst in der Hand, Interessenkonflikten in dessen Person entgegenzuwirken. Der Wahlvertreter besitzt gegenüber den Gläubigern eine größere Legitimationsbasis als der Vertragsvertreter.

Für den vorliegenden Entwurf, der nicht nur den von der Gläubigerversammlung gewählten Vertreter, sondern auch den in den Emissionsbedingungen festgesetzten Vertreter betrifft, folgt daraus die Frage nach einer Differenzierung oder Abstufung: Für den von der Gläubigerversammlung gewählten Vertreter ist eine generalklauselartige Regelung oder eine Regelung in Anlehnung an § 14 a Abs. 1 SchVG denkbar. Für den in den Emissionsbedingungen bestellten Vertreter scheint hingegen eine positive Umschreibung der in Betracht kommenden Vertretungspersonen (etwa unabhängige Wirtschaftsprüfungsgesellschaften oder

[57] Vgl. hierzu auch *Siebel* (Fn. 4), S. 545. Zum englischen Recht siehe *Hartwig-Jacob* (Fn. 4), S. 599 f. Das Fehlen gesetzlicher Regelungen im englischen Recht lässt sich möglicherweise dadurch erklären, dass die an der Emission beteiligten Banken regelmäßig nicht die Rolle des *trustee* übernehmen und im Übrigen das allgemeine Trustrecht ein hinreichendes Instrumentarium zur Vermeidung von Konfliktsituationen bietet.

mit dem Emittenten bislang nicht in Geschäftsbeziehungen stehende Kreditinstitute) erwägenswert. Einer klaren Regelung bedürften daneben die Rechtsfolgen auch des nachträglichen Eintritts von Interessenkonflikten.

II. Haftung

Im Entwurf des Bundesjustizministeriums nicht angesprochen ist die Frage der Haftung des Vertreters gegenüber den Anleihegläubigern. Auch das Schuldverschreibungsgesetz schweigt hierzu. Die Haftungsfrage steht im Zusammenhang mit der Frage, ob und in welchem Umfang in den Emissionsbedingungen oder im Gesetz Anforderungen an die Person des Vertreters gestellt werden. Je geringer diese sind, desto strenger muss das Haftungsregime ausgestaltet sein. Umgekehrt formuliert: Haftungserleichterungen oder -beschränkungen zu Gunsten des Vertreters setzen eine Regelung zum Ausschluss von Interessenkonflikten voraus. Ohne Regelung von Konfliktsituationen ist eine Freizeichnung des Anleihevertreters oder Anleihetreuhänders von der Haftung gegenüber den Anleihegläubigern schwer vorstellbar. Ohne Haftungsbeschränkung wiederum wird niemand zur Übernahme der Vertreterfunktion bereit sein, so dass eine Regelung von Interessenkonflikten umso dringlicher ist.

Die Frage der Haftung des Vertreters gegenüber den Anleihegläubigern wird sich regelmäßig nur dann stellen, wenn die Anleihe notleidend geworden ist. Fallen die Anleihegläubiger ganz oder teilweise aus, können sich Haftungstatbestände aus der Nichterfüllung von Verpflichtungen zur Erteilung von Auskünften oder Weiterleitung von Informationen ergeben sowie namentlich bei pflichtwidrigem Untätigbleiben. Haftungsgrundlage und -maßstab sind in deutschen Recht Geschäftsbesorgungs- oder Auftragsrecht (§§ 675, 611 ff., 662, 664 i. V. m. §§ 280, 276, 278 BGB). Sowohl der gewählte als auch der in den Emissionsbedingungen eingesetzte Vertreter haben im Außenverhältnis die Stellung eines gemäß § 164 BGB Bevollmächtigen der Anleihegläubiger.[58] Im Innenverhältnis liegt ein Geschäftsbesorgungs- oder Auftragsverhältnis vor, sei es in Gestalt einer unmittelbaren Vertragsbeziehung zwischen Treuhänder und Anleihegläubiger, sei es im Wege der Drittberechtigung der

[58] Siehe oben E. I. zum Gläubigervertreter nach §§ 14 ff. SchVG; *Stucke* (Fn. 4), S. 191 ff., zum Vertragsvertreter.

Anleihegläubiger nach § 328 BGB. Sofern es sich um Kreditinstitute oder Wirtschaftsprüfungsgesellschaften handelt, ist regelmäßig der Haftungsmaßstab des § 347 HGB maßgeblich. Geschuldet wird die Sorgfalt eines ordentlichen Kaufmanns.

In der internationalen Anleihepraxis wird die Haftung eines Anleihetreuhänders in Treuhandverträgen, *trust deeds* und *indentures* sowie Anleihebedingungen regelmäßig eingeschränkt. Dies ist aus Sicht des Treuhänders deswegen berechtigt, da die übliche Vergütung in keinem Verhältnis zum übernommenen Risiko steht.[59] Wie in verschiedenen Stellungnahmen zum vorliegenden Entwurf des Bundesjustizministeriums vorgeschlagen, sollte – zumindest durch entsprechende Klarstellung in der Gesetzesbegründung – sichergestellt werden, dass die Haftung des gemeinsamen Vertreters beschränkt werden kann. Andernfalls besteht die Gefahr, dass die drohenden Haftsummen sich prohibitiv auf die Übernahme einer entsprechenden Funktion auswirken. Wegen der immensen Haftsummen dürften auch Versicherungen keine Lösung bieten. Überlegenswert erscheinen folgende Regelungen:

- Ausdehnung von Entscheidungsspielräumen des Vertreters oder nähere Bestimmung des Maßes der jeweils anzuwendenden Sorgfalt.[60]

- Beschränkung der Haftung des Vertreters auf Vorsatz und grobe Fahrlässigkeit.[61] Voraussetzung ist allerdings, dass Untätigkeit des Vertreters nicht stets als leichte oder einfache Fahrlässigkeit gilt.

- Summenmäßige Beschränkung der Haftung für leichte oder einfache Fahrlässigkeit.[62] Denkbar ist die Beschränkung entweder auf eine absolute Summe oder bezogen auf das Volumen der Anleihe oder die an den Vertreter zu zahlende Vergütung. Unter Kompensationsgesichtspunkten ist eine beschränkte Fahrlässigkeitshaftung allerdings wenig geeignet. Sie müsste zu Kompensationszwecken in einer prohibitiv wirkenden Größenordnung angesetzt werden. Anders verhält es sich, wenn die Haftung für leichte und/oder einfache Fahrlässigkeit ausschließlich Präventionszwecken dienen soll.

59 *Siebel* (Fn. 4), S. 566.
60 Dazu *Horn* (Fn. 23), S. 353; *Siebel* (Fn. 4), S. 570.
61 So ein Vorschlag des Zivilrechtsausschusses des DAV zum aktuellen Entwurf.
62 Vorgeschlagen von der Deutschen Bundesbank und dem Zivilrechtsausschuss des DAV zum aktuellen Entwurf.

– Beschränkung der Haftung für eingeschaltete Dritte (etwa Wirtschaftsprüfer oder Rechtsanwälte) auf Auswahlverschulden.[63]

III. Vergütung

Nicht angesprochen ist im Entwurf des Bundesjustizministeriums, anders als im Schuldverschreibungsgesetz, die Frage der Vergütung der Tätigkeit des Vertreters. Für den in den Emissionsbedingungen bestellten Vertragsvertreter dürfte dies auch entbehrlich sein. Soweit ersichtlich, erfolgt die Vergütung eines in den Anleihebedingungen eingesetzten oder in Bezug genommenen Anleihevertreters oder Anleihetreuhänders regelmäßig durch den Emittenten. Dies schließt abweichende Vereinbarungen im Einzelfall, d. h. eine „Umlage" der Treuhänderkosten auf die Gläubiger oder die Einforderung von Kostenvorschüssen, nicht aus.[64] Anders mag es sich bei einem von den Gläubigern per Beschluss bestellten Vertreter verhalten. In das Schuldverschreibungsgesetz wurde 1932 eine Regelung aufgenommen, wonach dessen Aufwendungen und „angemessene" Vergütung stets vom Emittenten zu tragen sind.[65] Angezeigt erscheint eine entsprechende gesetzliche Klarstellung für den Fall, dass die Emissionsbedingungen keine Regelung vorsehen.

H. Zusammenfassung

Die bestehenden Funktionsdefizite und Unsicherheiten aus dem deutschen Recht der Anleihetreuhand machen eine spezialgesetzliche Regelung erforderlich. Die Fortentwicklung der Prinzipien des Schuldverschreibungsgesetzes unter Einbeziehung des Vertragsvertreters als dem deutschen Funktionsäquivalent zum *trustee* des anglo-amerikanischen Rechts ist hierfür der richtige Weg. Sollte der Entwurf umgesetzt werden – was ihm zu wünschen ist – dürfte das Schwergewicht auf dem in den Emissionsbedingungen bestellten Vertreter liegen. Seine Installierung ist weniger aufwendig und für den Emittenten möglicherweise mit weniger Unwägbarkeiten verbunden als ein von den Gläubigern gewählter Ver-

63 Beispiel bei *Hartwig-Jacob* (Fn. 4), S. 669, Fn. 615.
64 Vgl. das bei *Than* (Fn. 4), S. 525, Fn. 12, wiedergegebene Beispiel.
65 Siehe oben E. I.

treter. Im weiteren Gesetzgebungsverfahren sollten jedoch insbesondere folgende Aspekte in die Überlegungen mit einbezogen werden:

- Flexibilisierung der akzessorischen Sicherheiten dergestalt, dass sie auf die Person eines Vertreters zentralisiert werden können (in Anlehnung an den Vorschlag des DAV von 1996),
- Regelung des Verfahrens zum Ersatz des in den Emissionsbedingungen eingesetzten Vertreters unter Mitwirkung der Gläubigerversammlung (in Anlehnung an § 16 Abs. 3 SchVG),
- Regelung zum Ausschluss von Interessenkonflikten namentlich in der Person des Vertragsvertreters,
- Beschränkung der Haftung des Vertreters gegenüber den Anleihegläubigern.

Rechtsfragen der Restrukturierung, insbesondere der Ersetzung des Schuldners

Dr. Georg Maier-Reimer

Gliederung

I. Restrukturierung des Schuldners
   A. Restrukturierungsmöglichkeiten
   B. Gefährdungslagen
   C. Rechtsfolgen
II. Schuldnerersetzung
   A. Voraussetzungen
   B. Durchführung des Schuldnerwechsels

Bei dem Thema geht es um Fragen, die sich stellen, wenn der Schuldner restrukturiert wird oder ersetzt werden soll. Die beiden Teile des Themas ergänzen sich. Im Falle der Restrukturierung ändert sich an der Identität des Schuldners nichts, aber der Schuldner verändert möglicherweise seine wirtschaftlichen Charakteristika. Genau umgekehrt ist es typischerweise in den Fällen, für die eine Schuldnerersetzung zulässig sein sollte: Die Identität des Schuldners ändert sich, wirtschaftlich soll sich aber für die Anleihegläubiger nichts oder fast nichts ändern. Der Entwurf des Gesetzes zur Novellierung des Schuldverschreibungsrechts behandelt nur das letztere Thema, nämlich die Voraussetzungen einer Schuldnerersetzung. Den ersten Teil des Themas, die Restrukturierung des Schuldners, behandelt er nicht. Das ist nicht weiter verwunderlich. Denn zu einer Schuldnerersetzung kann es nur kommen, wenn und soweit sie entweder unmittelbar durch das Gesetz oder durch die Emissionsbedingungen oder durch einen Beschluß der Gläubigerversammlung zugelassen wird. Die Restrukturierung eines Schuldners vollzieht sich außerhalb der Emissionsbedingungen und kann und braucht von diesen nicht zugelassen zu werden. Es stellt sich bei der Restrukturierung des Schuldners vielmehr die Frage, ob und wie die Emissionsbedingungen darauf reagieren, ob, mit anderen Worten, die Restrukturierung Rechtsfolgen für die Beziehungen zwischen Schuldner und Gläubiger hat.

Ich werde mich im folgenden zunächst mit dem Thema der Restrukturierung des Schuldners und dann mit seiner Ersetzung befassen. Bei der Schuldnerersetzung geht es wiederum um zwei Fragen, nämlich einmal darum, unter welchen Voraussetzungen die Schuldnerersetzung zulässig ist, und zum anderen darum, wie sie sich rechtstechnisch vollzieht.

I. Restrukturierung des Schuldners

A. Restrukturierungsmöglichkeiten

1 Mit einer Restrukturierung des Schuldners ist hier eine Umgestaltung des Schuldners gemeint, die seine rechtliche Struktur betrifft. Wirtschaftliche Änderungen, etwa die Änderung der Geschäftstätigkeit durch Aufgabe bestehender oder die Aufnahme neuer Arbeitsbereiche, Erwerb oder Veräußerung von Beteiligungsgesellschaften und dergleichen, haben zwar wirtschaftlich oft ähnliche oder sogar gewichtigere Folgen, stehen indessen außerhalb des Themas. Mit einer Änderung der rechtlichen Struktur sind im wesentlichen Vorgänge der Art gemeint, wie sie für deutsche Unternehmen im Umwandlungsgesetz geregelt sind. Es geht also vor allem um:

- den Formwechsel,
- Verschmelzungen,
- Spaltungsvorgänge.

Ist bei einer Verschmelzung der ursprüngliche Schuldner übertragender Rechtsträger, so ändert sich zwar die Identität des Schuldners. Der Wechsel tritt aber durch Gesamtrechtsnachfolge ein. Deshalb behandle ich diesen Vorgang nicht als Schuldnerersetzung, sondern als einen Fall der Restrukturierung. Die wirtschaftlichen Folgen der Verschmelzung sind im übrigen nicht davon abhängig, welcher Beteiligte der übertragende und welcher der übernehmende Rechtsträger ist, oder ob (im Fall der Verschmelzung zur Neugründung) beide Beteiligten übertragende

Rechtsträger sind. Ich behandle deshalb alle diese Fälle ohne weitere Unterscheidung gleich.

2 Restrukturierungen könnten auch ohne das Instrumentarium des Umwandlungsgesetzes durch Transaktionen erfolgen, die im Wege der Einzelrechtsnachfolge verwirklicht werden. Dabei würde es sich, sieht man von bloßen Änderungen des Tätigkeitsgebietes ab, um Fälle handeln, bei denen auch ein Schuldnerwechsel erforderlich ist. Sie gehören daher in den zweiten Teil des Themas. Wenn Schuldner ein ausländisches Unternehmen ist, ist das Umwandlungsgesetz natürlich nicht unmittelbar anwendbar. Das Umwandlungsgesetz dient mir im folgendem vor allem als Modell für die Darstellung von Restrukturierungsvarianten, möglicher Auswirkungen für Gläubiger und der Reaktion des Rechts auf solche Auswirkungen.

3 Für die Gläubiger der Schuldverschreibungen ist das Thema der Restrukturierung des Schuldners nur unter einem Aspekt interessant, dem Aspekt nämlich, ob die Restrukturierung zu einer Verschlechterung der Kreditwürdigkeit des Schuldners und deshalb zu einer Gefährdung der Ansprüche aus den Schuldverschreibungen führt. Weiterreichende Folgen kann eine Umstrukturierung im Falle von Schuldverschreibungen haben, die entweder Wandlungsrechte in Eigenkapitaltitel des Emittenten gewähren oder deren Verzinsung wie bei Genußscheinen von den Erträgen des Schuldners abhängig ist. Den Inhabern solcher Rechte sind im Falle der Verschmelzung wirtschaftlich gleichwertige Rechte einzuräumen.[1] Entsprechendes gilt für Spaltungsvorgänge und dergleichen.[2] Diesen Aspekt behandle ich nicht weiter. Er liegt außerhalb des eigentlichen Themas.

B. Gefährdungslagen

Zunächst ist kurz zu beleuchten, welche Arten von Umwandlungen in welcher Weise die Interessen der Gläubiger berühren, das heißt ihre Ansprüche gefährden können.

1 § 23 UmwG. Die Gleichwertigkeit kann Modifikationen der Einzelheiten erfordern; dazu *Kalss* in *Semler/Stengel*, Umwandlungsgesetz, § 23 Rn. 12 ff.

2 Einzelheiten bei *Maier-Reimer* in *Semler/Stengel*, Umwandlungsgesetz, § 133 Rn. 70 ff.

1 Formwechsel

Der schlichte Formwechsel hat als solcher keinen Einfluß auf die Interessen der Gläubiger. Er mag die Interessen der Gläubiger mittelbar dadurch berühren, daß in dem neuen Rechtsgewand ein geringeres Maß von Kapitalbindung herrscht als in dem bisherigen, oder – für börsengängige Schuldverschreibungen eher atypisch – daß durch den Formwechsel eine bisher bestehende persönliche Haftung wegfällt. Für die Anleihegläubiger bedeutet die Minderung der Kapitalbindung so lange keinen Nachteil, wie nicht die Minderung des Schutzniveaus dazu ausgenutzt wird, tatsächlich Kapital auszuschütten.

2 Verschmelzung

Weit größere Gefahr als von einem Formwechsel kann für die Gläubiger aus einer Verschmelzung entstehen. Die Gefährdung ist in verschiedener Weise denkbar:

(a) Im Grundsatz führt die Verschmelzung zu einer Akkumulation der Aktiva und der Passiva der beteiligten Unternehmen. Waren beide vorher zahlungsfähig und nicht überschuldet, so ändert sich dies auch für das verschmolzene Unternehmen im Grundsatz nicht. Allerdings ist denkbar, daß das eine Unternehmen relativ weniger ertragskräftig oder relativ stärker verschuldet war als das andere. Das kann dann zur Folge haben, daß die Kreditwürdigkeit des Gesamtunternehmens hinter derjenigen des ursprünglichen Schuldners zurückbleibt. In solchen Fällen ist das Interesse der Gläubiger ähnlich demjenigen der Aktionäre des stärkeren Unternehmens. Eine krasse Verschlechterung der Kreditwürdigkeit in einer solchen Situation ist daher unwahrscheinlich: die Aktionäre des stärkeren Unternehmens würden sie verhindern. Diese Interessenlage hilft nicht, wenn beide Unternehmen im qualifizierten Mehrheitsbesitz desselben Hauptgesellschafters stehen.

(b) Anders sind die Auswirkungen wenn und in dem Maße wie, der eine Verschmelzungsbeteiligte an dem anderen beteiligt war. Bezüglich dieser Beteiligungen kann die Verschmelzung in verschiedener Weise technisch durchgeführt werden. Unabhängig davon, wie dies geschieht, findet hinsichtlich dieser Beteiligungen jedenfalls keine Vermögensmehrung, sondern nur eine Addition der Schulden statt. Wenn die Beteiligung des einen Unternehmens an dem anderen erst unmittelbar vor der Verschmelzung oder gar mit dem Ziel der anschließenden Verschmelzung erworben wurde, ist die Verschmelzung im Ergebnis eine Methode, um wirtschaftlich den Wert des Unternehmens an seine Aktionäre auszuschütten. Diese Lage ist typischerweise dann gegeben, wenn etwa ein im wesentlichen fremdfinanziertes Akquisitionsvehikel die bisherigen Aktionäre des Schuldners auskauft und dann mit dem ursprünglichen Schuldner verschmolzen wird. In dieser Lage hat im Ergebnis der Schuldner den Gesamtwert der vorher ausgegebenen Aktien finanziert. Für die Gläubiger – Anleihegläubiger und andere – ist dies jedenfalls ein Alarmzeichen.

3 Die dritte Art der Restrukturierung besteht in Spaltungsvorgängen. Diese können insbesondere dazu verwendet werden, das haftende Vermögen oder die Quellen der Erträge, aus denen die Schulden bedient werden sollen, von den Schulden selbst zu trennen. Das Charakteristikum der Spaltung liegt in solchen Fällen darin, daß die Gegenleistung für die übertragenen Vermögenswerte nicht bei dem übertragenden Unternehmen anfällt, sondern bei dessen Gesellschaftern. Selbst wenn Aktiva und Passiva proportional, gewissermaßen gerecht, verteilt werden, kann sich dadurch das Risiko für die Gläubiger der entstehenden Teilbereiche erhöhen. Nach deutschem Umwandlungsrecht sind durch die bloße Trennung die Ansprüche der Gläubiger zunächst für fünf Jahre nicht gefährdet, weil alle Beteiligten fünf Jahre gesamtschuldnerisch haften.[3] Auch für Ansprüche, die innerhalb der fünf Jahre fällig werden, kann sich aber aus der Spaltung eine Gefährdung ergeben, nämlich dann, wenn der Übernehmer des haftenden Vermögens oder der Ertragsquelle seinerseits solche Belastungen hat, daß hinsichtlich dieses Teils eine Verschlechterung wie eben bei der Verschmelzung erörtert eintritt.

C. Rechtsfolgen

Umstrukturierungen der genannten Art können also in vielfältiger Weise die Interessen der Anleihegläubiger beeinträchtigen. Das deutsche Umwandlungsgesetz gibt zum Teil einen Schutz durch einen Anspruch auf Sicherheit.[4] Auf dessen Einzelheiten komme ich nachher nochmals zurück. Für manche Fälle sieht das Gesetz außerdem einen Schadensersatzanspruch auch der Gläubiger gegen Verwaltungsmitglieder der beteiligten Unternehmen vor.[5] Ich will diesen Aspekt nicht weiter verfolgen.

[3] § 133 UmwG.
[4] § 22 UmwG.
[5] §§ 25 f. UmwG.

Außerhalb der umwandlungsrechtlichen Schutzmechanismen stellt sich die Frage, ob aus dem Recht der Schuldverschreibungen ein Schutz für die Gläubiger besteht. Praktisch kommt dafür nur ein außerordentliches Kündigungsrecht in Betracht.

Damit erweitert sich das Thema auf die Frage, ob in den Fällen einer Restrukturierung des Schuldners, welche zu einer Gefährdung der Gläubigerrechte führt, den Gläubigern, und insbesondere den Gläubigern von Schuldverschreibungen, ein außerordentliches Kündigungsrecht zusteht.

1 Bevor ich mich mit dieser Frage befasse, ist erst auf einen offensichtlichen denkbaren Einwand einzugehen: das Kündigungsrecht kommt, so möchte man meinen, zu spät. Wenn die Gefährdung eingetreten sei, helfe den Gläubigern die Kündigung nichts mehr. Deshalb helfe auch ein Anspruch auf Sicherheitsleistung nicht. Sei nämlich eine Gefährdung eingetreten, so werde es dem Schuldner gar nicht mehr möglich sein, tatsächlich Sicherheit zu leisten.

Dieser Einwand setzt seinerseits zu spät an. Der wirkliche Schutz, den ein Anspruch auf Sicherheitsleistung und ebenso ein Kündigungsrecht gewährt, beruht auf der präventiven Wirkung. Wenn die Beteiligten wissen, daß eine Restrukturierung der geplanten Art den Gläubigern ein Kündigungsrecht gibt und deshalb möglicherweise oder sogar wahrscheinlich zu der sofortigen Fälligkeit aller Kreditverbindlichkeiten führt, dann werden sie die Restrukturierung unterlassen oder sie so gestalten, daß eine Gefährdung mit der Folge des Kündigungsrechts vermieden wird. Ein Kündigungsrecht ist deshalb durchaus geeignet, den Gläubigern, auch denjenigen aus Schuldverschreibungen, einen wirksamen Schutz zu geben.

2 Die erste Frage dabei ist, ob für Schuldverschreibungen auch ohne ausdrückliche Regelung in den Emissionsbedingungen überhaupt nach allgemeinen Rechtsgrundsätzen ein Recht zur Kündigung aus wichtigem Grund besteht. Der Diskussionsentwurf setzt ein solches Kündigungsrecht voraus. Es ist aber keineswegs selbstverständlich, daß ein solches Recht besteht. Die Frage ist bisher offenbar nur ausnahmsweise thematisiert worden.[6]

6 LG Köln, ZIP 1994, S. 1520, das ohne weitere Begründung ein Dauerschuldverhältnis annimmt.

(a) Das Recht, Dauerschuldverhältnisse aus wichtigem Grund vorzeitig zu kündigen, ist jetzt in § 314 BGB normiert. Diese Vorschrift steht im Abschnitt 3 des 2. Buchs des BGB, welcher sich mit Schuldverhältnissen aus Verträgen befaßt. Dort steht es im Untertitel 3: „Anpassung und Beendigung von Verträgen", und es gewährt „jedem Vertragsteil" das Recht, aus wichtigem Grund zu kündigen. Ob die in Titel 24 des 8. Abschnitts geregelten Schuldverschreibungen auf den Inhaber und die daraus entstehenden Rechtsverhältnisse solche aus Verträgen sind, ist zweifelhaft.

(b) Der Begriff des Dauerschuldverhältnisses ist im Gesetz nicht definiert. Bis zur Schuldrechtsmodernisierung war er nur im AGB-Gesetz, und zwar in den nur gegenüber Verbrauchern geltenden Bestimmungen enthalten. Jetzt erscheint der Begriff in § 314 BGB, ist aber auch dort nicht definiert. Ein Dauerschuldverhältnis beruht auf einem Vertrag,

> „der auf ein fortgesetztes Verhalten gerichtet ist und aus dem sich während der Vertragslaufzeit immer wieder neue Rechte und Pflichten *beider* Parteien ergeben."[7] (Hervorhebung nur hier)

Mit dieser Definition, die sich so oder ähnlich in den Kommentaren findet, ist das Rechtsverhältnis aus der Schuldverschreibung kein Dauerschuldverhältnis, und zwar deshalb nicht, weil es ein einseitig verpflichtendes Schuldverhältnis ist. Die Schuldverschreibung ist abstraktes Schuldversprechen.[8] Diese Abstraktheit der Schuldverschreibung erlaubt es nicht, die Schuldverschreibung – wie eine Darlehensforderung – als Gegenstück zu der Überlassung des Kapitals durch den Schuldverschreibungsinhaber zu verstehen, ganz abgesehen davon, daß in der Regel der aktuelle Inhaber dem Schuldner kein Kapital überlassen hat, sondern die Schuldverschreibung im Markt erworben hat. Wiederum aufgrund der Abstraktheit der Schuldverschreibung kann die Überlassung des Kapitals durch den ersten Nehmer nicht als fortdauernde Leistung des jeweiligen Inhabers der Schuldverschreibung gewertet werden. Eine solche Betrachtung liegt im Fall der Zession einer Darlehensforderung nahe. Die Verselbständigung der Schuldverschreibung und ihre Abstraktheit läßt es nicht zu, die Forderung aus der Schuldverschreibung wie eine abgetretene Darlehensforderung zu behandeln. Als Vergleich für die Fragestellung diene ein zahlungshalber begebener Wechsel, der in drei oder zwölf Monaten fällig ist. Es fällt schwer, sich die Kündigung eines solchen

7 Münchener Kommentar BGB/*Gaier*, § 314 Rn. 6.
8 Staudinger/*Marburger*, § 793 Rn. 6.

Wechsels aus wichtigem Grund mit der Folge einer Vorverlegung des Verfalldatums vorzustellen. Allerdings regelt das Wechselgesetz einen entfernt vergleichbaren Fall: In bestimmten Fällen, einschließlich der Eröffnung des Insolvenzverfahrens oder der Zahlungseinstellung des Bezogenen kann der Inhaber schon vor dem Verfalldatum gegen seine Vormänner Rückgriff nehmen.[9] Dabei geht es aber weniger um eine Vorverlegung der Fälligkeit als um die antizipierte Erfüllung einer Voraussetzung des Rückgriffs: es steht in diesen Fällen fest, daß der Bezogene nicht zahlen wird. Demgemäß besteht der zeitlich vorverlegte Rückgriffsanspruch gerade nicht gegenüber demjenigen, bei dem die Veränderung eingetreten ist.

(c) Gegen die Anwendung des § 314 BGB auf Schuldverschreibungen spricht schließlich auch die Verkehrsfähigkeit der Schuldverschreibungen: Ist dem Gläubiger die Fortsetzung des Schuldverhältnisses nicht mehr zumutbar, kann er das Schuldverhältnis jederzeit dadurch beenden, daß er die Schuldverschreibung veräußert.

(d) Auch wenn man davon ausgeht, daß das Kündigungsrecht aus wichtigem Grund grundsätzlich Anwendung findet – und der Diskussionsentwurf geht hiervon aus –, müssen doch andere Anforderungen an das Vorliegen eines wichtigen Grundes gestellt werden als sonst. Das leuchtet unmittelbar ein, wenn es darum geht, ob der *Schuldner* aus wichtigem Grund vorzeitig kündigen kann, etwa weil er sich während einer Hochzinsphase verschuldet hat und sich nach einem drastischen Absinken des Marktzinses wesentlich billiger refinanzieren könnte; die gleiche Frage stellt sich, wenn der Schuldner in Zeiten einer Krise seines Unternehmens hochverzinsliche Schuldverschreibungen aufgenommen hat, die Krise dann behoben ist und der Schuldner ein hervorragendes Kreditranking genießt. Er mag es als unbillig empfinden, immer noch die hohen Zinsen zahlen zu müssen. Es liegt auf der Hand, daß solche Änderungen der Verhältnisse für den Schuldner kein Kündigungsrecht darstellen können.

(e) Nach § 490 Abs. 1 BGB kann der Darlehensgeber das Darlehen nach Auszahlung „in der Regel" fristlos kündigen, wenn durch eine wesentliche Verschlechterung der Vermögenslage des Schuldners die Rückerstattung des Darlehens gefährdet wird. Diese Vorschrift ist jedenfalls nicht unmittelbar anwendbar, weil das Rechtsverhältnis aus der Schuldverschreibung kein Darlehen ist. Sie soll auch im Darlehensrecht nicht als

9 Artikel 43 Abs. 2 WG; die Vorschrift gilt gemäß Art. 77 WG auch für den Solawechsel.

lex specialis den allgemeinen § 314 BGB verdrängen.[10] Vielmehr gelten die §§ 314 und 490 BGB nebeneinander. Das allgemeine Kündigungsrecht aus wichtigem Grund wird also auch im Falle eines Darlehens nicht durch § 490 BGB verdrängt.

Für Schuldverschreibungen ginge das Kündigungsrecht des § 490 BGB zu weit.

3 Voraussetzungen des wichtigen Grundes im einzelnen

Ich gehe jetzt mit dem Diskussionsentwurf einmal davon aus, daß das Kündigungsrecht aus wichtigem Grund auch für Schuldverschreibungen gilt. Dann ist zu prüfen, unter welchen Voraussetzungen ein solches Kündigungsrecht aufgrund einer Restrukturierung bestehen kann.

(a) Anhaltspunkte dafür gibt zunächst das Umwandlungsgesetz. Dieses gewährt den Gläubigern im Falle von Umwandlungen einen Anspruch auf Sicherheitsleistung, jedoch nur, wenn sie sich innerhalb einer Frist von sechs Monaten melden und glaubhaft machen, daß durch den Umwandlungsvorgang ihre Forderungen gefährdet werden.[11] Erforderlich ist die Glaubhaftmachung einer *konkreten* Gefährdung.[12] Eine bloße Verschlechterung, z. B. der Bilanzrelationen etc. genügt nicht. Voraussetzung sollte sein, daß nach den neuen Verhältnissen ein Kredit mit entsprechenden Laufzeiten am Markt nicht mehr ohne Sicherheit zur Verfügung stünde.[13] Die bloße Minderung der Kapitalbindung als solche genügt m. E. für den Anspruch auf Sicherheit nicht. Vielmehr greift der Anspruch auf Sicherheit nur in der Weise ein, daß entweder eine Auszahlungssperre gilt oder Sicherheit zu leisten ist.[14] Der Wegfall der gesamtschuldnerischen Haftung anderer Beteiligter bei Spaltungen ist als Gefährdungsursache zu berücksichtigen[15], nicht aber der Wegfall persönlicher Haftung.[16] Wird die Sicherheit gleich aus welchem Grund

10 *Mülbert*, WM 2002, S. 465, 473.

11 § 22 UmwG. Für Spaltungsvorgängen gilt diese Vorschrift aufgrund der Verweisung in § 125 UmwG, für den Fall des Formenwechsels aufgrund der Verweisung in § 204 UmwG.

12 *Maier-Reimer* in *Semler/Stengel*, Umwandlungsgesetz § 22 Rn. 32 m. w. N.

13 *Maier-Reimer*, a. a. O., § 22 Rn. 32. *Marsch-Barner* in *Kallmeyer*, UmwG § 22 Rn. 7 hält eine wesentliche Verschlechterung der Kapitalausstattung oder Liquiditätslage für das maßgebende Kriterium.

14 *Maier-Reimer*, a. a. O., Rn. 25, 56 f.

15 *Maier-Reimer*, a. a. O., § 133 Rn. 121.

16 Weil die Enthaftung gemäß § 45 UmwG erst nach fünf Jahren eintritt und

trotz berechtigten Verlangens nicht geleistet, so ist dies nach den allgemeinen Vorschriften ein Grund zur Kündigung.[17] Den Grund eines solchen Kündigungsrechts kann man darin sehen, daß der Schuldner einen Anspruch des Gläubigers auf Sicherheitsleistung verletzt. Das hilft jedoch in den Fällen nicht, in denen der Schuldner zur Sicherheitsleistung nicht in der Lage ist. Sachgerechter ist ein anderer Ansatz: der Schuldner hat durch eine Restrukturierungsmaßnahme – d. h. eine Maßnahme, die im Prinzip die Ebene der Gesellschafter des Schuldners betrifft – eine Gefährdung der Ansprüche der Gläubiger bewirkt. Die gesetzlich vorgesehene Methode der Beseitigung dieser Gefährdung hat er nicht wahrgenommen. Deshalb steht den Gläubigern ein Kündigungsrecht unmittelbar aufgrund der Gefährdung zu.

(b) Diese Grundsätze des Umwandlungsgesetzes gelten unmittelbar, wenn der Schuldner ein deutsches Unternehmen ist und sich die Restrukturierung nach dem Umwandlungsgesetz vollzieht. Ein Grund, für die Schuldverschreibungen eine niedrigere Schwelle für ein Kündigungsrecht vorzusehen, ist nicht ersichtlich. Fraglich könnte sein, ob im Falle von Schuldverschreibungen eine höhere Schwelle sachgerecht wäre. Auch dafür gibt es keinen Grund. Für Schuldverschreibungen deutscher Emittenten gibt also das Umwandlungsgesetz sachgerechte Lösungen.

(c) Das Umwandlungsgesetz gilt nicht, wenn ein ausländisches Unternehmen der Schuldner ist oder sich die Restrukturierung bei einem inländischen Schuldner in einer anderen Form vollzieht, als im Umwandlungsgesetz vorgesehen. Auch dann können die Grundgedanken des Umwandlungsgesetzes zum Tragen kommen. Es ergibt sich aus ihnen, daß der deutsche Gesetzgeber den Gläubigern eine gewisse Verschlechterung ihrer Gläubigerposition im Falle einer Umstrukturierung zumutet und erst im Falle einer konkreten Gefährdung eingreift. Das bedeutet also, daß eine Umstrukturierung, die nicht zu einer konkreten Gefährdung der Gläubigerrechte im vorgenannten Sinne führt, kein Kündigungsrecht auslöst. Tritt eine konkrete Gefährdung ein, so besteht ein Kündigungsrecht; dieses kann aber durch Sicherheitsleistung abgewendet werden.

diese Enthaftung nach §§ 159, 160 HGB auch ohne Restrukturierung erreicht werden könnte; dazu *Maier-Reimer*, a. a. O., § 22 Rn. 27.

17 *Maier-Reimer*, a. a. O., § 22 Rn. 55; dieses Kündigungsrecht ist wesentliche Voraussetzung dafür, daß die Haftungs- und Enthaftungsregelungen bei der Spaltung europarechtskonform sind; *Maier-Reimer*, a. a. O., § 133 Rn. 9.

(d) Sicherheitsleistung bedeutet im Ausgangspunkt eine Sicherheitsleistung in einer der Formen des § 232 BGB. Es ist aber auch jede andere Sicherheit zu berücksichtigen, schon deshalb, weil sie die konkrete Gefährdung beseitigt.[18]

(e) Gemäß § 22 UmwG muß das Verlangen nach Sicherheitsleistung binnen sechs Monaten gestellt werden. Auch diese Frist läßt sich zwanglos übertragen. Sie ist zwar nicht unmittelbar anwendbar. § 314 Abs. 3 BGB schreibt jedoch vor, daß die Kündigung aus wichtigem Grund binnen angemessener Frist zu erfolgen habe. Zur Konkretisierung dieser Frist im vorliegenden Zusammenhang ist die Sechs-Monats-Frist des § 22 UmwG durchaus geeignet. Gemessen an anderen Fällen eines wichtigen Grundes mag diese Frist lang erscheinen. Jedoch sind die Auswirkungen einer Restrukturierung auf die Kreditwürdigkeit des Unternehmens für dessen Gläubiger oft nicht unmittelbar erkennbar. Deshalb ist eine Frist von sechs Monaten sachlich angemessen. Sie entspricht dem Minimum für den Gläubigerschutz wegen Strukturveränderungen nach anderen Gesetzen.[19] Bei Schuldverschreibungen sollte die Frist mit der Bekanntmachung der Restrukturierung beginnen, und zwar mit der Bekanntmachung in der für die Schuldverschreibungen bestimmten Form.

4 Restrukturierung des Garanten

Häufig werden Schuldverschreibungen von Wirtschaftsunternehmen nicht unmittelbar ausgegeben, sondern von meist ausländischen Finanzierungstochtergesellschaften. Die Muttergesellschaft, auf deren Kredit die Akzeptanz der Schuldverschreibungen durch den Markt beruht, übernimmt dann, typischerweise in der Form der selbständigen Garantie, die Gewährleistung für die pünktliche Zahlung der in den Schuldverschreibungen vorgesehenen Beträge. Diese Gestaltung wird uns im zweiten Teil des Themas noch ausführlicher beschäftigen. Die eben erörterten Grundsätze für die Restrukturierung des Schuldners gelten im Falle einer solchen Gestaltung auch und vor allem für den Fall, daß der Garant in einer der erörterten Arten restrukturiert wird. Ist der Garant ein deutsches Unternehmen und führt seine Restrukturierung zu einer konkreten Gefährdung der Ansprüche seiner Gläubiger, so ist den Inhabern der Schuldverschreibungen als Berechtigten aus der Garantie Sicherheit zu leisten. Wird dieser Anspruch nicht erfüllt, so muß dies in der gleichen

[18] *Maier-Reimer*, a. a. O., § 22 Rn. 61.

[19] Vgl. die Auszahlungssperre bei der Kapitalherabsetzung § 225 Abs. 2 Satz 1 AktG: sechs Monate; § 58 Abs. 1 Nr. 3 GmbHG: ein Jahr.

Weise zu einem Kündigungsrecht gegenüber dem Emittenten aus den Schuldverschreibungen führen wie im Falle der unmittelbaren Emission. Sieht man die Grundlage des Kündigungsrechts in einer Pflichtverletzung des Schuldners durch Nichterfüllung des Anspruchs auf Sicherheitsleistung, so ist das Kündigungsrecht gegenüber dem Emittenten auch auf den Fall zu erstrecken, daß der Garant eine entsprechende Pflichtverletzung begeht. Sieht man dagegen die Grundlage des Kündigungsrechts unmittelbar in der durch Maßnahmen auf der Gesellschafterebene eingetretenen Gefährdung der Gläubiger, so ergibt sich daraus das Kündigungsrecht unmittelbar. Sind nach einer solchen Kündigung dann die Schuldverschreibungen aufgrund der Kündigung fällig geworden, so hat der Garant aufgrund der Garantie im Zeitpunkt der vorgezogenen Fälligkeit zu zahlen. Ist der Garant ein ausländisches Unternehmen, sind wie auch im Falle der unmittelbaren Emission die gleichen Grundsätze entsprechend anzuwenden.

5 Regelungen in den Emissionsbedingungen

Die Emissionsbedingungen können die Kündigung im Falle einer Restrukturierung in weiterem Umfang zulassen. Das ist jedenfalls unbedenklich. Fraglich ist allein, ob die Emissionsbedingungen den Anspruch auf Sicherheitsleistung und/oder das Kündigungsrecht ausschließen oder beschränken können.

(a) Im Grundsatz soll das Recht, aus wichtigem Grund zu kündigen, unabdingbar sein.[20] Allerdings kann das Kündigungsrecht für konkrete Fälle ausgeschlossen werden.[21] Der Ausschluß des Kündigungsrechts für bestimmte Fälle schließt nicht eigentlich ein sonst bestehendes Kündigungsrecht für unerwartete Änderungen der Sachlage aus. Ein solcher Ausschluß ist eher dahin zu verstehen, daß mit einer solchen Sachlage von vornherein gerechnet wird; mit dem Ausschluß der Kündigung für einen solchen Fall bestätigen die Parteien, daß auch nach seinem Eintritt die Vertragserfüllung nicht unzumutbar ist. Daraus ergeben sich entsprechende Anforderungen an die Bestimmtheit eines solchen Ausschlusses.

20 Münchener Kommentar/*Gaier*, § 314 Rn. 4; Palandt/*Heinrichs*, § 314 Rn. 3; dagegen soll das Kündigungsrecht gemäß § 490 Abs. 1 BGB abdingbar sein, Palandt/*Putzo*, § 490 Rn. 4 unter unzutreffendem Zitat *Mülbert* WM 2002, S. 465, 475, der diese Auffassung für § 490 Abs. 2 vertritt und sich zur Abdingbarkeit des § 490 Abs. 1 BGB nicht äußert.

21 Münchener Kommentar/*Gaier*, § 314 Rn. 4.

(b) Plant der Emittent im Zeitpunkt der Begebung der Schuldverschreibungen ein bestimmtes Projekt der Restrukturierung, so kann er deshalb unbedenklich für dieses Projekt, wenn es denn hinreichend konkret umschrieben werden kann, einen Anspruch auf Sicherheitsleistung und, wenn es um das Projekt einer Spaltung geht, die gesamtschuldnerische Nachhaftung anderer Beteiligter in den Emissionsbedingungen ausschließen.[22] Entsprechend kann er für diesen Fall auch ein Kündigungsrecht der Gläubiger ausschließen. Voraussetzung ist nur, daß das Projekt hinreichend konkret umschrieben werden kann. Solche Fälle werden kaum praktisch werden.

(c) Am anderen Ende der Skala liegt der Fall, daß die Emissionsbedingungen allgemein für den Fall der Verschmelzung einen Anspruch auf Sicherheitsleistung ausschließen; oder daß sie für jede Art der Spaltung sowohl den Anspruch auf Sicherheitsleistung als auch die gesamtschuldnerische Haftung anderer Beteiligter als desjenigen, dem diese Schuld zugewiesen ist, ausschließen. Wenn sie dann auch noch vorsehen, daß die Gläubiger in diesem Fall auch kein Kündigungsrecht haben, so liefe dies auf einen Freibrief für den Schuldner hinaus, den Gläubigern praktisch jegliche Haftungsmasse direkt oder indirekt zugunsten der Anteilseigner des Schuldners zu entziehen. Jedenfalls würde eine solche Regelung den Anforderungen an die Bestimmtheit des Ausschlusses des Kündigungsrechts für bestimmte Fälle in dieser Allgemeinheit nicht genügen. Ein solcher Ausschluß wäre deshalb unwirksam.

(d) Realistischer ist ein differenzierender Ansatz der Emissionsbedingungen, etwa nach folgenden Kriterien:

(i) Auch im Fall einer horizontalen Verschmelzung selbständiger Unternehmen ist denkbar, daß der Markt die Sinnhaftigkeit dieses Vorgangs anders sieht als die Geschäftsleiter (und Aktionäre) des Schuldners. Wenn in einem solchen Fall die Verschmelzung zu einer Verschlechterung der Kreditwürdigkeit bis hin zu einer Gefährdung für die Gläubiger führt (etwa weil auch die Banken der Verschmelzung kritisch gegenüberstehen und deshalb ihre Kredite kündigen oder beschränken), so geht es hierbei doch im Ergebnis um eine aus der Sicht des Marktes verfehlte Geschäftspolitik. Daß sich diese gewissermaßen zufällig über eine Restrukturie-

22 Umwandlungsrechtlich ist eine Abweichung durch Vereinbarung mit dem einzelnen Gläubiger möglich, siehe *Maier-Reimer*, a. a. O., § 22 Rn. 39 (dort nur zur Verkürzung der Anmeldefrist durch Vereinbarung mit dem einzelnen Gläubiger); § 133 Rn. 124.

rung umsetzt, ist kein Grund, hier stringenter einzugreifen als in vergleichbaren Fällen, in denen etwa der Schuldner ein vom Markt offenbar ungünstig beurteiltes Unternehmen unter Aufnahme hoher Fremdmittel gekauft oder durch Einzelrechtsnachfolge als Sacheinlage gegen Ausgabe neuer Aktien übernommen hat. Das Risiko schlechter oder verfehlter Geschäftspolitik trägt der Anleihegläubiger, und ein unternehmerischer Fehlschlag gibt ihm keinen Kündigungsgrund.[23] Deshalb muß es jedenfalls zulässig sein, für diesen Fall auch ohne Bezeichnung eines konkreten Projektes ein Kündigungsrecht auszuschließen.

(ii) Anders wäre es, wenn die Restrukturierung, gleich in welcher Art, im Ergebnis dazu führt, daß wesentliche Teile des Vermögens an die Aktionäre ausgeschüttet werden, oder diese Ausschüttung finanziert, auch in der eingangs genannten Form, daß ein fremdfinanziertes Akquisitionsvehikel, welches die Aktien des Schuldners gegen bar gekauft hat, mit dem Schuldner verschmolzen wird. Es ist wiederum kaum vorstellbar, daß die Emissionsbedingungen ein Kündigungsrecht auch für diesen Fall ausschließen wollen. Tun sie es doch, so wird ein solcher Ausschluß an den Grenzen des § 314 oder denjenigen des § 138 BGB scheitern. Denn im Ergebnis würde mit einer solchen Transaktion die Rangfolge zwischen Aktionären und Gläubigern umgekehrt: Die Aktionäre würden zuerst bedient, und die Gläubiger müßten sehen, was übrig bleibt. Das Kündigungsrecht kann für diesen Fall – wenn er denn kraß genug ist – nicht ausgeschlossen werden.

Wenn die Emissionsbedingungen dieser Differenzierung folgen, könnten sie etwa ein Recht auf Sicherheitsleistung und ein Kündigungsrecht für den Fall einer Verschmelzung ausschließen, die weder mittelbar noch unmittelbar zu wesentlichen Ausschüttungen an die Aktionäre des Schuldners führt und solche Ausschüttungen auch nicht finanziert und den Schuldner auch nicht einer Haftung für Kaufpreiszahlungen an das Gros seiner Aktionäre oder für die Refinanzierung dieser Kaufpreiszahlungen unterwirft. Eine solche Regelung sollte bestimmt genug sein: Sie betrifft den Fall einer „horizontalen Verschmelzung", die vom Markt ungünstig beurteilt wird und sich vielleicht im Ergebnis auch negativ auswirkt, aber eben nicht auf Auszahlung an Aktionäre gerichtet ist und deshalb auf derselben Ebene steht wie eine glücklose Geschäftspolitik.

23 Dazu, daß § 490 Abs. 1 BGB nicht anwendbar ist, siehe oben B. 1 (e).

(e) Üblicherweise sehen Emissionsbedingungen einen Katalog von Kündigungsgründen vor. Das allgemeine Verständnis solcher Kataloge ging bisher dahin, daß ein solcher Katalog abschließend ist. Gilt das Recht zur Kündigung aus wichtigem Grund grundsätzlich auch für Schuldverschreibungen und gilt dafür § 314 BGB einschließlich der grundsätzlichen Unabdingbarkeit, so kann schon deshalb ein solcher Katalog von Kündigungsgründen nicht abschließend sein. Das Recht der Kündigung in den oben beschriebenen Fällen würde danach auch dann bestehen, wenn es in dem Katalog nicht geregelt ist und sich keiner in dem Katalog aufgeführten Fälle dahin auslegen läßt, daß er auch die Fälle der Restrukturierung umfassen solle. Trotzdem kann ein solcher Katalog von Kündigungsgründen auch zu Beschränkungen des Kündigungsrechts führen. Wenn der Katalog beispielsweise ein Kündigungsrecht für ein sogenanntes „Event Risk" vorsieht und dieses Risiko dahin konkretisiert, daß infolge von Umstrukturierungen, Unternehmensverbindungen etc., die zu wesentlichen Ausschüttungen an die Aktionäre (im vorgenannten Sinne) führen, das Credit Ranking des Schuldners in einem bestimmten Maße sinkt, dann ist daraus zu folgern, daß in vergleichbaren Fällen, die diese Schwellenwerte nicht überschreiten, ein Kündigungsrecht nicht bestehen soll. Damit ist das Kündigungsrecht auch für solche anderen Restrukturierungsfälle hinreichend bestimmt ausgeschlossen.

6 Regelung im Diskussionsentwurf

Der Diskussionsentwurf enthält, wie eingangs bemerkt, keine besondere Regelung über die Reorganisation. Das Gesetz könnte den Fall der Restrukturierung des Schuldners in einer dem § 22 UmwG entsprechenden Art im Recht der Schuldverschreibungen regeln. Dort wäre eine solche Regelung indessen ein Fremdkörper. Sachgerecht ist eine Regelung des Themas für Schuldverschreibungen ohne unangemessene Kasuistik nur über eine allgemeine Regelung zum Recht der Kündigung aus wichtigem Grund.

Der Diskussionsentwurf enthält eine Bestimmung über die Kündigung der Schuldverschreibungen aus wichtigem Grund. Diese Bestimmung setzt einerseits ein außerordentliches Kündigungsrecht voraus und untersagt seine Ausschließung für bestimmte Fälle. Andererseits impliziert sie, daß es, abgesehen von den Fällen der Nichtzahlung und der Liquidation oder Insolvenz des Schuldners, ein solches Recht nicht gebe, sofern es nicht in den Emissionsbedingungen vorgesehen ist. Ob danach nun eine Restrukturierung des Schuldners, die zu einer Gefährdung der Gläubigerrechte führt, ohne eine entsprechende Regelung in den Emissionsbedingungen ein Kündigungsrecht gewähren würde oder nicht, ist unklar.

In einer gesetzlichen Regelung sollte das Kündigungsrecht mindestens implizit anerkannt werden. Es sollte gleichzeitig aber bestimmt werden, daß das Kündigungsrecht ausgeschlossen oder auf bestimmte Fälle beschränkt werden kann. Der Diskussionsentwurf geht in diese Richtung, allerdings nicht weit genug. Prüfungsmaßstab für einen zu weit gehenden Ausschluß ist dann § 138 BGB. Dieser würde eingreifen, wenn, wie in einem der genannten Beispiele, sich der Schuldner einen Freibrief eröffnete, sein Vermögen an seine Aktionäre auszuschütten und die Gläubiger im Regen stehen zu lassen.

7 Zusammenfassung des ersten Teils

Zu diesem ersten Teil des Themas können die Ergebnisse wie folgt zusammengefaßt werden:

(a) Es ist zweifelhaft, ob für Schuldverschreibungen die Grundsätze der Kündigung von Dauerschuldverhältnissen aus wichtigem Grund gelten. Besteht ein solches Kündigungsrecht nicht, so haben die Anleihegläubiger für den Fall einer für sie nachteiligen Restrukturierung des Schuldners keinen Schutz, soweit dieser sich nicht unmittelbar aus Spezialgesetzen wie etwa dem Umwandlungsgesetz ergibt.

(b) Sind die Grundsätze über die Kündigung von Dauerschuldverhältnissen aus wichtigem Grund grundsätzlich auch auf Schuldverschreibungen anwendbar, so geben sie den Anleihegläubigern einen angemessenen Schutz. Die Emissionsbedingungen können dann das Kündigungsrecht aus wichtigem Grund modifizieren, aber nicht ausschließen. Einer AGB-rechtlichen Inhaltskontrolle der Emissionsbedingungen bedarf es hierfür nicht.

(c) Eine Novelle zum Schuldverschreibungsrecht sollte klarstellen, daß es ein Kündigungsrecht aus wichtigem Grund gibt, es aber im Grundsatz abbedungen werden kann. Einem zu weit gehenden Ausschluß des Kündigungsrecht beugt § 138 BGB vor.

II. Schuldnerersetzung

Die Schuldnerersetzung wirft zwei grundsätzliche Fragen auf, nämlich die Frage nach den Voraussetzungen, unter denen die Ersetzung des Schuldners zulässig sein soll, und die Frage danach, wie sie sich im einzelnen vollzieht.

A. Voraussetzungen

1 Gründe für eine Schuldnerersetzung

Für den Schuldner oder (z. B. bei *asset backed securities*) für die Gläubiger kann es vor allem aus steuerlichen Gründen wünschenswert oder sogar notwendig werden, die rechtliche Struktur des Schuldverhältnisses und insbesondere die Identität des Schuldners zu verändern. Bei den klassischen Anleihen beruht dies vor allem auf der vom Markt verlangten üblichen Regelung, daß Zahlungen auf die Schuldverschreibungen frei von Quellensteuerabzügen erfolgen müssen, d. h. der Schuldner verpflichtet ist, einen etwaigen Quellensteuerabzug auszugleichen. Wenn ein Quellensteuerabzug bei Begebung der Anleihe nicht erfolgt, dann aber aufgrund einer Änderung der Steuergesetzgebung vorgeschrieben wird, ergibt sich die Notwendigkeit eines Schuldnerwechsels. Solche Änderungen sind in verschiedener Hinsicht möglich. Abgesehen von dem Fall, daß zunächst der „eigentliche" Schuldner die Schuldverschreibungen unmittelbar begibt, kommt die Lage in Betracht, daß er die Schuldverschreibungen über eine ausländische Finanzierungstochter begibt, die dann den Erlös aus der Anleihe als Darlehen an ihn weitergibt. Typischerweise garantiert in einem solchen Fall die Muttergesellschaft die Schuld ihrer Tochter und diese bedient die Schuldverschreibungen aus den synchron an sie erfolgenden Zahlungen ihrer Mutter auf das dieser gewährte Darlehen. Bei dieser Struktur können nachteilige Änderungen in steuerlicher Art mindestens in vierfacher Hinsicht auftreten:

- die Zinszahlungen von der Mutter an die Tochter werden der Quellensteuer unterworfen,
- die Zinszahlungen der Tochter werden der Quellensteuer unterworfen,
- die Tochtergesellschaft muß zur Vermeidung einer verdeckten Gewinnausschüttung eine deutliche Marge zwischen den von ihr geschul-

deten und den von ihr vereinnahmten Zinsen vereinnahmen und versteuern,

- Zinszahlungen an ausländische Tochtergesellschaften sind für die Muttergesellschaft nicht mehr steuerlich abzugsfähig.

In all diesen Fällen wird es zur Vermeidung von Nachteilen notwendig, die Struktur des Schuldverhältnisses zu ändern. Bei *asset backed securities* stehen zur Befriedigung der Gläubiger nur die Erlöse aus den zugrunde liegenden Vermögenswerten zur Verfügung. Werden diese durch Steuerabzüge gemindert, so tragen die Gläubiger den Nachteil. Deshalb ist in einer solchen Lage der Schuldnerwechsel im Interesse der Gläubiger geboten.

Aber nicht nur aus steuerlichen Gründen kann ein Schuldnerwechsel wünschenswert werden. Denkbar ist auch der Fall, daß etwa ein Konzern geteilt wird und auch die Schulden auf die verschiedenen Teile verteilt werden sollen, idealiter ohne Nachhaftung für die jeweils anderen Konzernteile. Für solche Gestaltungen überschneidet sich das Thema Schuldnerersetzung mit demjenigen der Restrukturierung.

2 Art der Zulassung

Der Diskussionsentwurf spricht den Schuldnerwechsel in zweifacher Form an:

(a) Die Emissionsbedingungen können die Schuldnerersetzung für eine bestimmte Situation unmittelbar zulassen (§ 795 a BGB – DE) und

(b) die Emissionsbedingungen können die Gläubigerversammlung ermächtigen, die Schuldnerersetzung auch für weitere Fälle zuzulassen (§ 795 b Abs. 2 Nr. 9 BGB – DE).

3 Ersetzungsfälle im einzelnen

(a) Nach dem Diskussionsentwurf können die Emissionsbedingungen nur für einen Fall die Schuldnerersetzung ohne Gläubigerversammlung zulassen. Diesen Fall beschreibt der Entwurf situativ: Ein anderes Unternehmen, an dem der ursprüngliche Schuldner mit mindestens 90% beteiligt ist, muß die Schuld übernehmen und der bisherige Schuldner soll die übernommenen Verpflichtungen garantieren. Damit sind die Fälle einerseits zu eng beschrieben und andererseits sind die Anforderungen in der geregelten Situation, wie zu zeigen sein wird, auch nicht ausreichend.

(b) Es trifft zu, daß in einem typischen Fall des steuerinduzierten Wunsches nach einem Schuldnerwechsel die Lösung darin bestehen kann und wird, daß eine Tochtergesellschaft des Schuldners die Schuld übernimmt und der bisherige Schuldner für die Schuld garantiert. Das ist jedoch nur einer von vielen wirtschaftlich ähnlich liegenden Fällen. Ebenso gut ist es denkbar, daß die Schuldverschreibungen von vornherein über eine Finanzierungstochter begeben worden sind und dann die gekennzeichneten Steueränderungen eintreten, um deretwillen es notwendig wird, daß entweder die bisherige Garantin die Schuld unmittelbar übernimmt oder daß eine andere Tochter des Garanten die Schuld übernimmt. Diese beiden anderen Fälle stehen sich völlig gleich. Es gibt keinen sachlichen Grund, sie zu unterscheiden.

(c) Auch das Erfordernis, daß in dem geregelten Beispiel der Übernehmer eine Tochtergesellschaft des bisherigen Schuldners oder desjenigen sein muß, auf dessen Kredit der Markt die Schuldverschreibungen aufnimmt, ist zwar oft gegeben, aber weder notwendig, noch sachgerecht. Schuldner von *asset backed securities* ist z. B. oft eine sogenannte verwaiste" Objektgesellschaft. Hier gibt es weder eine Garantie, noch eine Muttergesellschaft. Vielmehr sind alleinige Kreditunterlage die Vermögenswerte oder die Zahlungsströme, die typischerweise von einem Sicherheitentreuhänder gehalten werden und aus denen allein die Anleihe bedient wird. Auch in solchen Fällen können steuerliche Gründe zu einem Schuldnerwechsel zwingen.

(d) Der Sinn des Austausches eines Emissionsvehikels als Schuldner gegen ein anderes Emissionsvehikel liegt darin, den Schuldner einem anderen Steuerregime zu unterwerfen. Wenn eine identitätswahrende Sitzverlegung über die Grenze möglich ist, bedarf es deshalb in solchen Fällen einer Schuldnerersetzung nicht. Nun ist eine solche identitätswahrende Sitzverlegung aber bislang nur zwischen einigen wenigen Ländern möglich. Selbst wo sie möglich ist, löst sie das Problem nicht in allen Fällen. Deshalb bedarf es nach wie vor der Möglichkeit der Schuldnerersetzung.

4 Sachgerechtes Kriterium

Das maßgebende Kriterium für die Zulassung der Schuldnerersetzung ohne Gläubigerversammlung sollte sein, daß sich die wirtschaftlichen Grundlagen dadurch nicht ändern. Dies ist näher zu konkretisieren.

(a) Die wirtschaftlichen Grundlagen ändern sich dann nicht, wenn der Schuldnerwechsel nicht zu einer signifikanten Änderung des mit den Schuldverschreibungen verbundenen Risikos führt. Dabei geht es nicht darum, daß die Qualität des Risikos gleich bleibt, vielmehr ist gemeint, daß die Kreditunterlage unverändert bleibt, also das Unternehmen oder das Vermögen oder die Zahlungsströme, die die Grundlage der Kreditbeurteilung bildeten, identisch bleiben. Allerdings darf vollständige Identität nicht verlangt werden – denn diese ist nicht zu gewährleisten. Dabei geht es sowohl darum, ob und mit welcher Zuverlässigkeit der Schuldner in der Lage sein wird, seine Schulden zu erfüllen, als auch um die Lage der Gläubiger in der Insolvenz.

(b) Diese Differenzierung sei an dem typischen Fall verdeutlicht, daß die Anleihe über eine Finanzierungstochtergesellschaft begeben wird, die dann den Erlös aus der Begebung als Darlehen an die Konzernspitze weiterreicht und diese die Anleihe garantiert. Solange die Muttergesellschaft zahlungsfähig bleibt, ist das Risiko in diesem Fall völlig gleich wie in der Lage, die bei der unmittelbaren Begebung der Schuldverschreibungen durch die Muttergesellschaft besteht. Das ändert sich aber mit der Insolvenz der Muttergesellschaft. Dann stehen sich die Gläubiger nämlich besser, wenn ihr unmittelbarer Schuldner die Finanzierungstochter ist. Denn den Gläubigern stehen in diesem Fall außer dem Garantieanspruch gegen die Insolvenzmasse der Mutter auch noch Ansprüche gegen die Finanzierungstochtergesellschaft zu. Man wird geneigt sein, dies in der Annahme für unwesentlich zu halten, daß die Tochter kein wesentliches eigenes Vermögen habe. Tatsächlich wird die Tochtergesellschaft aber eigenes Vermögen haben, nämlich die Darlehensforderung gegen die in unserem Beispiel insolvente Mutter. Mit dieser Darlehensforderung nimmt auch die Finanzierungstochter als Gläubiger an der Insolvenz der Mutter teil. Haben alle Gläubiger der Tochter auch einen Garantieanspruch gegen die Mutter, so führt dies, von Liquidationskosten bei der Tochter abgesehen, im Ergebnis dazu, daß die Gläubiger der Finanzierungstochter in der Insolvenz der Muttergesellschaft mit einer doppelten Quote bedient werden, nämlich einmal als unmittelbare Gläubiger aus der Garantie und zum anderen als Gläubiger der Tochtergesellschaft.

Es ist hier nicht der Ort, dieses Thema etwa unter dem Aspekt zu vertiefen, ob eine solche doppelte Quote insolvenzrechtlich zu vermeiden ist.[24] Für die hier zu behandelnde Frage geht es darum, ob eine solche in

24 Dies wurde von einem englischen Gericht verneint, Re: Polly Peck International plc, Barlow & Ors v. Polly Peck International Finance Ltd, Chancery, Division, 6. Dezember 1995, British Company Cases 1996, S. 486.

der Insolvenz eintretende Besserstellung der Gläubiger der Finanzierungstochter schon ein Grund ist, die Identität des Risikos zu verneinen. Meines Erachtens genügt dies nicht, denn Gläubiger haben keine gesicherte Erwartung darauf, daß das Darlehen der Finanzierungstochter in dieser Art an die Muttergesellschaft gegeben wird. In aller Regel ist für diese Gestaltungen nicht vorgeschrieben, wie der unmittelbare Emittent mit dem Emissionserlös verfährt. Die Finanzierungstochter könnte die Mittel anderweitig im Konzern gegen Beteiligungen oder nachrangige Darlehen oder dergleichen vergeben haben oder auch lediglich in ihrem Darlehen mit der Muttergesellschaft vereinbart haben, daß die Muttergesellschaft zur Rückzahlung nur unter der Voraussetzung verpflichtet ist, daß sie im Umfang ihrer Zahlung auf das Darlehen auch von ihrer Garantieverpflichtung befreit wird.

Für diesen Fall der reinen Finanzierungstochter als Emittent wird man also die Identität des Risikos nicht verneinen, wenn die bisher garantierende Muttergesellschaft als Schuldnerin die ursprüngliche Schuldnerin ersetzt.

(c) Als Gegenbeispiel diene der Fall, daß in einem Spartenkonzern die Obergesellschaft der einen Sparte Schuldverschreibungen begibt und diese zur Erhöhung ihres Rating auch von der Konzernholding garantiert werden. In diesem Fall haftet das Vermögen der Sparte unmittelbar. Es ist also denkbar, daß die Schuldverschreibungen pünktlich bedient werden, selbst wenn die Konzernholding insolvent wird. In diesem Fall würde die befreiende Übernahme der Schuld der Spartengesellschaft durch die Konzernholding wegen des strukturellen Nachrangs der Gläubiger der Holdinggesellschaft[25] zu einer Verschlechterung der Risikoposition der Gläubiger führen. Es ist davon auszugehen, daß der Markt bei einer Emission dieser Art die doppelte Position der Gläubiger wahrnimmt und dies in dem Rating auch entsprechend reflektiert wird. In diesem Fall würde also die Übernahme der Schuld durch die Konzernholding die Identität des Kreditrisikos beeinträchtigen. Anders wäre es, wenn eine Tochter der Spartenholding die Schuld übernähme und die Spartenholding zusätzlich zu der Konzernholding eine Garantie übernähme.

(d) Unproblematisch hinsichtlich der Identität sind die Fälle der *asset backed securities* und vergleichbarer Gestaltungen. Dazu gehört auch eine Gestaltung, wie sie in den 80er Jahren häufig angewandt wurde: Die als

25 *Maier-Reimer* in *Lutter/Scheffler/U. H. Schneider*, Handbuch der Konzernfinanzierung, § 16.7.

Emissionsvehikel eingesetzte Tochtergesellschaft einer Bank reichte die Erlöse aus der Begebung der Schuldverschreibungen an die Bank als Einlage weiter. Deren Bedingungen waren mit denjenigen der Schuldverschreibungen harmonisiert und die Rechte aus der Einlage zur Sicherheit an einen Sicherheitentreuhänder abgetreten. Eine Garantie der Bank gab es nicht. Man mag diese Gestaltung als eine atypische Form der *asset backed securities* verstehen. Jedenfalls liegt auf der Hand, daß in dieser Konstellation eine Schuldnerersetzung die Kreditunterlage vollkommen unverändert identisch erhält.

(e) Maßgebendes Kriterium muß also sein, daß sich die Identität der Kreditunterlage nicht oder nicht wesentlich ändert. Die unterschiedliche Beurteilung der beiden unter (b) und (c) beschriebenen Fälle läßt sich dadurch regeln, daß Unterschiede unbeachtlich sind, soweit sie auch ohne den Schuldnerwechsel und ohne Pflichtverletzung hätten herbeigeführt werden können.

5 Anforderungen

Die Emissionsbedingungen sollten also die Schuldnerersetzung ohne das Erfordernis einer Gläubigerversammlung zulassen können, wenn das Risiko im vorgenannten Sinne unverändert bleibt. Von dieser Voraussetzung zu trennen ist die Frage der konkreten Anforderungen an den Schuldnerwechsel – womit ich immer noch nicht die rechtstechnische Methode der Schuldnerersetzung meine, sondern die materiellen Anforderungen an diese.

(a) Es ist sicherzustellen, daß gewährte Sicherheiten durch die Schuldnerersetzung nicht beeinträchtigt werden. Insbesondere ist sicherzustellen, daß akzessorische Sicherheiten nicht etwa gemäß § 418 BGB durch den Schuldnerwechsel erlöschen. Hat der ursprüngliche Schuldner an eigenem Vermögen eine dingliche Sicherheit gestellt, so wird diese gemäß § 418 Abs. 1 Satz 2 BGB nicht erlöschen, weil der Schuldnerwechsel sich nicht ohne die Zustimmung des ursprünglichen Schuldners vollziehen wird. Hat aber ein Dritter, beispielsweise ein Konzernunternehmen des ursprünglichen Schuldners, Sicherheiten gestellt, so ist durch seine Zustimmung sicherzustellen, daß die Sicherheiten nicht erlöschen. Auch für nicht akzessorischen Sicherheiten ist sicherzustellen, daß diese entweder die übernommene Schuld weiterhin sichern oder ggfs. die Garantieverpflichtung des ursprünglichen Schuldners sichern.

(b) Auch außerhalb von dinglichen Sicherheiten oder persönlichen Sicherheiten Dritter ist je nach Lage des Einzelfalles sicherzustellen, daß tatsächlich das Risiko gleich bleibt. In dem im Diskussionsentwurf vorgesehenen Fall, daß ein Dritter (sei es nun eine Tochtergesellschaft des ursprünglichen Schuldners oder nicht) die Schuld übernimmt, ist also wie im Entwurf vorgesehen, eine Garantie des ursprünglichen Schuldners vorauszusetzen, sofern nicht einer der anderen erörterten Fälle vorliegt.

(c) Auch abgesehen von Sicherheiten, die Dritte gestellt haben, genügt die Garantie des ursprünglichen Schuldners allein nicht immer, und zwar auch nicht in dem im Diskussionsentwurf geregelten Fall. Möglicherweise bedarf es einer Erweiterung oder Anpassung der Pflichten. Eine Verpflichtung zum Ausgleich von Quellensteuer wird beispielsweise in der Regel auf Quellensteuern des Landes des Emittenten und gegebenenfalls des Garanten beschränkt. Hat der neue Schuldner seinen Sitz in einem anderen Land – und das ist die Regel – so muß diese Verpflichtung auf Quellensteuern des Sitzlandes des neuen Schuldners erstreckt werden. Ein anderes Beispiel betrifft die sog. Negativverpflichtung. Damit verpflichtet sich der Schuldner, andere Kreditverpflichtungen oder gleichartige Verpflichtungen hinsichtlich der Sicherheiten nicht besser zu behandeln als die Schuldverschreibungen. Üblicherweise werden solche Verpflichtungen dahin gefaßt, daß der Aussteller für den Fall einer Besicherung anderer Schulden die Schuldverschreibungen gleichrangig an der Sicherheit beteiligen muß. Wenn nun eine Finanzierungstochter die Verpflichtungen aus den Schuldverschreibungen übernimmt, würde die Negativverpflichtung eine solche der Finanzierungstochter. Je nach der Formulierung der ursprünglichen Negativverpflichtung würde sie sich auf die Besicherung von Schulden des neuen Schuldners, also der Finanzierungstochter oder auf anderweitige Sicherheiten an deren Vermögen beziehen. Wenn diese Verpflichtung von der ursprünglichen Schuldnerin garantiert wird, würde das nichts daran ändern, daß die Muttergesellschaft aus ihrer eigenen Negativverpflichtung entlassen wäre. Bei der Tochtergesellschaft wird eine solche Negativverpflichtung praktisch gegenstandslos sein, wenn sie nämlich kein sonstiges Vermögen hat. Für diesen Fall ist also vorauszusetzen, daß die ursprüngliche Schuldnerin eine entsprechende Negativverpflichtung bezüglich ihrer Verpflichtungen aus der Garantie übernimmt oder die neue Schuldnerin die Negativverpflichtung mit ihrem ursprünglichen Inhalt mit Bezug auf die ursprüngliche Schuldnerin gewährleistet.

(d) Diese Beispiele lassen sich verallgemeinern. Es ist sicherzustellen, daß auch Sekundärverpflichtungen und die Folgen ihrer Verletzung wirtschaftlich unverändert bleiben. Ist die Hauptgesellschaft die ursprüngliche Schuldnerin und ist für bestimmte Vorgänge bei ihr, beispielsweise die Veräußerung wesentlicher Vermögensteile oder dergleichen, ein außerordentliches Kündigungsrecht vorgesehen, so muß klar gestellt sein, daß sich dieses Kündigungsrecht auch nach der Schuldnerersetzung nach wie vor auf entsprechende Vorgänge bei dem ursprünglichen Schuldner, der jetzt Garant geworden ist, bezieht. Gegebenenfalls müssen entsprechende Vorgänge bei dem neuen Schuldner, wie beispielsweise dessen Liquidation oder Insolvenz als zusätzliche Kündigungsgründe hinzukommen, wenn nicht vorher eine erneute Schuldnerersetzung erfolgt ist.

(e) Schließlich muß die Schuldnerersetzung auch in der für die Schuldverschreibungen bestimmten Weise bekannt gemacht werden, damit die Gläubiger davon überhaupt Kenntnis erhalten.

6 Schuldnerersetzung mit Zustimmung der Gläubigerversammlung

Wenn der Schuldnerwechsel das Risiko für die Gläubiger verändert, sollte eine Schuldnerersetzung trotzdem mit Zustimmung der Gläubigerversammlung möglich sein. Die Veränderung des Risikos bedeutet nicht notwendig, daß sich das Risiko erhöht. Gemeint sind vielmehr solche Fälle, in denen der Schuldnerwechsel nicht als reine Formalie, vor allem zur Vermeidung von Steuernachteilen, verstanden werden kann, sondern materielle Änderungswünsche dahinterstehen, wie beispielsweise der Fall der Konzernteilung, bei dem nicht nur das Vermögen und die Ertragsquellen geteilt werden sollen, sondern entsprechend auch die Schulden. In solchen Fällen bedarf es einer Einschätzung des neuen Risikos und ggf. einer Ermessensentscheidung, ob die Gläubiger bereit sind, dem Wechsel des Risikos zuzustimmen. Eine solche Ermessensentscheidung bedarf auch dann der Zustimmung durch die Gläubigerversammlung, wenn die Qualität des Risikos nach den üblichen Kriterien unverändert ist.

Es erscheint nicht sinnvoll, die Voraussetzungen, unter denen die Gläubigerversammlung dem Schuldnerwechsel zustimmen kann, weiter zu konkretisieren. Vielmehr sollte die Zustimmung am besten der Gläubigerversammlung überlassen bleiben.

B. Durchführung des Schuldnerwechsels

Das Verfahren der Schuldnerersetzung erscheint auf den ersten Blick unproblematisch: Wenn die Schuldnerersetzung in den Emissionsbedingungen zugelassen ist, ist sie in der dort vorgesehenen Form möglich. Bei näherem Zusehen ergeben sich indessen einige Fragen:

1 Schuldübernahme

Gedacht ist bei der Schuldnerersetzung an eine Schuldübernahme durch den neuen Schuldner.[26] Diese Schuldübernahme kann unter den gegebenen Umständen nur in dem Verfahren gemäß § 415 BGB erfolgen, also durch Vertrag zwischen dem alten und dem neuen Schuldner mit Zustimmung der Gläubiger.

(a) Auf die Zustimmung der aktuellen Gläubiger, d. h. der Inhaber der Schuldverschreibungen, soll und darf es nicht ankommen. Es scheint auch gekünstelt, auf die Zustimmung der ursprünglichen Gläubiger abzustellen, zumal dann, wenn die Schuldverschreibungen durch Direktemission begeben wurden. Der Erwerber einer Schuldverschreibung gibt keine anderen Erklärungen ab als diejenigen zum Kauf und Eigentumserwerb an den Papieren bzw. entsprechender Miteigentumsanteile.[27] Entscheiden muß die Tatsache, daß die Emissionsbedingungen selbst die Schuldnerersetzung vorsehen. Ein solcher Vorbehalt in den Emissionsbedingungen ist jedoch mit der Zustimmung des ursprünglichen Gläubigers oder gar des jeweiligen Gläubigers nicht ohne weiteres gleichzusetzen. Daher entspricht die Schuldübernahme schon in diesem Punkt nicht dem in § 414 oder dem in § 415 BGB vorgesehenen Verfahren. Indem der Diskussionsentwurf ausdrücklich vorsieht, daß die Schuldnerersetzung ohne Zustimmung der Gläubiger zugelassen werden kann, löst er dieses Problem.

26 So z. B. *Siebel*, Rechtsfragen internationaler Anleihen, § 9.2.2.1, S. 638.

27 Darauf, ob die Zustimmung des ursprünglichen Gläubigers seinen Rechtsnachfolger bindet, kommt es nicht an; grundsätzlich wird eine solche Bindung verneint, aber mit einer Ausnahme für den Fall der Zession wegen des Rechtsgedankens der §§ 404, 413 BGB, die aber für Schuldverschreibungen gerade nicht gelten; dazu Staudinger/*Gursky* § 183, Rn. 28; MünchKommBGB/*Schramm* vor § 182 Rn. 441. *Siebel* a. a. O. (Fn. 26) bezieht sich nur auf die Möglichkeit einer Einwilligung des Gläubigers zu der Schuldübernahme; die Lage des zwischenzeitlich erfolgten Gläubigerwechsels erörtert er nicht.

(b) Der andere Zweifel betrifft die Form. Die Schuldübernahme bedarf nach herrschender, wenn auch in den Einzelheiten durchaus umstrittener, Meinung der Form, die für die Begründung der ursprünglichen Schuld erforderlich ist, sofern deren Zweck die Erstreckung der Formvorschrift auf die Schuldübernahme verlangt.[28] Für Inhaberschuldverschreibungen sieht § 793 Abs. 2 BGB eine Form vor: Sie müssen nicht nur den Aussteller erkennen lassen, sondern es muß auch dessen mindestens faksimilierte Unterschrift auf den Schuldverschreibungen sein. Der Formzweck hängt unmittelbar mit der Rechtsnatur der Schuldverschreibung zusammen: Diese muß den aus ihr Verpflichteten unmittelbar erkennen lassen. Im Falle der Schuldübernahme wäre diesem Erfordernis nicht genügt. Es fragt sich, ob eine Schuldverschreibung, die den Aussteller und den aus ihr Verpflichteten nicht unmittelbar erkennen läßt, noch den Anforderungen an eine Schuldverschreibung genügt.

(c) Es könnte auch daran gedacht werden, die Schuldurkunde auszutauschen. Wenn effektive Stücke ausgedruckt und ausgegeben sind, kommt dies schon aus praktischen Gründen nicht in Betracht. Bei der heute üblichen Methode, daß die Schuldverschreibungen ausschließlich in einer Sammelschuldverschreibung verbrieft werden, ist dieses Verfahren eher gangbar. Zwar läßt sich durch die bloße Einlieferung der Urkunde des neuen Schuldners bei dem Sammelverwahrer kein Erwerb der Miteigentumsanteile durch die aktuellen Gläubiger begründen.[29] Doch kann der neue Schuldner seine Schuldübernahmeerklärung auf die bestehende Globalschuldverschreibung setzen oder sie mit ihr verbinden und zum Bestandteil der ursprünglichen Globalurkunde machen.[30] Mit dieser Methode ist das Formproblem für global verbriefte Schuldverschreibungen lösbar. Die Zweifel hinsichtlich der Zustimmung der Gläubiger sind ohne das Eingreifen des Gesetzgebers dadurch nicht gelöst.

28 MünchKommBGB/*Möschel*, § 414, Rn. 4; Staudinger/*Rieble*, § 414 BGB, Rn. 59 jeweils m. w. N.

29 Die Ersetzung von interimistischen Sammelschuldverschreibungen oder auch technischen Sammelschuldverschreibungen durch endgültige Stücke oder andere technische Sammelschuldverschreibungen unterschiedlicher Stückelung ist zwar nach § 9 a DepotG ohne Mitwirkung anderer Beteiligter möglich. Diese Bestimmung geht indessen von Urkunden desselben Ausstellers aus. Sie ist auf die Ersetzung einer Schuldverschreibung durch diejenige eines anderen Ausstellers nicht übertragbar.

30 Dieses Verfahren beschreibt *Hopt*, Festschrift Steindorff 1990, S. 341, 361 Fn. 84, sowie *Masuch*, Die Bedeutung des AGB-Gesetzes für Emissionsbedingungen von Anleihen, 2001, S. 220.

2 Vertrag zu Gunsten Dritter

Die Schuldnerersetzung kann ersatzweise auch durch einen Vertrag zu Gunsten Dritter in der Weise gestaltet werden, daß der neue Schuldner beispielsweise mit dem alten Schuldner oder einem Sicherheitentreuhänder zu Gunsten der jeweiligen Inhaber der Schuldverschreibungen oder von Miteigentumsanteilen daran sich verpflichtet, exakt die Leistungen zu erbringen, die in den Emissionsbedingungen vorgesehen sind.[31] Die Ermächtigung zur Schuldnerersetzung in den Emissionsbedingungen würde dann bedeuten, daß mit einem solchen Vertrag zu Gunsten Dritter der ursprüngliche Schuldner befreit würde. In der Sache würde dies jedoch einiges ändern:

(a) Die Schuldnerersetzung würde zu einer Novation in der Person des neuen Schuldners führen. Etwa bestellte akzessorische Sicherheiten gingen unter und müßten neu bestellt werden.

(b) Die Schuldverschreibungen selbst wären nicht mehr die Träger des Rechts, sondern würden sich gewissermaßen in eine Art Legitimationspapiere verwandeln: Das Eigentum an der Schuldverschreibung identifiziert denjenigen, dem die Rechte aus dem Vertrag zu Gunsten Dritter zustehen, aber es vermittelt dieses Recht nicht.

(c) Um die Rechtsstellung derjenigen der Gläubiger von Schuldverschreibungen gleichzustellen, müßte der Vertrag ausdrücklich Regelungen über den Einwendungsausschluß etc. vorsehen oder der Vertrag wäre entsprechend auszulegen. Ob damit aber wirklich in jeder Hinsicht die gleiche Lage geschaffen werden kann, beispielsweise hinsichtlich der Möglichkeit der Kraftloserklärung gemäß § 799 BGB, erscheint zweifelhaft. Dieser letzte Punkt hat bei dem Verfahren der dauernden Sammelschuldverschreibung und dem Ausschluß eines Anspruchs auf Einzelstücke keine Relevanz mehr.

3 Klarstellung durch das Gesetz

Die bloße Bestimmung in dem Diskussionsentwurf, daß die Emissionsbedingungen eine Schuldnerersetzung zulassen können, löst die aufgezeigten Probleme hinsichtlich der rechtstechnischen Durchführung der Schuldnerersetzung nicht. Eine ausdrückliche Bestimmung wäre zu wünschen. Es genügt die Bestimmung, daß die Schuldnerersetzung durch Vertrag zwischen dem alten und dem neuen Schuldner erfolgt.

[31] Diese Lösung ist z. B. dargestellt bei *Hopt*, a. a. O., Fn. 84.

4 Zusammenfassung des zweiten Teils

Diesen zweiten Teil fasse ich mit einem Formulierungsvorschlag zusammen:

Zur Regelung der Voraussetzungen einer Schuldnerersetzung, der Anforderungen an diese und der Methode der Durchführung sollte das Gesetz eine Bestimmung etwa folgenden Wortlauts aufnehmen:

„Die Emissionsbedingungen können bestimmen, daß ein anderer als der Aussteller durch Schuldübernahmevertrag mit diesem ohne Zustimmung der Gläubiger alle Verpflichtungen aus den Schuldverschreibungen befreiend für den Aussteller übernehmen kann, wenn die Gläubiger durch die Schuldübernahme nicht unbillig benachteiligt werden und die Emissionsbedingungen die Voraussetzungen und Folgen der Schuldübernahme regeln. Eine unbillige Benachteiligung liegt in der Regel nicht vor, wenn

(a) durch Haftungszusagen oder bestellte Sicherheiten sichergestellt ist, daß die wirtschaftlichen Grundlagen der von den Gläubigern getragenen Risiken im wesentlichen unverändert bleiben, und

(b) die Schuldübernahme so ausgestaltet ist, daß sich die Rechtsstellung der Gläubiger durch die Schuldübernahme nicht verschlechtert.

Umschuldung von Staatenanleihen unter Berücksichtigung der Problematik einer Aggregation aller Anleihegläubiger[1]

Dr. Christoph Keller

Gliederung

1. Einleitung und Ausgangspunkt
   a) Sachlicher und persönlicher „Anwendungsbereich" der gegenwärtigen Diskussion
   b) Mangelnde Organisation der Anleihegläubiger
   c) Kein Mittel zur Bindung unwilliger (Minderheits-)Gläubiger („rogue creditors")
2. Lösungsvorschläge des öffentlichen Sektors und Aggregation
   a) Rey Report 1996
   b) SDRM-Initiative des IWF
   c) Bericht der Quarles Gruppe
3. Aggregierung und Erfahrungen aus der Uruguay-Umschuldung (2002/3) sowie den angebotenen Austauschanleihen
4. Überlegungen für eine Anpassung des geltenden Rechts

[1] Der Beitrag gibt ausschließlich die persönliche Meinung des Referenten wieder.

1. Einleitung und Ausgangspunkt

Schon seit vielen Jahren sprechen sich sowohl die internationale Gemeinschaft der führenden Industrie- und Handelsnationen in ihren verschiedenen Zusammensetzungen (G 10, G 22)[2] wie auch der IWF[3] für eine Verbesserung der Mechanismen zur Bewältigung von Zahlungskrisen souveräner Schuldner aus.

Lassen sich mich – ungeachtet des Schwerpunkts Aggregation – nochmals einige der Eckpunkte der Diskussion um die *„bessere" Bewältigung von Zahlungskrisen* von Staaten nachzeichnen.

a) Sachlicher und persönlicher „Anwendungsbereich" der gegenwärtigen Diskussion

Im Zentrum der Betrachtung stand und steht die *internationale Finanzschuld* des Souveräns, in Abgrenzung von „nationalen" Finanzverbindlichkeiten und sonstigen, nicht aus Finanzierungsgeschäften resultierenden Ansprüchen wie Ansprüchen von staatlichen Bediensteten, aus Lieferungen und Leistungen usw.

Unter die internationale Finanzschuld fallen Anleihen und (syndizierte) Bankkredite sowie die Forderungen bilateraler und multilateraler Geber aus dem öffentlichen Bereich (Beistandskredite anderer Staaten sowie von IWF, Weltbank usw.), die in (aus der Sicht des Emittenten) *ausländischen* Währungen (wie USD, Euro, Yen) denominiert sind *und* (aus Sicht des

[2] Bericht der G 10 „the resolution of sovereign liquidity crises – a report to Ministers and Governors prepared under the auspices of the Deputies" vom May 1996, (nach dem Vorsitzenden benannt „Rey Report"), auf diesem aufbauend der Bericht der G 10 „Report of the G-10 Working Group on Contractual Clauses" vom September 2002/March 2003 (nach dem Vorsitzenden benannt „Quarles Bericht"), alle veröffentlicht durch die Bank für Internationalen Zahlungsausgleich unter http://www.bis.org/publ/other.htm (a.Ende).

[3] *Anne Krueger, International Financial Architecture for 2002: a new approach to sovereign debt restructuring,* Address given at the National Economists' Club Annual Members' Dinner, Washington DC, 26. Nov. 2001 and idem, *New Approaches to Sovereign Debt Retructuring: An Update given on our Thinking,* address given at the Conference on Sovereing Debt Workouts, Wash. DC 1. April 2002 www.imf.org.

Emittenten) *ausländischem Recht sowie einem ausländischen Gerichtsstand* unterstellt wurden[4].

Vorgenannte Gläubigergruppen sind wie folgt *organisiert*:

- öffentliche Gläubiger aus bilateralen Hilfen im Pariser Club[5]
- Banken im Londoner Club
- Anleihegläubiger(?)[6]

b) mangelnde Organisation der Anleihegläubiger

Es hat sich gezeigt und zeigt sich immer wieder, dass die Gruppe der Anleihegläubiger am *stärksten heterogen* ist und – wie schon im G 10 Bericht angedeutet – seit der Lateinamerikakrise *enorm angewachsen* ist. So hatte sich bereits Mitte der Neunziger Jahre das jährliche Volumen der Portfolioinvestitionen in Emerging Market Economies gegenüber den 80er Jahren ca. *versiebenfacht*[7].

Mithin ist die Erkenntnis gewachsen, dass die Gemeinschaft der Anleihegläubiger eine zunehmende Größe darstellt, die allerdings – je nach Marktsituation – stark zersplittert sein kann und über *keine „Organisation"* verfügt[8]. Fehlende Vertretungsorgane sowie fehlende Mechanismen für eine Gläubigerversammlung tragen – selbst wenn auf beiden Seiten (mehrheitlich) der Wille zu Verhandlungen vorhanden sein sollte – zur Lähmung des Prozesses bei, da weitere Zeit und Kosten zu investieren sind, um eine Organisation zu bewerkstelligen, die den „guten Willen" in rechtlich wirksame Instrumente umsetzen kann.

4 In diesem Sinne bereits: IWF-Stabspapier „Involving the Provate Sector in Forestalling and Resolving Financial Crises: Collective Action Provisions in International Sovereign Bonds v. 11.8.1999, Tz. 8 ff., veröffentlicht in www.imf.org; eine ausländische Währung ist dem währungsrechtlichen Zugriff des Emittenten („Währungsreform") entzogen, ausländische Gerichte können für Klagen gegen den Souverän nicht „geschlossen" werden.

5 Multilaterale Gläubiger genießen eine allgemein akzeptierte Vorzugsbehandlung.

6 S. vor diesem Hintergrund auch der Bericht der Quarles Gruppe (s. Fn. 2), S. 2, 3 („Early Dialogue, Coordination and Communication").

7 Rey Report (s. Fn. 2), S. 3 Tz. 10 ff. „A changing evironment".

8 Rey Report (s. Fn. 2), S. 11 Tz. 45 ff.

Ein besonderes Beispiel für eine aufwendig bewerkstelligte *Ad hoc Organisation* stellt die von der Hypovereinsbank initiierte Argentine Bond Restructuring Agency PLC Ireland dar, deren wesentliches Merkmal darin liegt, dass sie als irische PLC treuhänderische Halterin der ihr von den Anlegern (rechtlich) übertragenen Bonds bestimmter Serien wird und damit in die formale Gläubigerstellung gegenüber Argentinien einrückt[9]. Der teilnehmende übertragende Anleger erhält im Austausch „Zertifikate", die das wirtschaftliche Eigentum und die sonstigen Rechte des Anlegers (wie etwa das jederzeitige Rücktauschrecht) gegenüber der Plc. verbriefen.

c) Kein Mittel zur Bindung unwilliger (Minderheits-) Gläubiger („rogue creditors")

Spektakuläre *Alleingänge von Altgläubigern* („Hold Outs") wie etwa in den Fällen Elliott Associates gegen Peru[10] oder jüngst LNC Leucadia gg. Nicaragua haben gezeigt, dass die auf Freiwilligkeit basierenden Umschuldungsinstrumente keine Handhabe gewähren, Minderheitsgläubiger *gegen ihren Willen* den neuen Zahlungsbedingungen zu unterwerfen, wie sie aus den zum Umtausch angebotenen neuen Anleihen hervorgehen. Vielmehr bestehen die alten Anleiheverpflichtungen gegenüber den dissentierenden Gläubigern *unverändert* mit den alten (längst verstrichenen) Fälligkeiten und Zahlbeträgen fort und können auf dem Zivilrechtsweg durchgesetzt werden.

Das ökonomische Verhaltensschema der „Geierfonds" oder positiver „distressed debt traders" (ähnlich den Restwertaufkäufern von unfallgeschädigten Automobilen) ist einleuchtend:

Der Fonds kauft in 2004 aus einer Anleihe Teilschuldverschreibungen in Höhe von 1 Mio nominal (zzgl. der seit langem nicht mehr bedienten Zinsforderung von z. B. 10% p. a.) auf zu einem Preis von 250.000,–. Dann wartet er, bis der IWF, Londoner Club und Anleihegläubiger den staat-

9 Prospekt s. www.hvb.de/argentinienzertifikat.

10 S. US Court of Appeals for the 2nd circuit, Oct. 20, 1999, 194, F. 3 d 363, 1999 U. S. App (LEXIS 26 370), s. Cour d'Appell de Bruxelles, 8ème ch., 26 Sept. 2000, (General Docket No. 2000/QR/92), ferner *Elderson/Perassi* in: EUREDIA, 2003/2, p. 239 seq: Collective Action Clauses in Souvereign Foreigen Bonds; towards a more harmonised approach, vgl. S. 243, sowie *Keller*, BKR 2003/8, S. 313, Neuere Entwicklungen im Recht der emerging-markets Staatsanleihen.

lichen Emittenten über neue Kredite bzw. freiwillige Zahlungsstreckungen oder gar Nominalverzichte im Rahmen von Umschuldungen wieder auf die Beine gestellt haben. Sollte der Emittent eines Tages seine Zahlungen wieder aufgenommen haben, wird der Fonds aus seiner Wartestellung heraustreten, um Zahlung von Zins und Kapitalforderung beizutreiben.

Im *Elliott-Fall* betrieb der Altgläubiger aus dem in New York erstrittenen Titel die Zwangsvollstreckung in die zur Bedienung der *umgeschuldeten* Verbindlichkeiten bei Euroclear bereitgestellten Geldmittel. Außergewöhnlich war hierbei, dass (1) das Belgische Gesetz zur Umsetzung der Finalitätsrichtlinie Konten in Zahlungsverkehrs- und Wertpapierliefersystemen (ähnlich Art. 4-A-503 New York U. C. C., Fed. Regulation J, der die Vollstreckung nur gegen Auftraggeber- und Empfängerbanken, nicht aber gegen Zwischenbanken zuläßt) ausdrücklich auch gegen Individualvollstreckungen schützt, das Gericht gleichwohl die Sicherungsvollstreckung in Gestalt einer Anordnung „in personam" gegen den Clearer zuließ[11] (2) dass der Präsident des Brüsseler Appellationsgerichts (nach Einholung eines Gutachtens eines New Yorker Rechtsprofessors) aus der „pari passu" Klausel der Anleihe des Geierfonds eine konkursartige Verteilungspflicht herleitete, wie sie etwa aus „Inter-Creditor-Agreements" bei syndizierten Krediten bekannt ist: der Schuldnerstaat habe unzureichende Mittel zwischen Gläubigern „pro rata" aufzuteilen, egal ob jene qua Umschuldung bereits einen „Beitrag" für die Sanierung des Schuldners geleistet haben oder nicht[12]. Ungewöhnlich bei der pari passu

11 Belg. Gesetz v. 10.2.1999, Art. 9 „Tout compte de règlement sur espèces auprès d'un organisme gestionnaire ou d'un agent de règlement d'un système, ne peut être saisi, mis sous séquestre ou bloqué d'une manière quelquonque par un participant (auter que l'organisme gestionnaire ou l'agent de règlement), une contrepartie ou un tiers." Ein ähnlicher Schutzmechanismus wurde vom Bundesrat im Rahmen der Umsetzung der Richtlinie 98/26 in Deutschland angeregt, s. BR-Drucksache 456/99 v. 24. 9. 1999, BT-Drucksache 14/1931 v. 29. 10. 1999, S. 5 ff. (Gegenäußerung der BuReg/BMJ, dort wurde zugesagt, die Anregungen des Bundesrats zur Einzelzwangsvollstreckung zu übernehmen).

12 *Elderson/Perassi* (Fn. 7), S. 244; nach vorherrschender Auffassung zum Recht von New York stammt die pari passu Klausel typischerweise aus Unternehmensanleihen und hat zum Ziel, den Gleichrang im Falle der Liquidation mit allen künftigen Gläubigern sicherzustellen – was sich bereits aus den meisten Insolvenzrechten der Welt ergibt, s. *Buchheit & Pam*, The Pari Passu Clause in Sovereign Debt Instruments 11, Working Paper, Harvard Law School Program on International Financial Systems (2003), www.law.harvard.edu/

Argumentation war hierbei bereits, dass das Gericht im Einzelvollstreckungsverfahren nicht dem üblichen „Windhundprinzip“ folgt, sondern konkursartige Überlegungen anstellt, obwohl ein solches Gesamtverfahren für Staaten nicht existiert. Es geht auch an der Realität einer Staatenkrise vorbei, wenn aufgrund einer solchen Klausel jede künftige Zahlung eines souveränen Staates eine Aufteilungspflicht dergestalt auslösen würde, dass der (noch so bescheidene) Zahlbetrag sofort mit allen anderen Gläubigern zu teilen wäre, die eine pari passu Klausel mit dem Schuldnerstaat vereinbart haben. Dadurch würde der von der Community stillschweigende anerkannte Vorrang des IWF sowie auch aller umgeschuldeten Gläubiger (die schon einen Beitrag zur Wiederherstellung der Solvabilität des Staates geleistet haben) unterlaufen. Dennoch bedarf das Brüsseler Gericht der Anerkennung, da es immerhin versucht hat, – wenn auch mit fragwürdiger juristischer Argumentation – alternative Gerechtigkeitsüberlegungen anzustellen (wenngleich das Gericht übersehen hatte, dass es um Zahlungen an die Brady Gläubiger ging, die schon einen Beitrag geleistet hatten, den die Altgläubiger ihrerseits nicht erbracht hatten).

Hindernisse bzw. Schutzmechanismen für den staatlichen Schulder aufgrund der *Staatenimmunität* ergeben sich aus dem simplen Grund nicht, da staatliche Emittenten üblicherweise in den Bedingungen hierauf *verzichten*. Dies ist nach allen Rechtsordnungen der G 10 (jedenfalls innerhalb gewisser Grenzen[13]) möglich und wird auch in der Praxis vorge-

programs/pifs/pdfs/buchheitpam.pdf, offensichtlich hatte das Belgische Gericht den Vertreter einer Minderheitsmeinung als Gutachter bestellt.

13 S. §§ 17 ff. GVG, Art. 22, 32 der Wiener Diplomatenrechtskonvention, Art. 31–33, 45 der Wiener Konsularrechtskonvention zum (unverzichtbaren) Schutz von Botschaften und konsularischen Räumlichkeiten, s. Sec. 1611 b U. S. C. zum (unverzichtbaren) Schutz der Zentralbankaktiva gegenüber „pre-judgement attachments“, d. h. dem Erkenntnisverfahren vorangehende oder dieses begleitende Sicherungsvollstreckungen, s hierzu im einzelnen *Krauskopf/Steven*, Immunität ausländischer Zentralbanken im deutschen Recht, WM 2000, 269 ff. (s. dort S. 277 speziell zum „pre-judgement attachment“); das LG Frankfurt hatte – offensichtlich wegen des Immunitätsverzichtes – diese Frage in seiner E. v. 14. 3. 2003 (Fn. 14) nicht einmal mehr angesprochen; zu überlegen wäre, dass der staatliche Schuldner seine Zentralbank als Halterin von Finanzvermögenswerten einsetzt, da diese als personenverschieden vom Staat von dessen Immunitätsverzicht womöglich nicht erfaßt wird und ferner in den bedeutenden Finanzjurisdiktionen (jenseits der Unterscheidung „juri imperii bzw. jure commercii“) für ihre Vermögenswerte generell eine weiter reichende Vollstreckungsimmunität beanspruchen kann als der Zentralstaat.

sehen, so dass nicht nur die Zivilklage sondern auch die Zwangsvollstreckung in die Aktiva des Staates zulässig wäre.

Andere Verteidigungsmittel wie etwa *staatlicher Notstand* nach allgemeinen Grundsätzen des Völkerrechts (s. Landgericht Frankfurt v. 14.3.2003[14]) oder die *doctrine of champerty* (unzulässige Prozessführung rein um der Gebühren willen, s. US Court of Appeals for the 2nd circuit v. 20.10.1999[15]) oder einer Berufung auf die mangelnde Klagbarkeit von mit dem IWF abgestimmten Zahlungsverkehrsbeschränkungen nach *Art VIII Absch. 2 b) S. 1 des IWF-Abkommens*[16] schlagen ebenfalls fehl. Mittlerweile ist sogar die *erste Gruppenklage* gegen einen in Verzug geratenen staatlichen Schuldner vor einem New Yorker Gericht durchgedrungen[17].

Der Schutz von *Konten in Zahlungs- und Wertpapierabrechnungssystemen* gegenüber Einzelvollstreckungen wie im Falle Belgiens dient lediglich punktuell der Sicherheit der Zahlungssysteme, hat aber keinen umfassenden Schutz eines Schuldners im Auge.

Exit Consents als Alternative zu CACs haben sich ebenfalls als rechtlich eher fragwürdig erwiesen. Über die Technik der „Exit Consents“ versucht die New Yorker Praxis (wegen der bislang fehlenden Mehrheitsklauseln zur Änderung von Zahlungsbedingungen in souveränen Emissionen nach New Yorker Recht) andere zentrale Bedingungen (wie etwa Gerichtsstand, Immunität, Rechtswahl, Börsenzulassung, negative pledge usw.) aufzuheben und dadurch den nicht austauschwilligen Gläubigern das Beibehalten der Altanleihen zu „versalzen“. „Exit consent“ deshalb, weil die umschuldungswilligen Gläubiger unmittelbar vor der – freiwilligen – Abgabe der alten Anleihe gegen Erhalt der neuen (d. h. eine juristische Sekunde vor dem „Exit“) eine Stimmabgabe zur Änderung der alten Anleihe vornehmen. Diese Technik wurde vor allem bei der Ecuador-Umschuldung im Sommer 2000 genutzt, könnte aber als Mittel der Umschuldung durch Mehrheitsbeschluss „durch die Hintertür“ angezweifelt werden[18].

14 www.landgericht.frankfurt-main.de/PIndULZ.htm.

15 S. o. Fn. 6.

16 S. LG Frankfurt, Fn. 8, s. hierzu auch Rey Report (s. Fn. 2), S. 22, Tz. 89.

17 U.S. District Court (S.D.N.Y.) 02 Civ. 5699 (TPG) v. 30.12.2003 (Urban GmbH gg. Republic of Argentina).

18 *Elderson/Perassi* (s. Fn. 7), S. 247, s. ferner *Buchheit/Gulati*, Sovereign Bonds and the Collective Will, Working Paper No. 34, March 2002 (Georgetown Unversity Law Center, Wash. DC 20001), S. 24 m. w. N., der Exit Consents im NY-Recht für rechtlich unproblematisch hält.

2. Lösungsvorschläge des öffentlichen Sektors und Aggregation

Die Überlegungen des öffentlichen Sektors zielen inhaltlich alle darauf, ein geordnetes Verfahren zur Verfügung zu stellen („orderly workout"). Sie lassen sich mehr oder weniger zwei Grundmodellen zuordnen, wobei die Regierungen den vertraglichen Ansatz in den Vordergrund gestellt haben („Collective Action Clauses")[19] während der Internationale Währungsfonds tendenziell für ein insolvenzartiges Verfahren für Staaten plädiert („Sovereign Debt Resolution Mechanism" = SDRM).

a) Rey Report 1996

Die Regierungen folgten im besagten Rey Report von 1996 dem *vom Markt hierfür bereits vorgezeichneten Ansatz*, indem in der Praxis bereits übliche Organisationklauseln aber auch gesetzlich geordnete Konzepte v. a. der kontinentalen Jurisdiktionen (wie Frankreich, Schweiz und in Grundzügen auch Deutschland) mit ähnlicher Zielrichtung als Ausgangspunkt für Lösungsinstrumente angesehen wurden.

So wurden seinerzeit vertragliche Klauseln über die *Vertretung der Anleiheinhaber*, eine *verbindliche Mehrheitsabstimmung über die Änderung der Zahlungsbedingungen* sowie die Verteilung von unzureichenden Zahlungen propagiert. Das Thema der zeitweiligen Zahlungsaussetzung (einseitiges Moratorium bzw. beidseitiger „Stand Still") wurde für nicht lösungsbedürftig erachtet.

Deutlich wurde jedoch, dass ein Teil der Emissionen (etwa nach deutschem und New Yorker Recht) in der Praxis *keine Klauseln dieser Art aufweist* bzw. aus Rechtsgründen nicht aufweisen kann, nach dem Recht anderer Jurisdiktionen (England und Japan) traditionell jedoch schon.

Ferner wurde auch klar, dass die Abstimmungsmechanismen „instrument-by-instrument" – wie in den Mehrheitsklauseln der Anleihe vorgezeichnet – nicht ausreichen, wenn *viele kleinere Anleihen* ausstehen und Großanleger bedeutende Anteile *einer* bestimmten (dank des defaults günstig zu habenden) Anleihe zukaufen, so dass in vielen Anleihen zwar

[19] Rey Report, S. 9 ff. (s. Fn. 2).

die erforderliche Mehrheit erzielt wird, nicht aber in der, wo der „Hold Out“ sitzt.

b) SDRM-Intiative des IWF

Die Parallelinitiativen des IWF (kulminierend in den beiden Krüger-Reden von 2001/2) setzten hier an, indem das dort propagierte Insolvenzverfahren (SDRM) notwendig folgende Vorteile mit sich bringen würde:

- ein universell geltendes Verbot individueller Rechtsverfolgung („automatic stay“) gegen den Schuldner (als Alternative zu einseitig erklärten, unverbindlichen „Moratoria“)
- ein justizförmlich beaufsichtigtes Mehrheitsabstimmungsverfahren über Umschuldungsvorschläge unter Einbeziehung *aller* (internationalen Finanz-)Gläubiger, ausgenommen Pariser Club,

  a) unabhängig davon, ob nun Wahlklauseln vorhanden waren oder nicht,

  b) in „instrumentübergreifender“ Form, d. h. nicht nur innerhalb der einzelnen Anleihe oder Kreditkonsortiums

  mit der Folge, dass der Umschuldungsplan im Wege des „cram down“ von der Schiedseinrichtung für wirksam erklärt würde, obwohl einzelne Gläubigergruppen dem Umschuldungsplan nicht zugestimmt haben („cram down“), d. h. Aggregation in „Reinform“
- einen gesetzlichen Vorrang aller Geldgeber *nach* Verfahrensbeginn („Debtor in Possession Financing“), wie wir sie auch im nationalen Insolvenzrecht kennen (s. § 55 Abs. 1 Z. 1 der deutschen Insolvenzordnung, wonach durch Handlungen der Verwaltung begründete Schuld eine Masseverbindlichkeit ist)[20].

Damit würden die offenkundigen Schwächen des vertraglichen Ansatzes überwunden.

20 s. o. Fn. 1, s. ferner IWF: The Design of the Sovereign Debt Restructuring Mechanism – Further Considerations, 27. November 2002, s. www.imf.org, in dem der „automatic stay“ als Bestandteil des SDRM aufgegeben wird.

c) Bericht der Quarles Gruppe

Die 2002 zusammengetretene G 10 Arbeitsgruppe „on Contractual Clauses" hatte den Auftrag, auf den Arbeiten des Rey-Berichts 1996 aufbauend *Empfehlungen für den Mindestinhalt solcher Klauseln* auszusprechen[21]. Diese hatten gleichzeitig den Anspruch, eine Reihe von Merkmalen des SDRM auf vertraglicher Basis nachzuvollziehen.

Die im Rahmen der Arbeiten der Quarles Gruppe vorgenommenen Untersuchungen hatten für die führenden Emissionsjurisdiktionen der G 10 als „Ist-Zustand" bei CACs ergeben (s. tabellarische Übersicht im Anhang), dass Emissionen nach New Yorker und deutschem Recht keine Wahlklauseln für Änderungen der Zahlungsbedingungen enthielten (nach New Yorker Recht nur für *andere* Bedingungen außer den Zahlungsbedingungen, nach deutschem Recht generell keine). Seit dem Rey Bericht hatte sich nichts getan.

Die Mindestempfehlungen der Quarles Gruppe waren daher eher „konservativ": Änderung der Anleihebedingungen qua Mehrheitsentscheid mit 75% des ausstehenden Kapitals für Zahlungs- und andere „reserved matters", mit 2/3 des Kapitals für sonstige Bedingungen, sowie Vertretung und Rechtsverfolgung aus der Anleihe, die ausschließlich in die Hände eines Anleihetreuhänders oder Vertreters gelegt werden sollte, der nur dann zum Handeln verpflichtet sein soll, wenn er von mindestens 25% des Kapitals etwa zur Kündigung oder zur Klageerhebung angewiesen wird, und der – da als Treuhänder für alle Halter handelnd – unzureichende Teilzahlungen an die von ihm vertretenen Gläubiger pro rata verteilen muss; Alleingänge einzelner Gläubiger würden über jenen nur auf kollektive Anweisung reaktionspflichtigen Treuhänder abgewendet.

Der Quarles Bericht war, was die *Aggregierung von Mehrheiten* anging, wenig ambitioniert, sondern beschränkte sich auf die herkömmliche Instrument-by-instrument Betrachtung. Dennoch finden sich auf S. 5 hierzu folgende Ausführungen:

„The Working Group believes that „aggregation" across a range of different types of creditors for voting purposes under the majority amendment clause, while desirable, *is not practicable within a contractually based mechanism.* However, it would appear to be *legally and contractually possible to have debt instruments issued pursuant to a single master agreement such as a medium-term note programme providing for blended voting*

21 s. o. Fn. 2.

under certain circumstances. This approach has a great deal of potential, especially within the context of bonds issued under the laws of a single jurisdiction, and merits further exploration, as *medium-term note programmes* are increasingly used by emerging market borrowers. It is noted, however, that the Working Group has not focused on the technicalities of this approach in any detail."

3. Aggregierung und Erfahrungen aus der Uruguay-Umschuldung (2002/3) sowie den angebotenen Austauschanleihen

Was ist das Ziel der Aggregierung?

Nach unserem Verständnis aus den Arbeiten in der Quarles Gruppe geht es darum, dass eine allseits verbindliche Mehrheit auch dann zustande kommen soll, wenn eine Gläubigergruppe (etwa aus *einer* bestimmten Anleihe) die erforderliche qualifizierte Mehrheit nicht erzielt. Im Falle Argentiniens existieren unseres Wissens 83 solcher internationalen Anleihen. Nähme man an, dass für alle ein Wahlmechanismus zumindest nach den Empfehlungen der Quarles-Gruppe existieren würde, so könnte jene 75% Mehrheit (auf das Kapital gerechnet) zwar z. B. bei 70 Anleihen zustande kommen, bei 13 hingegen nicht. D. h. die dissentierenden Gläubiger in jenen 13 Anleihen wären – trotz der Quarles-Wahlmechanismen – nicht gebunden und stellen weiterhin das Potential für Trittbrettfahrer im vorbeschriebenen Sinne dar.

Anders im Insolvenzrecht. Dieses kennt die am weitesten reichende Form der Aggregierung. Dort kennen wir z. B. in der deutschen Insolvenzordnung seit 1999 das „Obstruktionsverbot" im (Chapter 11 des US Bankruptcy Code nachgebildeten) Sanierungsplanverfahren, s. § 245 InsO. Danach kommt eine bindende Mehrheit auch dann zustande, wenn (vorbehaltlich gewisser Mindestsicherungen) die *Mehrheit der abstimmenden Gruppen* den Plan (mit einfacher Mehrheit) angenommen hat.

Im vorgenannten Beispiel wäre danach die Mehrheit unproblematisch zustande gekommen, vorausgesetzt ein „Gesamtplan" in der Art eines insolvenzrechtlichen Sanierungsplans wurde unterbreitet, in dem – grob gesagt – Gläubiger gleichen Ranges „gleiche" Behandlung erfahren haben und alle Gläubiger mindestens den „Liquidationswert" ihrer Forderung erhalten haben.

Zwischen diesen beiden Extrempolen – Abstimmung allein innerhalb der einzelnen Gläubigergruppe einerseits und Abstimmung mit der Mehrheit der Gruppen andererseits – sind eine Reihe von Alternativen und Optionen denkbar:

Kommen wir zu dem Beispiel Uruguays:

Vorweg ist zu bemerken, dass die umzuschuldenden Anleihen Uruguays solche nach New Yorker Recht waren, die eine Anpassung der Anleihebedingungen traditionell zwar mit qualifizierter Mehrheit erlauben, hiervon jedoch ausgeschlossen die Zahlungsbedingungen.

Mithin handelte es sich um eine Umschuldung auf freiwilliger Basis.

Von den umgeschuldeten 18 Serien von Uruguays internationalen Anleihen (ausgenommen die Samurais), erzielten 12 Serien Mehrheiten von mehr als 75% des ausstehenden Kapitals, 3 Serien von weniger als 66 2/3%, weitere 3 von zwischen 66 2/3% and 75%:

Das *aktuelle Ergebnis* (auf der Basis der aktuellen N. Y.-Klauseln, d. h. ohne Mehrheitsklauseln für Zahlungsbedingungen) war

% umgeschuldet
88.9%

Mit anderen Worten: 88.9% aller betroffenen Anleihegläubiger hatten zugestimmt, eine sicher eindrucksvolle Mehrheit. Dennoch sind die verbliebenen gut 11% nicht gebunden, d. h. für sie gelten die alten Bedingungen (vorbehaltlich der exit consent Änderungen) fort.

Wäre die Abstimmung auf der Grundlage von *Mehrheitsklauseln im Stile der Quarles Empfehlungen* durchgeführt worden (75% aus dem Kapital der einzelnen Anleihe), dann wäre das Ergebnis nur marginal besser gewesen:

% umgeschuldet
91.8%

Warum? Weil nur die dissentierenden Stimmen in den 12 Serien gebunden wurden, bei denen mehr als 75% ihre Zustimmung gegeben hatten.

Wären die *Quarles Klauseln noch um eine „Aggregierungsklausel"* ergänzt gewesen, so dass die *Mehrheit innerhalb der einzelnen Anleihe* **auf 66,66%** (des ausst. Kapitals) *abgesenkt worden wäre, sofern* **insgesamt** d. h. für alle Anleihen eine zusammengezählte Mehrheit von **85%** des Kapitals zustande gekommen wäre, dann hätte sich allerdings folgendes Bild ergeben:

% umgeschuldet
95.8%

Warum? Weil hier neben den 12 Serien mit mehr als 75%iger Mehrheit auch die dissentierenden Stimmen in den 3 Serien mit Mehrheiten zwischen 66 2/3 und 75% erfasst worden wären.

Wären die *Quarles Klauseln noch um eine „Aggregierungsklausel"* ergänzt gewesen, so dass die *Mehrheit innerhalb der einzelnen Anleihe* **auf 50%** (des ausst. Kapitals) abgesenkt worden wäre, sofern insgesamt d. h. für alle Anleihen eine zusammengezählte Mehrheit von **85%** des Kapitals zustande gekommen wäre, dann hätte sich allerdings folgendes – beinahe perfektes – Bild ergeben:

% umgeschuldet
99.4%

Es wären nämlich auch die dissentierenden Anleiheinhaber in den verbliebenen 3 Serien (mit einer Zustimmungsquote von weniger als 2/3) erfasst.

Wären die *Quarles Klauseln noch um eine „Aggregierungsklausel"* ergänzt gewesen, so dass die *Mehrheit innerhalb der einzelnen Anleihe* **nicht erforderlich** gewesen wäre, sofern insgesamt d. h. für alle Anleihen eine zusammengezählte Mehrheit von **85%** des Kapitals zustande gekommen wäre, dann hätte sich allerdings folgendes – perfektes – Bild ergeben:

% umgeschuldet
100%

Anhand dieses Beispiels wird deutlich, dass Gesamtzählungen den Wirkungsgrad der Mehrheitsabstimmung deutlich erhöhen können und folglich das „Hold Out"-Problem deutlich stärker reduzieren als die herkömmlichen Abstimmungsmechanismen, die sich nur auf eine einzelne Anleihe beschränken[22].

22 IWF-Stabspapier: The Restructuring of Sovereign Debt – assessing the Benefits, Risks and Feasibility of Aggregating Claims v. 3. 9. 2003, S. 21 http://www.imf.org/external/np/pdr/sdrm/2003/090303.htm.

Interessanterweise hatte Uruguay die *Austauschanleihen* auf der Basis eines für alle diese Anleihen geltenden Rahmenvertrags herausgegeben, der just eine solche *doppelte Mehrheitsschwelle* (allerdings in der schwächsten Variante: 2/3 und 85%) enthält[23].

Danach wird die erforderliche Mehrheit für eine Anpassung der Zahlungsbedingungen erzielt, indem

a) in der einzelnen Anleihe 75% des ausstehenden Kapitals zustimmen *oder*

b) in der einzelnen Anleihe nur 2/3 des ausstehenden Kapitals zustimmen sofern insgesamt (in allen 18 Anleihen zusammengerechnet) 85% des ausstehenden Kapitals zustimmen.

Die *Grundidee* der Aggregation im Uruguay-Stil bedeutet, dass die qualifizierte Mehrheit in der Einzelanleihe abgesenkt wird, sofern eine qualifizierte Mehrheit über alle Anleihen hinweg erzielt wird. Das Mehrheitserfordernis für die Einzelanleihe bleibt jedoch.

Anhand eines anderen Beispiels („Uruguay" nach englischem Muster):

Emittent hat 5 Bonds über je 200 Mio emittiert, die alle mit *Wahlklauseln nach englischem Muster (Mehrheit der Anwesenden, Quorum 25%)* ausgestattet sind. Folgendes Ergebnis:

Bond A:	Teilnahme 120 Mio	Zustimmung 108 Mio	% Zustimmung 90%
Bond B:	Teilnahme 100 Mio	Zustimmung 95 Mio	% Zustimmung 95%
Bond C:	Teilnahme 110 Mio	Zustimmung 60,5 Mio	% Zustimmung 55%
Bond D:	Teilnahme 80 Mio	Zustimmung 76 Mio	% Zustimmung 90%
Bond E:	Teilnahme 90 Mio	Zustimmung 85,5 Mio	% Zustimmung 90%
Sa.	500 Mio	425 Mio	85%

23 Fundstelle in der SEC-Datenbank: http://www.sec.gov/Archives/edgar/data/102385/000095012303004250/y84311b3e424b3.htm).

Ohne Aggregationsklausel wäre die Mehrheit bei Bond C nicht zustande gekommen, d. h. nominal wären 4 x 200 Mio gebunden, zzgl. der 60,5 Mio die in Bond C zugestimmt haben.

Im Ergebnis wären 860,5 Mio aus allen Emissionen gebunden, es verbliebe ein „Hold Out"-Potential von 139,5 Mio (Nichtteilnehmer plus Gegenstimmen in Bond C) = 13,95% des Gesamtkapitals.

Mit einer „sanften" Aggregationsklausel in Gestalt einer Absenkung der Mehrheit in der Einzelanleihe auf 2/3, sofern 85% insgesamt (aus dem Kreise der Teilnehmenden) zugestimmt hätten, wäre das Ergebnis dasselbe, da zwar die aggregierte Mehrheit erzielt wurde, nicht aber die erforderliche Mehrheit (2/3) in der Einzelanleihe.

Mit einer etwas „radikaleren" Aggregationsklausel in Gestalt einer Absenkung der Mehrheit in der Einzelanleihe auf 50% wären alle Anleiheinhaber gebunden worden.

Denkbar wäre – statt der „Zwei-Schritt-Mehrheit" – ausschließlich auf der Basis aggregierter Mehrheiten (und Quoren) zu arbeiten:

Folgendes weitere Beispiel (wie oben, Änderung nur bei Bond C):

Emittent hat 5 Bonds über je 200 Mio emittiert, die alle mit *Wahlklauseln nach englischem Muster (Mehrheit der Anwesenden, Quorum 25%*[24]) ausgestattet sind. Folgendes Ergebnis:

Bond A:	Teilnahme 120 Mio	Zustimmung 108 Mio	% Zustimmung 90%
Bond B:	Teilnahme 100 Mio	Zustimmung 95 Mio	% Zustimmung 95%
Bond C:	Teilnahme 110 Mio	Zustimmung **44 Mio**	% Zustimmung **40%**
Bond D:	Teilnahme 80 Mio	Zustimmung 76 Mio	% Zustimmung 90%
Bond E:	Teilnahme 90 Mio	Zustimmung 85,5 Mio	% Zustimmung 90%
Sa.	500 Mio	408,5 Mio	81,7%

24 Im Falle einer zweiten Versammlung, nachdem bei der ersten Versammlung das Quorum von 75% nicht zustande gekommen ist.

Nach keiner der „Zwei-Schritt-Aggregierungsklauseln" wäre Bond C gebunden, da keine (einfache) Mehrheit zustande gekommen ist.

Bei einer „Ein-Schritt-Aggregierung" – ohne Betrachtung der Verhältnisse im Einzelinstrument – (z. B. 75% Gesamtmehrheit, Quorum = 25% des angesprochenen Gesamtkapitals) wäre die erforderliche Mehrheit erzielt.

Folgendes weitere Beispiel (wie oben, Änderung bei Bond C und A):

Emittent hat 5 Bonds über je 200 Mio emittiert, die alle mit *Wahlklauseln nach englischem Muster (Mehrheit der Anwesenden, Quorum 25%)* ausgestattet sind. Folgendes Ergebnis:

Bond A:	Teilnahme 120 Mio	Zustimmung **12 Mio**	% Zustimmung **10%**
Bond B:	Teilnahme 100 Mio	Zustimmung 95 Mio	% Zustimmung 95%
Bond C:	Teilnahme 110 Mio	Zustimmung **44 Mio**	% Zustimmung **40%**
Bond D:	Teilnahme 80 Mio	Zustimmung 76 Mio	% Zustimmung 90%
Bond E:	Teilnahme 90 Mio	Zustimmung 85,5 Mio	% Zustimmung 90%
Sa.	500 Mio	312,5 Mio	62,5%

Eine volle Bindung aller Anleihen wäre nur erzielbar, wenn man entweder eine „Ein-Schritt-Aggregation" mit einfacher Gesamtmehrheit (50%) oder aber die Aggregation durch Mehrheit der Gruppen zulassen würde.

Folgendes weitere Beispiel (wie oben, Änderung bei Bond A, B, C und D):

Emittent hat 5 Bonds über je 200 Mio emittiert, die alle mit *Wahlklauseln nach englischem Muster (Mehrheit der Anwesenden, Quorum 25%)* ausgestattet sind. Folgendes Ergebnis:

Bond A:	Teilnahme 120 Mio	Zustimmung **12 Mio**	% Zustimmung **10%**
Bond B:	Teilnahme 100 Mio	Zustimmung **55 Mio**	% Zustimmung **55%**

Bond C:	Teilnahme 110 Mio	Zustimmung **44 Mio**	% Zustimmung **40%**
Bond D:	Teilnahme 80 Mio	Zustimmung **48 Mio**	% Zustimmung **60%**
Bond E:	Teilnahme 90 Mio	Zustimmung 85,5 Mio	% Zustimmung 90%
Sa.	500 Mio	244,5 Mio	48,9%

In diesem Fall wäre der Gesamtplan nur dann angenommen, wenn eine Abstimmung mit der Mehrheit der Gruppen analog dem Insolvenzrecht möglich wäre.

Problematisch bei der Aggregation erscheinen letztlich vier Punkte:

1. die Frage der rechtstechnischen Ausgestaltung qua Anleihebedingungen oder qua dispositivem Recht

   (So wäre denkbar, wie im Falle der Austauschanleihen Uruguays Emissionen unter Rahmenbedingungen – wie bei Emissionsprogrammen im MTN-Bereich üblich – zusammenzufassen, indem jede neue Emission auf diese Bezug nimmt. Oder aber jede Emission verwiese reziprok auf die andere und würde akzeptieren, dass im Falle einer gemeinsamen Umschuldung die erforderliche Einzelmehrheit sich absenkt, sofern eine entsprechende Gesamtmehrheit entstanden ist. Der deutsche Gesetzgeber würde sich mit einer „Kann-Vorschrift" begnügen können.

   Oder aber der Gesetzgeber stellt eine „dispositive Leitbildregelung" zur Verfügung, die mangels abweichender Vereinbarung einen Aggregationsmechanismus vorgibt, sofern ein „Gesamtangebot" unterbreitet wird.)

2. die Frage des „Gesamtangebots" und der erforderlichen „Gleichbehandlung" z. B. bei der Frage der Laufzeitenstreckung, solange die Anleihen über ein breites Laufzeitspektrum verteilt sind und noch kein default mit Kündigungen und – qua cross default – flächendeckender Fälligkeit eingetreten ist.

   (Vieles spricht dafür, nur solche Angebote für wirksam zu erachten, die eine Gleichbehandlung der Gläubiger anstreben; andernfalls wäre zu befürchten, dass etwa eine kleine Minderheit von Gläubigern mit z. B.

kurzen Laufzeiten durch eine Mehrheit mit langen überstimmt würde und schlechtere Konditionen akzeptieren müßte; der Rechtsweg würde bemüht werden.)

3. die Frage des Anwendungsbereichs

   (So könnten andere Finanzgläubiger aus anderen Anleihen und Buchkrediten einbezogen werden; dabei wäre zu berücksichtigen, dass diese oft unterschiedlichen Rechtsordnungen unterliegen.)

4. die Frage nach dem Missbrauchsrisiko (Stichwort „kleine Zweitemission" an befreundeten Gläubiger)

   Zumindest sollte eine aggregierte Gesamtmehrheit in prozentual derselben Höhe wie bei der Einzelbetrachtung verlangt werden, damit nicht durch kleine Zusatzemissionen eine manipulative Absenkung der Mehrheitsschwelle ausgelöst wird.

   Beispiel:

   Es gibt nur einen Bond A über 900 Mio, Mehrheit englisch (75%, Quorum 25%),

   Emittent emittiert zweiten Bond B an „befreundetes" Institut über 100 Mio.

   Abstimmung über Umschuldungsplan erzielt folgendes Ergebnis:

Bond A:	Teilnahme	Zustimmung	% Zustimmung
	500 Mio	260 Mio	52%
Bond B:	Teilnahme	Zustimmung	% Zustimmung
	100 Mio	100 Mio	100%
Sa.	600 Mio	360 Mio	60%

Auch im Falle einer extensiven „Ein-Schritt-Aggregationsklausel" (nur 75% insgesamt) wäre die Umschuldung gescheitert, da die schwache Mehrheit im großen Instrument die hohe im kleinen Instrument bei einer Gesamtzählung überwiegt. Wäre eine noch extensivere „Ein-Schritt-Aggregation" möglich (d. h. indem ein Gesamtangebot zu einer aggregierten Abstimmung auf der Basis einer einfachen Mehrheit führen könnte), dann wäre hier eine allseits verbindliche Mehrheit zustande gekommen.

Mithin dürfte mit dem qualifizierten Mehrheitserfordernis auch bei einer aggregierten Zählung ein gewisser Schutz gegen Mißbräuche durch „kleine Zweitemissionen" verbunden sein.)

4. Überlegungen für eine Anpassung des geltenden Rechts

1. Es besteht gesetzgeberischer Handlungsbedarf. Die Überlegungen für das deutsche Recht zur Zulässigkeit vertraglicher Mehrheitsklauseln gelten hier entsprechend.

2. Da ein Insolvenzverfahren im Bereich souveräner Schuldner nicht zur Verfügung steht, ist der Bedarf nach vertraglich ausgestalteten „Ersatzverfahren" umso dringender. Um die Obstruktion einzelner Gläubigergruppen zu verhindern, wäre z. B. eine aggregierte Stimmenzählung sinnvoll. Nur dann wären die von der Quarles Gruppe vorgestellten Mindestempfehlungen wirklich effektiv, wie das Beispiel der Uruguay-Umschuldung erkennen läßt. Ferner ist zu befürchten, dass Deutschland abermals eine Rechtsanpassung vornehmen müßte, wenn Aggregationsklauseln im Stile Uruguays u. ä. international empfohlen würden.

3. Eine Grenze für die privatautonome Gestaltung stellt das *Mehrheitsprinzip* dar, wonach *in jeder teilnehmenden Gläubigergruppe* die Mehrheit zustimmen muss. Ferner sollte auch das (die fehlende staatliche Aufsicht kompensierende) Erfordernis einer *qualifizierten Mehrheit – auf aggregierter Basis* – beibehalten werden („Zwei-Schritt-Aggregation"). Die Überstimmung einer Gruppe, in der keine Mehrheit zustande kommt, sollte – wie etwa unter Geltung der deutschen InsO (s. §§ 243–248) möglich – dem staatlichen Insolvenzverfahren vorbehalten bleiben.

4. Auch bei einem souveränen Schuldner, bei dem solche Verfahren nicht zur Verfügung stehen, sollte auf das Erfordernis einer qualifizierten Mehrheit gem. der Ziffer 3 *insgesamt* nicht verzichtet werden. Es sollte aber genügen, wenn die *qualifizierte Mehrheit allein auf aggregierter Basis* errechnet würde („Ein-Schritt-Aggregation").

5. Ob man darüber hinaus noch eine „Ein-Schritt-Aggregation“ ohne qualifiziertes Mehrheitserfordernis, d. h. auf der Basis einer schlichten Mehrheit konstruieren könnte, indem man allein darauf abstellt, dass das Angebot einer qualifizierten Mehrheit von Gläubigern gemacht wird, wäre zu diskutieren. Hierbei wäre zu bedenken, dass das qualifizierte Mehrheitserfordernis u. a. den Schutz der Minderheit in einem außergerichtlichen Abstimmungsverfahren gewährleisten soll.

6. Abzuraten wäre von einer Aggregation auf der Basis der schlichten Mehrheit der Gruppen, wie sie das nationale Insolvenzrecht in verschiedenen Ländern kennt.

7. Ausgangspunkt für eine Aggregation ist die Zusammenfassung gleichartiger und damit „aggregationsfähiger“ Gläubigergruppen. Hierbei wäre an die Gesamtheit nicht nur der Anleihegläubiger sondern auch anderer Finanzgläubiger aus „geliehenem Geld“ zu denken.

8. Um eine Verbindung zwischen diesen Gruppen auf privatrechtlichem Wege herzustellen, wäre ein *vertraglicher* Ansatz möglich, etwa im Stile Uruguays, wo mehrere Forderungsgruppen unter *Bezugnahme auf dasselbe Rahmendokument* einer aggregierten Abstimmung zugänglich gemacht werden. Oder aber jedes Forderungsdokument enthielte eine *„unilaterale“ Klausel,* in der eine abgesenkte (oder entfallende) Mehrheit im Rahmen einer aggregierten Zählung mit anderen Forderungen vorgesehen ist, sofern die anderen Forderungen ihrerseits „aggregierungsfähig“ wären, d. h. eine identische Klausel enthielten („Reziprozität“).

   Der Gesetzgeber bräuchte dann nur die Vorschrift über die „Benchmark“ der zulässigen qualifizierten Mehrheiten anzupassen. Die Vorschrift wäre dann „fakultativ“, d. h. sie ließe eine Absenkung (oder ein Entfallen) im Rahmen der vertraglichen Bedingungen zu.

9. Oder aber man sähe in den *neuen Bestimmungen im nationalen Anleiherecht vor,* dass Anleihegläubigern aus verschiedenen Anleihen sowie ggf. weiteren Finanzgläubigern aus geliehenem Geld ein *„Gesamtangebot“* unterbreitet werden kann, welches eine aggregierte Abstimmung dieser Gruppen auszulösen vermag. Der Schulder definiert im „Gesamtangebot“ selbst dessen Geltungsbereich. Voraussetzung wäre aber, dass das „Gesamtangebot“ den betroffenen Gläubigergruppen gleichartige Bedingungen bietet und ferner keine vergleichbaren Gläubigergruppen außen vor läßt oder – anders herum formuliert –

alle (oder im wesentlichen alle) Geldgläubiger adressiert. In diesem Falle wäre das Angebot – kraft gesetzlicher Anordnung – dann angenommen, wenn die gesetzliche (qualifizierte) Mehrheit bzw. die dort vorgesehen Quoren *insgesamt* zustande gekommen sind (d. h. Beschlussfähigkeit auf Gesamtbasis, qualifizierte Mehrheit auf Gesamtbasis).

Eine gesetzliche Bestimmung könnte dann lauten:

„§ 795c

...

Abs. 2 – Die für einen Beschluss der Gläubigerversammlung gem. Abs. 1 Z. 3 erforderliche Mehrheit kann in den Emissionsbedingungen bis auf die Hälfte der abgegebenen Stimmen abgesenkt werden, sofern den in den Emissionsbedingungen bestimmten Finanzgläubigern ein einheitlicher Umschuldungsplan unterbreitet wird und dieser mit der Mehrheit von mindestens drei Vierteln der abgegebenen Stimmen jener Finanzgläubiger angenommen wird. Im Umschuldungsplan sind jenen Finanzgläubigern im wesentlichen gleichartige Bedingungen vorzuschlagen. Finanzgläubiger sind Gläubiger aus Schuldverschreibungen sowie dargeliehenem Geld.

Abs. 3 – Die für einen Beschluss der Gläubigerversammlung gem. Abs. 1 Z. 3 erforderliche Mehrheit kann in den Emissionsbedingungen entfallen, sofern der Emittent ein staatlicher Schuldner [s. § 795 d] ist und die Voraussetzungen des Abs. 2 im übrigen gewahrt sind.“

Anlagen

1. Übersicht über die Grundstruktur der Mehrheitswahlklauseln
2. „Traditionelle“ Klauselbeispiele (UK, New York)
3. Auszug aus Uruguay Prospekt

Appendix 1

Description of English-Style Majority Action Clause*

12. Meetings of Noteholders, Modification and Waiver

(a) Meetings of Noteholders

The Agency Agreement contains provisions for convening meetings of Noteholders to consider matters relating to the Notes, including the modification of any provision of these Conditions or the Deed of Covenant. Any such modification may be made if sanctioned by an Extraordinary Resolution (as definded below).

The quorum at any such meeting for passing an Extraordinary Resolution shall be two or more persons holding or representing a clear majority of the principal amount of the Notes for the time being outstanding, or at any adjournded meeting two or more persons being or representing Noteholders whatever the principal amount of the Notes for the time being outstanding so held or represented, except that at any meeting the business of which includes consideration of proposals, *inter alia,* (i) to modify the maturity of the Notes or the dates on which interest is payable in respect of the Notes, (ii) to reduce or cancel the principal amount of, or interest on, the Notes, (iii) to chance the currency of payment of the Notes, or (iv) to modify the provisions concerning the quorum required at any meeting of Noteholders or the majority required to pass an Extraordinary Resolution, the nacessary quorum or passing an Extraordinary Resolution shall be two or more persons holding or representing not less than 75 per cent., or at any adjourned such meeting not less than 25 per cent., of the principal amount of the Notes for the time being outstanding.

As used in this Condition 12, "Extraordinary Resolution" means a resolution passed at a meeting of the Noteholders duly convened and held in accordance with the provisions containded in these Conditions and the

* From Republic of Moldova, 9.875% Notes due 2002, U. S. $ 75,000,000.

Agency Agreement by majority consisting of not less than 75 per cent. of the persons voting thereat upon a show of hands or if a poll shall be duly demanded then by a majority consisting of not less than 75 per cent. of the votes given on the poll. An Extraordinary Resolution passed at any meeting of Noteholders will be binding on all Noteholders, whether or not they are present at the meeting.

Appendix 2

Description of U. S.-Style Amendment Clause: Version One*

Modifications, Amendments and Waivers

With (i) the affirmative vote, in person or by proxy thereunto duly authorized in writing, of the holders of not less than 66% in aggregate principal amount of the Notes then Outstanding represented at a meeting duly called and held as specified above, or (ii) the written consent of the owners of 66% in aggregate principal amount of the Outstanding Notes, the Republic and the Fiscal Agent may, upon agreement between themselves, modify, amend or supplement the terms of the Notes or, insofar as affects the Notes, the Fiscal Agency Agreement, in any way, and such holders may make, take or give any request, demand, authorization, direction, notice, consent, waiver or other action provided by the Fiscal Agency Agreement or the Notes to be made, given or taken by holders of Notes: provided, however, that no such action may, without the consent or affirmative vote of the holder of each Note affected thereby: (A) change the due date for the payment of the principal of, or any installemtn of interest on, any Note, (B) reduce the principal amount of any Note, or the portion of such principal amount which is payable upon acceleration of the maturity of such Note, or the interest rate thereon, (C) change the currency in which any payment in respect of any Note is payable, (D) reduce the proportion of the principal amount of the Notes the vote or consent of the holders of which is necessary to modify, amend or supplement the Fiscal Agency Agreement or the terms and conditions of the Notes or to make, take or give any request, demand, authorization, direction, notice, consent, waiver or other action provided thereby to be made, taken or given, or (E) change the obligation of the Republic to pay Additional Amounts (as definded below). Any such modification, amendment or supplement shall be binding on the holders of Notes.

* From Republic of Guatemala, 8 1/2% Notes due 2007, U. S. $ 150,000,000.

Appendix 3

Description of U. S.-Style Amendment Clause: Version Two*

Modification

The Republic may modify any of the terms or provisions contained in the Bonds in any way with the written consent of the holders of not less than 51% in principal amount of the Bonds at the time outstanding, provided that (i) if any such modification would change the terms or currency of payment of the principal amount of or interest on any Bond or the amounts thereof or affect the rights of holders of less than all the Bonds at the time outstanding, the consent of the holders of all the Bonds affected thereby is required and (ii) if any such modification would reduce the aforesaid percentage needed for authorization of such modification, the consent of the holders of all outstanding Bonds is required.

* From Republic of Indonesia, 7 3/4% Bonds due 2006, U. S. $ 400,000,000.

Appendix 4

Auszug aus Uruguay Prospectus Supplement für die im Rahmen der Umschuldung zum Umtausch begebenen 18 neuen Anleihen

Modifications

The New Bonds contain collective action clauses with provisions regarding future modifications to the terms of the New Bonds. These clauses are described below.

Any modification, amendment, Supplement or walver to the indenture or the terms and conditlons of the debt securities of one or more series may be made or given pursuant to a wrrtten action of the holders of the debt securttles of that series without the need lor a meeting or by vote of the holders of the debt securities of that series taken at a meeting of holders thereof, in each case in accordance with the applicable provisions of the indenture or the debt securities.

Any modification, amendment, Supplement or waiver to the terms and conditions of the debt securities of a Single series, or to the indenture insofar as it affects the debt securities of a Single series, may generally be made, and future compliance therewith may be waived, with the consent of Uruguay and the holders of not less than 66-2/3% in aggregate principal amount of the debt securities of such series at the time outstanding. However, Special requirements apply with respect to any modification, amendment, Supplement or waiver that would:

- change the date for payment of principal or premium of, or any in stall ment of interest on, the debt securities of a series;
- reduce the principal amount or redemption price or premium, if any, payable under the debt securities of a series;
- reduce the portion of the principal amount which is payable in the event of an acceleration of the maturity of the debt securities of a series;
- reduce the interest rate on the debt securities of a series;

- change the currency or place of payment of any amount payable under the debt securities of a series;
- change the obligation of Uruguay to pay additional amounts in respect of the debt securities of a series;
- change the definition of outstanding or the percentage of votes required for the taking of any action pursuant to the modification provisions ot the indenture (and the corresponding provisions of the terms and conditions of the debt securities) in respect of the debt securities of a series;
- authorize the trustee, on behalf of all holders of the debt securities of a series, to exchange or substitute all the debt securities of that series for, or convert all the debt securities of that series into, other obligations or securities of Uruguay or any other Person; or
- change the pari passu ranking, governing law, Submission to jurisdiction or waiver of immunities provisions of the terms and conditlons of the debt securities of a series.

We refer to the above subjects as "reserve matters" and to any modification, amendment, Supplement or waiver constituting a reserve matter as a "reserve matter modification."

Any reserve matter modification to the terms and conditions of the debt securities of a single series. or to the indenture insofar as it affects the debt securities of a single series, may generally be made, and future compliance therewith may be waived. with the consent of Uruouav and the holders of not less than 75% in aggregate principal amount of the debt securities of such series at the time outstanding.

If Uruguay proposes any reserve matter modification to the terms and conditions of the debt securities of two or more series, or to the indenture insofar as it affects the debt securities of two or more series, in either case as part of a single transaction. Uruguay may elect to proceed pursuant to provisions of the indenture providina that such modifications may be made, and future compliance therewith may be waived, for each affected series if made with the consent of Uruguay and

Table of Contents

- the holders of not less than 85% in aggregate principal amount of the outstanding debt securities of all series affected bv that modffication taken in aggregate, and
- the holders of not less than 66-2/3% in aggregate Principal amount of the outstanding debt securities of that series (taken Individually).

If any reserve matter modification is sought in the context of a simultaneous offer to exchange the debt securities of one or more series for new debt Instruments of Uruguay or any other person, Uruguay shall ensure that the relevant provisions of the affected debt securities, as amended by such modification, are no less favorable to the holders thereof than the provisions of the new Instrument being offered in the exchange, or if more than one debt instrument is offered, no less favorable than the new debt Instrument issued having the largest aggregate principal amount.

Uruguay agrees that it will not issue new debt securities or reopen any existing series of debt securities with the intentlon of placing such debt securittes with holders expected to support any modification proposed by Uruguay (or that Uruguay pians to propose) for approval pursuant to the modification provisions of the indenture or the terms and conditions of any series of debt securities.

Any modification consented to or approved by the holders of the debt securities of one or more series pursuant to the modification provisions will be conclusive and binding on all holders of the debt securities of that series, whether or not they have given such consent or were present at a meeting of holders at which such action was taken, and on all future holders of the debt securities of that series whether or not notation of such modification is made upon the debt securities of that series. Any instrument given by or on behalf of any holder of a debt security in connection with any consent to or approval of any such modification will be conclusive and binding on all subsequent holders of such debt security.

Before seeking the consent of any hotder of a debt security of any series to a reserve matter modification affecting that series, Uruguay shall provide to the trustee (for onward distribution to the hotders of the affected debt securities) the following information:

- a description of the economic or financial circumstances that, in Uruguay's view, explain the request for the proposed modification;
- if Uruguay shall at the time have entered into a standby, extended funds or similar program with the international Monetary Fund, a copy of that program (including any related technical memorandum); and
- a description of Uruguays proposed treatment of its other major creditor groups (Including, where appropriate, Paris Club creditors, other bilateral creditors and internal debtholders) in connection with Urugua/s efforts to address the Situation giving rise to the requested modification.

For purposes of determining whether the required percentage of holders of the notes has approved any modification, amendment, Supplement or waiver or other action or instruction pursuant to the indenture or, in the case of a meeting, whether sufficlent holders are present for quorum purposes, any debt securities owned or controlled, directly or indirectiy, by Uruguay or any pubJic sector Instrumentality of Uruguay will be disregarded and deemed to be not outstanding. As used in this paragraph, "public sector instrumentality" means Banco Central, any department, ministry or agency of the government of Uruguay or any Corporation, trust, financial Institution or other entity owned or controlled by the govemment of Uruguay or any of the foregoing, and "controT means the power, directly or indirectiy, through the ownership of voting securities or other ownership interests or otherwise, to direct the management of or elect or appoint a majority of the board of directors or other persons pertorming similar functions in lieu of, or in addition to, the board of directors of a Corporation, trust, financial institutton or other entity. In determining whether the trustee shall be protected in relying upon any modification, amendment, Supplement or waiver, or any notice from holders, only debt securities that the trustee knows to be so owned shall be so disregarded. Prior to any vote on a reserve matter modification affecting any series of debt securittes, Uruguay shall deliver to the trustee a certificate stgned by an authorized representative of Uruguay specifying, for Uruguay and each public sector instrumentality, any debt securities of that series deemed to be not outstanding as described above or, if no debt securities of that series are owned or controlled by Uruguay or any public sector instrumentality, a certificate signed by an authorized representative of Uruguay to this effect.

Switzerland

Die Emission von Schuldverschreibungen nach schweizerischem Recht – ein Rechtsvergleich mit dem geplanten deutschen Schuldverschreibungsrecht

Dr. René Bösch

Gliederung

I. Einleitung

Es ist das Verdienst des ILF und seines Direktors Prof. Cahn, im Rahmen dieser Tagung Experten und weiteren Interessenten die Möglichkeit zu bieten, scheinbar Bewährtes im Anleihensrecht zu hinterfragen und vorgeschlagene Neuerungen kritisch zu würdigen. Für den Schweizer Kapitalmarktrechtler bietet dieser Anlass auch eine willkommene Möglichkeit der Rückbesinnung auf einige grundlegende Fragen des Schweizer Rechts, welche bisher einer Klärung harrten. Der Zeitpunkt für diese Rückbesinnung könnte dabei nicht besser sein: In den letzten Jahren hat die jahre-, ja jahrzehntelange idyllische aber trügerische Ruhe im Schweizer Kapitalmarkt einer hektischen Suche nach Durchdringung schwieriger dogmatischer und praktischer Fragen im Anleihensrecht weichen müssen. Das „Grounding" der Swissair im Herbst 2001 sowie die wirtschaftlichen Schwierigkeiten einiger anderer Emittenten von Anleihensobligationen haben viele Fragen zu Tage gefördert, die bisher weder im Schrifttum diskutiert noch überhaupt thematisiert wurden.

Der Diskussionsentwurf des Bundesjustizministeriums zu einem Gesetz zur Änderung des deutschen Schuldverschreibungsrechts bietet aus diesem Blickwinkel heraus auch für den Schweizer Juristen Anlass, einige schweizerische Regelungen kritisch zu hinterfragen und im Vergleich zu diesem Diskussionsentwurf zu würdigen. So reizvoll diese Aufgabe auch sein mag, so ist aber im gleichen Atemzug vor übertriebenen Erwartungen zu warnen: wie meine weiteren Ausführungen zeigen werden, sind die dabei zu gewinnenden Erkenntnisse weder spektakulär noch besonders originell. Ausserdem dürften konkrete Schritte selbst dann, wenn dringender Reformbedarf im Schweizer Recht identifiziert würde, in absehbarer Zeit nicht erwartet werden – zu langsam mahlen die helvetischen Gesetzgebungsmühlen.

Die nachstehenden Ausführungen werden in zwei Teile gegliedert, eine Übersicht über das schweizerische Anleihensrecht und, darauf aufbauend, ein Vergleich ausgewählter Reformpunkte mit der korrespondierenden Schweizer Regelung. Die Übersicht über das schweizerische Anleihensrecht soll dabei eine Grundlage für den Rechtsvergleich bieten, indem aufgezeigt wird, was in der Schweiz gilt und wo Abweichungen zum geltenden deutschen Recht bzw. zur Praxis in Deutschland bestehen.

Bevor mit dieser Übersicht begonnen werden soll, ist ein Hinweis auf die im Referat verwendete Terminologie anzubringen: wenngleich die Schweiz und Deutschland gemeinsame rechtsgeschichtliche Wurzeln haben und in der Schweiz die Schriftsprache Deutsch ist, hat sich über die Jahrzehnte in der Schweiz eine eigenständige helvetische Rechtsterminologie entwickelt, die einem deutschen Juristen mitunter fremd erscheinen muss. So kennt unsere Rechtsprache den Begriff der „Schuldverschreibung“ nicht oder kaum mehr; anstelle dessen heisst es bei uns „Anleihensobligation“, „Obligationenanleihe“ oder schlicht „Anleihe“. Anleihen werden sodann in der Schweiz an einer Börse „kotiert“ anstelle von „notiert“.

II. Grundzüge des schweizerischen Anleihensrechts

1. Anleihensobligationen: Begriff und Erscheinungsformen

a. Begriff, Wesen

Das schweizerische Zivilrecht selbst enthält keine Legaldefinition für den Begriff der Anleihensobligation bzw. Obligationenanleihe bzw. Anleihe. Zwar verwendet das schweizerische Obligationenrecht („OR“) in seinem 34. Titel, Art. 1156 ff. OR, den Begriff der Anleihensobligation, doch anstelle einer Umschreibung des Begriffs setzt das OR diesen Begriff vielmehr als inhaltlich normiert voraus. Literatur und Rechtsprechung sind sich indessen einig, dass unter dem Begriff der *Anleihe* ein *in Teilbeträge aufgeteiltes Grossdarlehen auf einheitlicher Rechtsgrundlage (Zinssatz, Ausgabepreis, Laufzeit, Zeichnungsfrist und Liberierungsdatum)* zu verstehen ist.[1] Eingeschlossen in dieser Definition ist die rechtliche Annahme, dass der Anleihensnehmer gestützt auf die sogenannten Anleihensbedingungen mit einer Vielzahl von Darleihern selbständige Einzelverträge abschliesst.[2]

Gleich wie das schweizerische Recht keine Legaldefinition der Anleihe kennt, fehlt es auch an einer einheitlichen Regelung des Anleihensrechts selbst. Im 34. Titel des Obligationenrechts werden zwar die „Anleihensobligationen“ geregelt, doch ist hier „nur“ materielles Anleihensrecht, und damit kein Wertpapierrecht, enthalten. Überdies ist die materielle Regelung in diesem Bereich unausgewogen. Im Wesentlichen beschäftigt sich dieser Titel nämlich, in nur rudimentärer Weise, mit dem Regelfall des Prospektzwangs bei der öffentlichen Ausgabe von Anleihensobligationen (Art. 1156 OR) und, dafür aber sehr ausführlich, mit dem Sonder-

1 *Meier-Hayoz/von der Crone*, § 20 N 1; *Nobel*, § 10 N 196; *Daeniker*, S. 21.
2 *Meier-Hayoz/von der Crone*, § 20 N 1; *Jäggi/Druey/von Greyerz*, S. 91.

fall der Gläubigergemeinschaft bei Anleihensobligationen (Art. 1157–1186 OR).

b. Verbriefung

Eine Anleihensobligation ist regelmässig in einem Wertpapier gemäss den Art. 965 ff. OR verbrieft, doch ist im Gegensatz zum BGB im Schweizer Recht die wertpapiermässige Verbriefung gesetzlich nicht vorgeschrieben. Grundsätzlich wird heute in der Lehre auch davon ausgegangen, dass Anleihensobligationen auch als unverbriefte Wertrechte bestehen können.[3] Während eine Verbriefung in Ordre-Papieren grundsätzlich möglich wäre, hat sich in der Schweiz, von seltenen Ausnahmen abgesehen, überdies die Verbriefung in Inhaberpapieren durchgesetzt;[4] dies ist angesichts der Verkaufsrestriktionen in verschieden Ländern, insbesondere jenen in den USA, nicht unproblematisch.

Schliesslich ist auch anzufügen, dass in der Schweiz praktisch alle Anleihensobligationen in Globalurkunden verbrieft werden: Wird dem einzelnen Investor das Recht auf jederzeitige, spesenfreie Auslieferung bzw. Druck einer Einzelurkunde eingeräumt, spricht man von einer *technischen Globalurkunde*, wird dem Investor dieses Recht entzogen, spricht man von einer *Globalurkunde auf Dauer*.[5] Damit das Aussonderungsrecht im Konkurs der die Globalurkunde verwahrenden Bank erhalten bleibt, erhält ein Investor nach schweizerischer Rechtsauffassung einen Miteigentumsanteil an der Globalurkunde, welcher dem Verhältnis seiner Investition zum Gesamtnennbetrag der Anleihe entspricht. Weil dieser Miteigentumsanteil als besitzloses Rechtsobjekt zu qualifizieren ist, kann er – gleich wie in Deutschland – durch schlichte formfreie Einigung über den Eigentumsübergang übertragen werden.[6]

c. Erscheinungsformen

Die Anleihensobligationen können in verschiedene Erscheinungsformen unterteilt werden:

3 *Daeniker*, S. 24; *Brunner*, passim. An der SWX Swiss Exchange werden indessen noch keine Anleihen kotiert, für die ausschliesslich Wertrechte bestehen.

4 *Meier-Hayoz/von der Crone*, § 20 N 3.

5 Vgl. dazu *Brunner*, S. 40 ff.

6 Vgl. ausführlich dazu *Brunner*, S. 46 ff.

- Zunächst kann unterschieden werden zwischen *öffentlich zur Zeichnung aufgelegten* und *privat plazierten Anleihen.* Die einzige Konsequenz dieser Unterscheidung ist im schweizerischen Recht, dass Anleihensobligationen nur aufgrund eines Prospektes öffentlich zur Zeichnung aufgelegt werden dürfen, während für privat plazierte Anleihen keine Prospektpflicht besteht (vgl. dazu Ziff. II. 3).
- Sodann kann unterschieden werden zwischen *Anleihen ohne Eigenkapitalbezug* einerseits und *Wandelanleihen* oder *Optionsanleihen* anderseits. Wandelobligationen verbriefen wie gewöhnliche Anleihensobligationen ein Forderungsrecht, enthalten darüber hinaus aber die Option, zu im voraus festgelegten Bedingungen ein Beteiligungspapier des Schuldners oder einer Drittgesellschaft gegen Erlöschen seines Forderungsrechtes zu erwerben.[7] Im Gegensatz dazu geht bei einer Optionsanleihe das Forderungsrecht bei Ausübung der Option nicht unter, sondern besteht weiter bis zum Ende der Laufzeit der Anleihe; die Option ist so regelmässig ein selbständiges Recht, das auch separat gehandelt werden kann.[8]
- Sodann kann unterschieden werden nach dem Sitzstaat des Emittenten bzw. Anleihensschuldners: Anleihensobligationen inländischer, d. h. schweizerischer Schuldner, die in der Schweiz zur Zeichnung angeboten werden, werden gemeinhin als *Inlandanleihen* bezeichnet, Anleihensobligationen ausländischer Schuldner, die in der Schweiz zur Zeichnung anboten werden, dagegen als *internationale Anleihen* bzw. *Auslandanleihen*[9, 10].

Weitere Unterscheidungs- bzw. Systematisierungsmerkmale sind die Währung,[11] Zinsgestaltung (mit Zinscoupon oder ohne Zinscoupons,

7 In neuerer Zeit wurden in der Schweiz auch Zwangswandelanleihen (sog. „Mandatory Convertible Securities") begeben; vgl. z. B. „Swiss Life Cayman Finance Ltd. – CHF 250 Mio. 5.25 per cent Mandatory Convertible Securities 2002–2005, mandatorily convertible into registered shares of and unconditionally and irrevocably guaranteed by Swiss Life Holding".

8 *Daeniker*, S. 27; *Nobel*, § 11 N 227.

9 *Meier-Hayoz/von der Crone*, § 20 N f.; *Daeniker*, S. 28; *Steinmann*, Vorbemerkungen zu Art. 1157–1186, N 2; *Zobl*, Änderungen, S. 138.

10 Zur Frage des auf Auslandanleihen anwendbaren Rechts nach objektiver und subjektiver Anknüpfung vgl. *Zobl*, Änderungen, S. 138 ff.

11 An der SWX Swiss Exchange sind derzeit Anleihen kotierbar, welche in CHF, USD oder EUR denominiert sind.

d. h. so genannte Zero-Coupon Bonds), Besicherung (unbesicherte bzw. besicherte Anleihen) etc.

2. Emissionsverfahren

Die Emission von Anleihen ist in der Schweiz weder spezialgesetzlich geregelt noch, abgesehen vom Hinweis auf die Prospektpflicht in Art. 1156 OR, ausdrücklich im Zivilrecht erwähnt. Dementsprechend herrscht in Bezug auf die Emissionstechnik sowie die Ausgestaltung der entsprechenden Verträge weitgehend Gestaltungs- und Vertragsautonomie.

Anleihen, welche öffentlich zur Zeichnung aufgelegt werden, werden in der Schweiz entweder komissionsweise oder mittels Festübernahme plaziert; ausser bei Auktionsanleihen des Bundes ist heute die Festübernahme die Regel. Im schweizerischen Markt wesentlich seltener ist der Fall der direkten Plazierung bzw. der Selbstemission. Die reine Selbstemission ist höchstens im Rahmen von Privatplazierungen anzutreffen, während die Selbstemission unter Beizug von Banken im Rahmen von Auktionsanleihen noch anzutreffen ist.[12]

Bei der typischen Festübernahme werden in einem Vertrag zwischen dem Emittenten und den Emissionsbanken, dem so genannten Anleihensvertrag, die eigentliche Festübernahme der Emission sowie sämtliche rechtlichen und kommerziellen Bedingungen der Emission geregelt. Idealtypisch werden die Anleihebedingungen dem Anleihensvertrag als integrierender Bestandteil beigefügt. Die an der Festübernahme beteiligten Banken schliessen sich sodann entweder im Anleihensvertrag oder in einem separaten Syndikats- oder Konsortialvertrag zu einer einfachen Gesellschaft gemäss Art. 530 ff. OR zusammen.[13]

Die Strukturierung und Begebung einer Anleihe bestimmen sich somit nach allgemeiner vertragsrechtlichen Regelung. Darüber hinaus fehlt es in der Schweiz an einem eigentlichen Primärmarktrecht, welches Grundzüge oder gar Details des Emissionsverfahrens regeln würde. Die aufsichtsrechtlichen Spezialbestimmungen im Bankengesetz und im Börsengesetz enthalten entweder institutsaufsichtrechtliche Anordnungen

12 *Meier-Hayoz/von der Crone*, § 20 N 66 und 73 ff.

13 Die einfache Gesellschaft gemäss schweizerischem Obligationenrecht entspricht der Gesellschaft bürgerlichen Rechts gemäss §§ 705 ff. BGB.

bzw. Regelungen oder betreffen, soweit überhaupt auf den Kapitalmarkt bezogen, den Sekundärmarkt.[14] Der Gesetzgeber war beim Erlass des Börsengesetzes im Jahre 1995 der Auffassung, dass die privatrechtlichen Regeln des Obligationenrechts die wesentlichen Aspekte des Primärmarktes bereits hinreichend erfassten, so dass sich eine weitere, spezialgesetzliche Regelung erübrigte. Immerhin gilt zu beachten, dass die Schweizerische Nationalbank gestützt auf Art. 7 des Bankengesetzes bis Ende April 2004 angeordnet hatte, dass Schweizerfranken-Anleihen, d. h. Anleihen mit einer Laufdauer von mehr als einem Jahr, welche auf Schweizerfranken lauten oder einen irgendwie gearteten Bezug zum Schweizerfranken aufweisen, nur unter Federführung eines Banken- oder Effektenhändlerinstituts mit Sitz in der Schweiz oder im Fürstentum Lichtenstein begeben werde dürfen.[15]

3. Prospektpflicht und Prospekthaftung

Art. 1156 OR schreibt vor, dass Anleihensobligationen „nur aufgrund eines Prospektes öffentlich zur Zeichnung aufgelegt oder an der Börse eingeführt werden" dürfen. In dieser Bestimmung wird also zwischen öffentlichem Angebot und Privatplatzierung unterschieden, ohne aber das Unterscheidungskriterium zu definieren bzw. zu regeln, was „öffentlich" im Sinne dieser Bestimmung heisst. Nach unbestrittener Meinung werden Anleihensobligationen immer dann *öffentlich zur Zeichnung aufgelegt,* wenn sie in Zeitungsinseraten, anderweitig in den Medien oder durch die massenweise Versendung von Zirkularen angekündigt oder zum Kauf angeboten werden. Entsprechend der einhelligen Meinung im schweizerischen Schrifttum ist ein Angebot sodann immer dann *öffentlich,* wenn es sich an einen unbestimmten Adressatenkreis richtet.[16] Aber wann von einem unbestimmten Adressatenkreis zu sprechen ist, blieb bisher umstritten; die Versuche, eine quantitative Negativabgrenzung im Sinne eines „Safe Harbor" zu definieren (z. B. nicht mehr als 20 Adressaten), haben bisher zu keiner allgemein akzeptierten Regelung geführt.

14 *Nobel,* § 10 N 7.

15 Merkblatt der Schweizerischen Nationalbank über die Meldepflicht bei Schweizerfranken-Anleihen von 1. Mai 2003. Mittlerweile aufgehoben per 1. Mai 2004.

16 *Daeniker,* S. 25 f.; *Watter,* Art. 1156 N 8 ff.

Dem öffentlichen Angebot gleichgestellt ist die Einführung einer Anleihe bei einer Börse. Art. 1156 OR regelt dabei aber nur die zivilrechtliche Prospektpflicht und damit nur den *Emissionsprospekt* bzw. dessen Inhalt, nicht aber die kotierungsrechtlichen Aspekte bzw. die Anforderungen an den *Kotierungsprospekt*. Aus Art. 1156 OR folgt im Zusammenspiel mit den börsenrechtlichen Kotierungsvorschriften somit eine Unterscheidung zwischen Emissions- und Kotierungsprospekt: Während ersterer seine Grundlage ausschliesslich im Zivilrecht hat, beruhen die Verpflichtung zur Erstellung eines Kotierungsprospektes sowie die Regelung dessen zwingenden Inhalts ausschliesslich auf den von der jeweiligen Börse zu erlassenden Kotierungsvorschriften.[17]

Art. 1156 OR regelt in Abs. 2 den zwingenden *Minimalinhalt des Emissionsprospektes* und verweist dabei weitgehend auf die Bestimmungen über die Prospektpflicht bei Aktienemissionen in Art. 652 a OR. Im internationalen Vergleich ist der von Art. 1156 OR vorgeschriebene Prospektinhalt sehr bescheiden und kann sich zum Beispiel nicht an den Vorgaben der (alten und neuen) EU-Prospektrichtlinie messen lassen.[18] Nicht zu verkennen ist indessen, dass gemäss dem Kotierungsreglement der SWX Swiss Exchange, der einzigen Schweizer Börse, an welcher derzeit Anleihen kotiert und gehandelt werden, ein wesentlich weitergehender Anforderungskatalog für die Erstellung von Kotierungsprospekten besteht. Für Anleihen, welche in der Schweiz begeben und an der SWX Swiss Exchange kotiert werden, hat sich dementsprechend eingebürgert, dass Emissions- und Kotierungsprospekt in einem Dokument kombiniert und dass entsprechend die weitergehenden Anforderungen an den Prospektinhalt gemäss dem Kotierungsreglement der SWX Swiss Exchange erfüllt werden.

In Art. 1156 Abs. 3 OR ist die *Prospekthaftung* geregelt. Diese Haftung greift ein, wenn Obligationen entweder ohne Zugrundelegung eines Prospektes oder aufgrund eines Prospektes, welcher den inhaltlichen Minimalanforderungen von Art. 1156 OR nicht genügt, öffentlich zur Zeichnung aufgelegt oder an einer Börse eingeführt werden. Mithin ist Voraussetzung für die Prospekthaftpflicht gemäss Art. 1156 Abs. 3 OR

17 Nach überwiegender schweizerischer Rechtsauffassung haben die gestützt auf Art. 8 Börsengesetz von einer Börse in der Schweiz zu erlassenden Zulassungs- bzw. Kotierungsreglemente ausschliesslich privatrechtlichen Charakter; vgl. dazu *D. Daeniker* in: Kommentar zum schweizerischen Kapitalmarktrecht, Basel 1999, Art. 4 N 8 ff.

18 Vgl. dazu auch *Watter*, Art. 1156 N 16 ff.

entweder das Fehlen eines Prospektes oder das Vorliegen eines unrichtigen oder den gesetzlichen Erfordernissen nicht entsprechenden Prospekts. Schweizerische Emittenten haften indessen bereits aufgrund der in Art. 752 statuierten Prospekthaftpflicht für Aktiengesellschaften, welche weitgehend mit jener von Art. 1156 OR übereinstimmt.

4. Gemeinschaftliche Wahrnehmung von Gläubigerrechten und Gläubigerinteressen

a. Grundzüge

Gemäss Art. 1157 OR werden die Anleihensobligationäre unter bestimmten Voraussetzungen von Gesetzes wegen in einer *Gläubigergemeinschaft* zusammengefasst. Eine solche Gläubigergemeinschaft entsteht von Gesetzes wegen, wenn die Anleihensobligation *öffentlich zur Zeichnung* aufgelegt worden ist, der Anleihensschuldner *Wohnsitz oder geschäftliche Niederlassung* in der Schweiz hat *und* der Anleihensschuldner dem *privaten Recht* unterstellt ist (Art. 1157 Abs. 1 und Abs. 3 OR).[19] Ähnlich wie dies Dr. Schneider für das deutsche Anleihensrecht fordert, ist m. E. überdies vorauszusetzen, dass materielles Schweizer Recht auf die Anleihensbedingungen Anwendung findet.

Mehrere Anleihen desselben Schuldners, auf welche die gesetzlichen Voraussetzungen zutreffen, bringen mehrere Gläubigergemeinschaften zur Entstehung (Art. 1157 Abs. 2 OR). Folge der Bildung einer Gläubigergemeinschaft ist, dass fortan die Interessen der Anleihensgläubiger kollektiv, d. h. gemeinschaftlich wahrgenommen werden, dies teilweise über einen *Gläubigervertreter* (Art. 1159 OR), mehrheitlich jedoch im Rahmen einer *Gläubigerversammlung*. Die Gläubigergemeinschaft erhält ihre Bedeutung indessen in der Regel erst dann, wenn sich der Schuldner mit seinen Verpflichtungen aus der Anleihe im Rückstand befindet (Art. 1160 Abs. 1 OR). Insbesondere im Falle notleidender Anleihen (siehe dazu auch hinten Ziff. III. 3. b) kann die Gläubigerversammlung die Rechtslage zur Wahrung der Interessen aller Gläubiger mit Wirkung für alle Gläubiger ändern; allerdings sind die möglichen Massnahmen, welche die Gläubigerversammlung treffen kann, im Gesetz abschliessend umschrieben (Art. 1173 OR i. V. m. Art. 1170 OR).[20]

19 Steinmann, Art. 1157 N 3 ff.; *Meier-Hayoz/von der Crone*, § 20 N 99 ff.
20 Vgl. dazu hinten Ziff. III. 3. b bis d.

Die von Gesetzes wegen entstehende *Gläubigergemeinschaft* ist nicht als juristische Person ausgestaltet und daher nach herrschender Rechtsauffassung auch *nicht rechtsfähig.*[21] Dennoch erhält sie von Gesetzes wegen bestimmte Befugnisse, welche es ihr erlauben, in beschränktem Umfang am Rechtsverkehr teilzunehmen und deshalb in beschränktem Umfang Parteifähigkeit und Prozessfähigkeit zu erhalten. Trotz Vorliegen einer Gläubigergemeinschaft können indessen die Gläubiger ihre Forderungs- und sonstigen Rechte unabhängig und selbstständig gegenüber dem Schuldner wahrnehmen und durchsetzen, allerdings nur so lange und soweit, als nicht Beschlüsse der Gläubigergemeinschaft entgegenstehen[22] bzw. als diese Kompetenz nicht einem Anleihensvertreter übertragen wurde.[23]

Eine nähere Betrachtung der Art. 1157–1186 OR zeigt, dass dem Erlass dieser Bestimmungen das deutsche Schuldverschreibungsgesetz[24] Pate gestanden ist. Ursprünglich hatte der schweizerische Gesetzgeber beim Erlass eines einheitlichen Obligationenrechts im Jahre 1881 geglaubt, auf Regelungen über die Anleihensobligation bzw. die Gläubigergemeinschaft bei Anleihensobligationen verzichten zu können. Nach ersten Partikulärregelungen für die Anleihen von Eisenbahnen- sowie Schifffahrtsunternehmungen (welche noch heute gelten) wurden dann im ersten Weltkrieg die Gläubigergemeinschaften der Anleihensobligationäre mittels Notrecht geregelt, welches auch noch den zweiten Weltkrieg überlebte. Diese Notverordnung basierte auf einem Entwurf für ein eigenes Bundesgesetz, welcher seinerseits in Anlehnung an das Schuldverschreibungsgesetz ausgearbeitet wurde.[25] Allerdings wurden mit dem Schweizer „Finish“ rund 50 Jahre später (Inkraftsetzung im Jahre 1950) erhebliche Änderungen an diesem Entwurf und damit auch erhebliche Abweichungen gegenüber dem SchVG vorgenommen.[26]

21 *Steinmann,* Art. 1157 N 6; BGE 113 II 285.
22 *Steinmann,* Art. 1157 N 7.
23 Siehe lit. c nachstehend.
24 Gesetz betreffend die gemeinsamen Rechte der Besitzer von Schuldverschreibungen vom 4. Dezember 1899, SchVG.
25 *Ziegler,* Vorbemerkungen zu Art. 1157–1186 N 6 ff.
26 Vgl. dazu auch hinten Ziff. III. 3.

b. Gesetzliche Regelung nur für Inlandanleihen

Wie bereits erwähnt finden die Regelungen über die Gläubigergemeinschaft nur bei Inlandanleihen Anwendung, d. h. nur wenn der Schuldner seinen Sitz in der Schweiz hat. Für Auslandanleihen gelten dementsprechend die Regelungen über die Gläubigergemeinschaft gemäss Art. 1157 OR nicht.[27] Weder die Vereinbarung eines Erfüllungsortes in der Schweiz noch die Wahl eines Spezialdomizils einer schweizerischen Emissionsbank genügen für eine direkte Anwendbarkeit von Art. 1157 Abs. 1 OR auf Auslandanleihen. Mit der herrschenden Lehre ist weiter davon auszugehen, dass auch die Unterstellung der Anleihensbedingungen unter das schweizerische Recht grundsätzlich nicht zur Folge hat bzw. haben kann, dass die Vorschriften der Art. 1157 ff. OR zur Anwendung gelangen, weder direkt noch analog.[28]

Zulässig ist indessen, bei Auslandanleihen im Rahmen der Parteiautonomie eine autonome, vertragliche Regelung und inhaltliche Ausgestaltung für Gläubigerversammlungen in den Anleihensbedingungen zu treffen.[29] Die in Deutschland formulierten Vorbehalte, hierzu bedürfe es einer ausdrücklichen gesetzlichen Ermächtigung,[30] wurden und werden in der Schweiz nicht geteilt. Allerdings wird von der Lehre die Einhaltung gewisser Mindeststandards, die für Inlandanleihen aufgrund der gesetzlichen Regelung gelten sollen, gefordert.[31]

Aufgrund dieser Ausgangslage hat sich über die Jahrzehnte im schweizerischen Markt ein eigentlicher Standard für die Regelung von Gläubigerversammlungen bzw. Bondholders' Meetings und damit verbunden auch Mehrheitsbeschlüssen betreffend die Änderung von Anleihensbedingungen herauskristallisiert, welcher zwar dispositiv aber dennoch in beinahe identischer Weise in den Anleihensbedingungen aller Auslandanleihen enthalten ist.

27 *Steinmann*, Art. 1157 N 9; *Daeniker*, S. 83.
28 *Daeniker*, S. 84 ff.; *Zobl*, Änderungen, S. 142 ff.; *Steinmann*, Art. 1157 N 9.
29 *Zobl*, Änderungen, S. 145.
30 Siehe Beitrag von *Dr. Schneider*.
31 Vgl. dazu hinten Ziff. III. 3 e.

c. Besonderheit des schweizerischen Anleihensmarktes: Vertretung der Anleihensgläubiger durch die federführende Bank

Ausgehend von der Überlegung, dass der federführenden Bank bei der Emission einer Anleihe eine wesentliche Rolle zukommt, insbesondere auch bei der Aushandlung fairer Anleihensbedingungen,[32] wurde in der Schweiz regelmässig argumentiert, der Federführer solle auch während der Laufzeit der Anleihe eine vermittelnde Funktion ausüben und so für eine reibungslose Abwicklung des Anleihensverhältnisses sorgen.[33] Auf dieser Grundlage hat sich im schweizerischen Anleihensmarkt die Praxis entwickelt, in bzw. durch die Anleihensbedingungen die federführende Bank als Anleihensvertreter zu bestellen und dieser weitreichende Kompetenzen einzuräumen.[34] Im Gegensatz zum Anleihensvertreter, der durch die Gläubigerversammlung gewählt ist (sog. *Wahlvertreter* gemäss Art. 1158 Abs. 2 OR), ist der durch die Anleihensbedingungen bestimmte Anleihensvertreter *Vertragsvertreter*, welcher gemäss der heute wohl herrschenden Lehre nicht Treuhänder, sondern rechtsgeschäftlicher Stellvertreter der Gemeinschaft der Anleihensgläubiger ist.[35] Der Vertragsvertreter wird aufgrund eines auftragsähnlichen, dreiseitigen Vertrags sui generis tätig;[36] seine Erklärungen bzw. Handlungen, für welche ihm die Anleihensbedingungen die Kompetenz einräumen (z. B. das Recht zur vorzeitigen Fälligstellung)[37], erfolgen mit Wirkung für alle Anleihensgläubiger.[38]

Im Gegensatz zu ausländischen Regelungen wie z. B. in § 14 a SchVG bestehen in der Schweiz keine gesetzlichen Ausschlussgründe für den Anleihensvertreter. Gemäss der herrschenden Meinung können indessen „besondere Pflicht- und Abhängigkeitsverhältnisse sowie eigenes konkurrierendes Gläubigerrecht“ den Ausschluss vom Amt des Anleihensvertreters begründen.[39] Für die federführende Bank wurde trotz der Erkenntnis, dass sich diese in einem latenten Interessenkonflikt befindet,

32 Vgl. z. B. *K. Hopt*, Der Kapitalanlegerschutz im Recht der Banken, Habil., München 1975, S. 114 ff.
33 Vgl. *Daeniker*, S. 120.
34 *Daeniker*, S. 121, 125 ff.; *Steinmann*, Art. 1158 N 1 ff.
35 *Daeniker*, S. 124 f.; *Steinmann*, Art. 1158 N 4.
36 BGE 62 II 144; *Steinmann*, Art. 1158 N 4; *Koefferli*, Art. 1159 N 3.
37 Art. 1159 Abs. 1 OR.
38 Vgl. dazu auch unten Ziff. III. 2. b.
39 *Ziegler*, Art. 1158 N 10.

überwiegend das Fehlen von Ausschlussgründen bejaht; bei akut auftretenden Interessenkonflikten habe die Bank aber die Interessen der Anleger über jene des Schuldners sowie über ihre eigenen zu stellen.[40]

Die Praxis, die federführende Bank als Anleihensvertreter einzusetzen, hat in den letzten Jahren vermehrt Kritik geerntet. So wurde vereinzelt geltend gemacht, in Sanierungssituationen herrsche oft nicht die nötige Transparenz, die den Obligationären die Prüfung ermöglichte, ob die federführende Bank in den Verhandlungen mit dem Schuldner ihre eigenen Interessen tatsächlich hinten anstellt. Derzeit wird denn auch im Kreise der führenden Schweizer Banken offen darüber diskutiert, ob in Zukunft von dieser Praxis abgerückt und zu einem meines Wissens in Deutschland vorherrschenden Modell gewechselt werden soll, wo die Gläubiger ihre Rechte individuell oder dann durch die Gläubigerversammlung verfolgen.[41]

III. Vergleich ausgewählter Reformvorschläge mit der geltenden schweizerischen Regelung

Die Vorschläge des Bundesjustizministeriums zur Änderung des Schuldverschreibungsrechts enthalten vor dem Hintergrund des vorstehend skizzierten Schweizer Anleihensrechts diverse sehr interessante Aspekte. Ich möchte nachfolgend auf einige der mir – zugegebenermassen subjektiv – am interessantesten scheinenden Aspekte dieses Reformvorhabens aus schweizerischer Sicht eingehen.

40 Ausführlich *Daeniker*, S. 125 ff.; *Köndgen/Daeniker*, S. 287 f. Vgl. spezifisch zur Problematik bei der Entscheidfindung über eine vorzeitige Kündigung durch den Anleihensvertreter *H. C. von der Crone/L. Marolda*, Prospekthaftung bei Anleihensobligationen und die Stellung der federführenden Bank, SZW 2003 S. 158 ff., 164.

41 Mehr dazu hinten Ziff. III. 2. b.

1. Rechtsnatur, Einbezug und Inhaltskontrolle von Anleihensbedingungen

a. Sind Anleihensbedingungen allgemeine Geschäftsbedingungen?

Die überwiegende schweizerische Lehre geht recht unkritisch davon aus, dass *Anleihensbedingungen rechtlich wie allgemeine Geschäftsbedingungen zu behandeln* sind.[42] Die auch von Dr. Than erwähnte Tatsache, dass Anleihensbedingungen meistens im Einzelnen ausgehandelt werden, steht nach diesem Teil der Lehre dieser Qualifikation nicht entgegen bzw. beeinflusst diese nicht. Ein anderer Teil der Lehre spricht sich indessen mit m. E. guten Gründen für eine unterschiedliche Behandlung von allgemeinen Geschäftsbedingungen und Anleihensbedingungen aus,[43] ähnlich wie dies Dr. von Randow in seinem Beitrag für das deutsche Recht und Herr Burn in Bezug auf das englische Recht argumentieren.

Im Gegensatz zu anderen Rechtsordnungen hat die Qualifikation der Anleihensbedingungen als allgemeine Geschäftsbedingungen in der Schweiz aber keine weiterreichenden Konsequenzen, wie hinsichtlich der Frage des Einbezugs sowie einer möglichen Inhaltskontrolle zu zeigen sein wird.

b. Einbezug

Dr. Than setzt sich in seinem Referat ausführlich mit der Frage auseinander, ob bzw. wann Emissionsbedingungen im Rahmen von § 305 Abs. 2 BGB einbezogen sind. Er erläutert dabei auch den Vorschlag des Bundesjustizministeriums, in einem neuen § 795 Abs. 3 BGB festzulegen, dass Emissionsbedingungen immer dann einbezogen sein sollen, wenn sie der Öffentlichkeit zugängig gemacht wurden. Auch in der Schweiz hat sich die Frage gestellt, was es zur Gültigkeit der Berufung auf die Emissionsbedingungen brauche.[44]

Trotz der unterschiedlichen Auffassungen im schweizerischen Schrifttum hinsichtlich der Qualifikation der Anleihensbedingungen setzt nach der überwiegenden Lehre die Gültigkeit der Anleihensbedingungen de-

42 Vgl. z. B. *Daeniker*, S. 67 und *Zobl*, Änderungen, S. 145.

43 Siehe insb. *Pfenninger*, S. 205 ff.

44 Vgl. ausführlich dazu *Daeniker*, S. 66 ff. mit weiteren Hinweisen.

ren Übernahme durch einen konkreten Vertrag voraus; die blosse öffentliche Zugänglichkeitsmachung derselben, z. B. durch Auflage des Prospekts, scheint nicht auszureichen.[45] Die vertragliche Übernahme erfolgt in der Schweiz in aller Regel dadurch, dass die Anleihensbedingungen eine Anlage zum Emissionsvertrag darstellen, welche im Vertragstext selber als integrierender Bestandteil des Vertrages bezeichnet wird. Die in Deutschland geführte Debatte über die Konsequenzen der Einschaltung eines Übernahmekonsortiums für die Frage der Einbeziehung der Anleihensbedingungen hat in der Schweiz keine Beachtung gefunden. Daher scheint die herrschende Meinung noch immer davon auszugehen, dass auch bei einem Zweiterwerb stets ein Einbezug der Anleihensbedingungen in den Kaufvertrag zu erfolgen habe, wobei jedoch zugestanden wird, dass eine stillschweigende Übernahme die Regel sein dürfte.[46]

c. Inhaltskontrolle

In einem neuen § 795 Abs. 2 BGB soll festgelegt werden, dass die §§ 305–309 BGB auf Emissionsbedingungen keine Anwendung finden sollen und dass damit die Emissionsbedingungen der für allgemeine Geschäftsbedingungen grundsätzlich anwendbaren Inhaltskontrolle weitgehend entzogen werden. In seinem Beitrag setzt sich Dr. von Randow ausführlich mit der Frage auseinander, ob bereits de lege lata die Emissionsbedingungen der Inhaltskontrolle entzogen seien; er spricht sich dabei mit auch aus schweizerischer Sicht beachtenswerten Gründen für eine unterschiedliche Behandlung allgemeiner Geschäftsbedingungen und Anleihensbedingungen aus.

Im geltenden schweizerischen Recht findet sich keine klare Aussage zur Frage, ob Anleihensbedingungen einer wie auch immer gearteten Inhaltskontrolle unterliegen würden. Anders als in den §§ 305 ff. BGB sowie in den Rechtsordnungen diverser anderer Länder[47] hat sich der schweizerische Gesetzgeber, was die Regelung allgemeiner Geschäftsbedingungen betrifft, überhaupt auffallend stark zurückgehalten. Bis zum heuti-

45 Siehe *Daeniker*, S. 64 f. und 69 f.; *Pfenninger*, S. 223, spricht in Bezug auf die Auflage des Prospekts davon, dass der Prospekt keine rechtsbegründende dafür aber kompensatorische Wirkung habe.

46 *Daeniker*, S. 69 f.

47 Z. B. das österreichische Konsumentenschutzgesetz vom 8. März 1979 oder der englische „Unfair Contract Terms Act“ von 1977.

gen Tage verfügt die Schweiz denn auch über keine griffige Regelung einer Inhaltskontrolle allgemeiner Geschäftsbedingungen. Der im Jahre 1987 in das Bundesgesetz über den unlauteren Wettbewerb („UWG“) eingefügte Artikel 8, welcher den Richter zur Kontrolle von allgemeinen Geschäftsbedingungen unter dem Blickwinkel der Missbräuchlichkeit ermächtigt, ist weitgehend bedeutungslos geblieben. Dieser Artikel 8 UWG war im Rahmen seiner Entstehungsgeschichte Gegenstand heftigster Debatten und wurde schliesslich bis zur Unkenntlichkeit verstellt, so dass diese Bestimmung zur Inhaltskontrolle von allgemeinen Geschäftsbedingungen letztlich nicht taugt.[48]

Im Resultat sind Anleihensbedingungen in der Schweiz einer eigentlichen Inhaltskontrolle nicht zugänglich. Somit bleibt lediglich, dass Anleihensbedingungen den allgemeinen Auslegungsprinzipien und damit der so genannten *Ungewöhnlichkeitsregel* bzw. der *Unklarheitenregel* unterworfen sind:[49]

- Nach der Ungewöhnlichkeitsregel sind Bestimmungen, die ungewöhnlich sind bzw. mit der eine global zustimmende Partei nicht gerechnet hat und aus ihrer Sicht zur Zeit des Vertragsabschlusses vernünftigerweise auch nicht rechnen musste, ungültig bzw. nicht anzuwenden.[50] Anleihensbedingungen weisen heutzutage einen relativ hohen Grad an Standardisierung auf; dementsprechend könnten neue, erheblich vom jeweiligen Standard abweichende Bestimmungen im Rahmen der Ungewöhnlichkeitsregel problematisch werden. In der Schweiz begegnet man dieser latenten Gefahr damit, dass auf Klauseln, die auf dem schweizerischen Markt selten oder bisher gar nicht anzutreffen sind, durch Hervorhebung in fetter Schrift in den Kotierungsinseraten sowie auf dem Deckblatt des Prospektes hingewiesen wird.[51]
- Nach der Unklarheitenregel sind Anleihensbedingungen schliesslich in ausgesprochenen Zweifelsfällen *contra stipulatorem*, und somit in aller Regel zu Lasten des Emittenten, auszulegen.[52]

48 Vgl. dazu C. *Baudenbacher*, Lauterkeitsrecht, Basel 2001, Art. 8 N 23 ff.

49 Kritisch dazu *Pfenninger*, S. 181 ff.

50 *Gauch/Schluepp/Schmid/Rey*, Schweizerisches Obligationenrecht, Allgemeiner Teil, Band I, 8. A., Zürich 2003, N 1138 ff., N 1141 mit weiteren Hinweisen; *Daeniker*, S. 70 f.

51 Vgl. auch Art. 38 Kotierungsreglement SWX Swiss Exchange; *Daeniker*, S. 70.

52 *Daeniker*, S. 71.

2. Kündigungsrechte von Gläubigern

a. Kündigung aus wichtigem Grund?

Dr. Georg Maier-Reimer setzt sich in seinem Beitrag ausführlich mit der Frage auseinander, ob ausserhalb der in den Emissionsbedingungen enthaltenen spezifischen Kündigungsgründen auch ein Recht zur Kündigung aus wichtigem Grund bestehen soll, eine Frage, die offenbar in Deutschland nur ausnahmsweise thematisiert worden ist. Mit m. E. überzeugenden Argumenten weist Dr. Maier-Reimer nach, weshalb trotz der Regelung in § 314 BGB ein solches ausserordentliches, nicht schriftlich fixiertes Kündigungsrecht de lege lata nicht bestehen soll. Trotzdem geht der vom Bundesjustizministerium vorgeschlagene neue § 795 d BGB nun explizit vom Bestand eines ausserordentlichen Kündigungsrechts aus und will die Ausschliessung dieses Kündigungsrechts für bestimmte Fälle untersagen.

Im schweizerischen Schrifttum ist die Frage, ob neben den in den Anleihensbedingungen explizit verankerten Kündigungsbestimmungen eine Berufung auf eine Kündigung aus wichtigem Grund möglich bzw. zulässig sei, soweit ersichtlich noch nie thematisiert worden. Dies mag unter anderem seinen Grund auch darin finden, dass bis vor kurzem nur schon die Frage, ob verzinsliche Darlehen vorzeitig aus wichtigem Grund gekündigt werden können, höchst umstritten war. Während das Recht auf eine Kündigung von Dauerschuldverhältnissen aus wichtigem Grund als ungeschriebene Rechtsnorm seit Jahrzehnten grundsätzlich anerkannt ist,[53] war bis vor kurzem heftig umstritten, ob das Darlehen als Dauerschuldverhältnis qualifiziere und a fortiori das ausserordentliche Kündigungsrecht auch für Darlehensverträge gelten solle.[54]

In einem neuen Entscheid vom 3. April 2002 hat das Bundesgericht nun die Streitfrage zugunsten der *Zulässigkeit der Kündigung eines Darlehensvertrages aus wichtigem Grund* entschieden.[55] Entsprechend ist heute auf der Grundlage der neuesten Rechtssprechung des Bundesgerichtes sowie der

[53] Vgl. z. B. P. *Gauch*, System der Beendigung von Dauerverträgen, Diss., Freiburg 1968.

[54] Vgl. die Übersicht über den Meinungsstand bis vor wenigen Jahren bei B. *Maurenbrecher*, Das verzinsliche Darlehen im schweizerischen Recht, Bern 1995, S. 235 ff.

[55] BGE 128 III 428 ff. („Fiat Lux“); vgl. die Besprechung dieses Entscheides von B. *Maurenbrecher* in: recht 2003, S. 180 ff.

mittlerweile wohl auch herrschenden Lehre davon auszugehen, dass ein zinsloses oder verzinsliches Darlehen aus wichtigem Grund vorzeitig gekündigt werden kann.[56] Im Verhältnis zum deutschen Recht geht das Schweizer Recht jedoch von einem wesentlich engeren Anwendungsbereich der Kündigung aus wichtigem Grund aus. Nach der neueren, herrschenden Lehre liegt ein wichtiger Grund, der zur Durchbrechung des Grundsatzes der Vertragstreue und somit zur vorzeitigen Vertragsauflösung rechtfertigt, nur dann vor, wenn aus der Sicht eines vernünftigen Dritten dem Darleiher die Fortsetzung des Vertrags nicht mehr zugemutet werden kann.[57] Bei der Unzumutbarkeit sind indes strenge Massstäbe anzuwenden: Anders als gemäss § 490 Abs. 1 BGB kann z. B. nach Schweizer Recht eine Verschlechterung der Wirtschaftslage des Schuldners für sich allein noch keine vorzeitige Beendigung des Darlehensvertrages rechtfertigen.[58] Ebenso wenig rechtfertigt sich nach herrschender Auffassung eine vorzeitige Kündigung aus wichtigem Grund bei einem Verzug mit Zinszahlungen oder sonstigen Vertragsverletzungen nicht; diese sind in den Art. 97 ff. OR besonders geregelt.

Anerkennt man nunmehr den Bestand eines Kündigungsrechts aus wichtigem Grund für das allgemeine Darlehensrecht, so stellt sich noch immer die Frage, ob ein solches auch für Anleihen gelten soll. Für das schweizerische Recht scheint die Lehre bisher stillschweigend davon ausgegangen zu sein, dass eine nicht in den Anleihensbedingungen explizit verankerte Kündigung aus wichtigem Grund ausgeschlossen ist. Für Auslandanleihen wurde relativ allgemein gesagt, die Anleihensbedingungen regelten in abschliessender Weise die Sanktion der Verletzung von Gläubigerrechten.[59] Aus schweizerischer Sicht bietet die im Diskussionsentwurf enthaltene Regelung deshalb nun einen willkommenen Anlass, die Frage der Kündigung einer Anleihe aus wichtigem Grund auch für das schweizerische Recht neu zu beurteilen und zu entscheiden.

Meiner Meinung nach ist eine Berufung auf eine *Kündigung aus wichtigem Grund bei Anleihen aus mehreren Gründen ausgeschlossen:* Zum einen ist der Existenz behaupteter implizierter Anleihensbedingungen die Anerkennung zu versagen. Würde nämlich über die in den Anleihensbedingun-

56 Vgl. auch *Maurenbrecher,* a. a. O., FN 54, S. 235 ff. und recht 2003, S. 180 ff., jeweils mit weiteren Hinweisen.

57 *Maurenbrecher,* recht 2003, S. 185.

58 *Maurenbrecher,* recht 2003, S. 186 f. mit weiteren Hinweisen.

59 *Daeniker,* S. 196.

gen enthaltenen expliziten Kündigungsgründe hinaus ein impliziertes Recht zur Kündigung aus wichtigem Grund zugelassen, würde dies zu erheblicher Rechtsunsicherheit und damit m. E. auch zu einer gefährlichen Reduktion der Bedeutung der expliziten Kündigungsbestimmungen führen. Zum anderen ist der Dauerschuldcharakter einer Anleihe zumindest zweifelhaft, wenn nicht gar zu verneinen. Anders als bei einer Darlehensforderung kann bei der Anleihe nämlich die Überlassung des Kapitals durch den ersten Nehmer nicht als fortdauernde Leistung qualifiziert werden; abgesehen davon, dass der aktuelle Inhaber einer Obligation i. d. R. mit dem ersten Nehmer nicht identisch ist,[60] kann der Anleihensgläubiger anders als der Darleiher seine Position während der Laufzeit durch Veräusserung der Titel liquidieren.[61] Und hier knüpft schliesslich auch an, dass eine Unzumutbarkeit der Fortführung des Vertragsverhältnisses im gemäss herrschender schweizerischer Lehre eng verstandenen Sinne in Bezug auf eine Anleihe nicht bzw. zumindest so lange nicht vorliegen kann, als dem Gläubiger ein Verkauf seiner Anleihe zum jeweils massgeblichen Marktwert über den Kapitalmarkt möglich ist. Das Risiko bzw. der Nachteil, dass er dabei ein gegenüber dem Nominalwert (erheblichen) Verlust realisiert, wird m. E. durch das Interesse an der Rechtssicherheit bzw. am Festhalten am Grundsatz der Vertragstreue nicht aufgewogen.

b. Geltendmachung der Kündigung

Wie Herr Dr. Vogel dargelegt hat enthält der Diskussionsentwurf des Bundesjustizministeriums einen Vorschlag für einen neuen § 795 e BGB, dessen dritter Absatz eine Regelung für die ausschliessliche Geltendmachung des Kündigungsrechts durch den Anleihensvertreter enthält.

In der Schweiz gilt das vom vorgeschlagenen § 795 e BGB Angestrebte bereits de lege lata: Gemäss Art. 1159 Abs. 1 in Verbindung mit Abs. 3 OR kann der Anleihensvertreter in einer verbindlichen Weise die ihm durch die Anleihensbedingungen eingeräumten Rechte ausüben, ohne dass die Gläubiger einen konkurrierenden individuellen Anspruch haben.[62] Zu den dem Anleihensvertreter in den Anleihensbedingungen übertragbaren Rechten gehört auch die ausschliessliche Befugnis zur

60 Vgl. dazu auch die Ausführungen von *Dr. Maier-Reimer.*

61 *Meier-Hayoz/von der Crone,* § 20 N 46.

62 *Daeniker,* S. 140.

Eintreibung der Anleihensschuld oder zur vorzeitigen Fälligstellung der Anleihe.[63]

In der Schweizer Praxis hat sich die Verankerung von solchen *Nichtausübungsklauseln* (*no-action clauses*) durchgesetzt; es gibt kaum eine Anleihe auf dem schweizerischen Markt, welche nicht eine solche *no-action clause* enthielte. Allerdings sind in neuerer Zeit Zweifel aufgekommen, ob diese Lösung aus Sicht des Vertragsvertreters tatsächlich opportun ist. Im Eurobond-Markt wurde als Alternative zur Variante, dass das Kündigungsrecht ausschliesslich dem *Trustee* zusteht, das sog. *Fiscal Agency Modell* entwickelt, wonach die Gläubiger ihre Rechte mit Bezug auf ihre Obligation selbst ausüben. Unter Berufung auf diese alternativen Modelle hat sich eine Arbeitsgruppe der führenden Schweizer Emissionsbanken mit der Frage auseinander gesetzt, ob in der Schweiz nicht vom bisher ***klassischen System der no-action clauses abgewichen und zum Fiscal Agency Modell*** gewechselt werden soll. Auch eine Zwischenvariante wurde geprüft, wonach einerseits beim Eintritt von in den Anleihensbedingungen klar definierten Ereignissen die Kündigung automatisch eintritt, während in anderen Fällen das Kündigungsrecht durch die Gläubigerversammlung – anstelle des Anleihevertreters[64] – ausgeübt werden soll. Während sich also Deutschland in die Richtung der international geforderten *collective action clauses* zu bewegen scheint, denkt man in der Schweiz – zumindest tendenziell – gerade in die andere Richtung, d. h. hin zu einer Aufweichung des oder gar einem Abweichen vom Prinzip der Ausübung der wichtigsten Gläubigerrechte durch den Anleihensvertreter.

3. Änderungen von Anleihensbedingungen

Dr. Hannes Schneider ist in seinem Beitrag der Frage nachgegangen, ob und wie weit unter geltendem deutschen Recht eine Änderung von Anleihensbedingungen durch Gläubigerbeschluss herbeigeführt werden kann und was sich durch die Vorschläge des Bundesjustizministeriums, d. h. den vorgeschlagenen neuen §§ 795 b und 795 c BGB an der derzeitigen Situation ändern würde. Wie ich bereits darauf hingewiesen habe, wurden die Bestimmungen im schweizerischen Obligationenrecht über

63 *Steinmann*, Art. 1159 N 2; *Daeniker*, S. 140. Vgl. auch *von der Crone/Marolda*, zit. vorne in FN 40, S. 164.

64 Siehe vorn Ziff. III. 2. b.

die Gläubigergemeinschaft zumindest dem Grundsatze nach den Bestimmungen im Schuldverschreibungsgesetz nachgebildet. Es ist deshalb von einigem Interesse zu prüfen, ob sich die heutige Rechtslage in der Schweiz von derjenigen in Deutschland unterscheidet bzw. ob die Vorschläge des Bundesjustizministeriums auch für die Schweiz von Interesse sein könnten.

a. Anwendungsbereich der gesetzlichen Bestimmungen beschränkt auf Inlandanleihen

Zuerst ist daran zu erinnern, dass unter geltendem schweizerischem Recht gleich wie im deutschen Recht zwischen Inlandanleihen und Auslandanleihen zu unterscheiden ist und dass die Bestimmungen von Art. 1157 ff. OR über die Gläubigergemeinschaft bei Anleihensobligationen nur auf Inlandanleihen anwendbar sind (siehe vorne Ziff. II. 4. a). Die nachfolgenden Betrachtungen beziehen sich deshalb ausschliesslich auf Inlandanleihen.[65]

b. Kompetenzen der Gläubigergemeinschaft

Gemäss dem Wortlaut von Art. 1164 OR ist die Gläubigergemeinschaft befugt, geeignete Massnahmen zur Wahrung der gemeinsamen Interessen des Anleihegläubigers, insbesondere gegenüber einer Notlage des Schuldners, zu treffen. Daraus folgt, dass die Befugnisse der Gläubigergemeinschaft auf das Anleiheverhältnis beschränkt sind, genauer darauf, auf eine *Änderung der Anleihensbedingungen* hinzuwirken oder *Massnahmen zu treffen, soweit dies für die Erhaltung des Haftungssubstrats erforderlich oder geboten ist.*[66] Gemäss einem Entscheid des Bundesgerichts hat die Gläubigergemeinschaft deshalb z. B. keine Befugnis zur Anhebung einer Prospekthaftungsklage.[67]

Mit der wohl herrschenden Lehre ist indessen davon auszugehen, dass *das Vorliegen einer aktuellen Notlage nicht erforderlich* ist für die Zuständigkeit der Gläubigerversammlung; vielmehr hat diese solange die Befugnis, Massnahmen zu beschliessen, als diese auf das Anleihensverhältnis gerichtet sind[68] und nicht ausschliesslich den Interessen des Schuldners

65 Siehe immerhin unten Ziff. III. 4. e.
66 *Steinmann*, Art. 1164 N 1.
67 BGE 113 II 288 f; anderer Meinung *Daeniker*, S. 103.
68 Vgl. BGE 113 II 289 und *Steinmann*, Art. 1164 N 1.

dienen.[69] A fortiori wird geltend gemacht, dass Änderungen der Anleihensbedingungen unabhängig von einer Notlage des Schuldners auch etwa bei einer Veränderung der Verhältnisse auf dem Geld- und Kapitalmarkt oder bei Vertragsverletzungen durch den Schuldner zulässig seien;[70] sogar eine vorzeitige Rückzahlung bei Konjunkturabhängigkeit des schuldnerischen Unternehmens sei zulässig.[71] Zu beachten gilt indes, dass die Genehmigungsbehörde einem Beschluss, der in die Gläubigerrechte eingreift, aber nicht zur Abwendung einer Notlage notwendig ist, ablehnen kann (Art. 1177 Ziff. 2 OR).[72]

Schliesslich ist erforderlich, dass Beschlüsse der Gläubigerversammlung stets den Grundsatz der Gleichbehandlung aller Obligationäre wahren (vgl. auch Art. 1174 Abs. 1 OR).[73] Eine Missachtung des Gleichbehandlungsgrundsatzes führt zur Nichtigkeit.[74]

c. Zuständigkeit der Gläubigerversammlung – Abgrenzung zur Kompetenz des Anleihensvertreters

Gemäss der gesetzlichen Regelung können die Anleihensbedingungen sowohl dem Anleihensvertreter (Art. 1159 Abs. 1 OR) als auch der Gläubigerversammlung (Art. 1173 OR) weitere, d. h. über den gesetzlichen Rahmen hinausgehende Befugnisse einräumen. Im Sinne einer Kompetenzabgrenzung ordnet aber Art. 1186 Abs. 1 OR an, dass dem Anleihensvertreter diejenigen Befugnisse nicht übertragen werden können, welche das Gesetz der Gläubigerversammlung zugeordnet hat. Art. 1164 Abs. 2 OR bestimmt überdies in positivem Sinne, dass die *Gläubigerversammlung oberstes Organ der Gläubigergemeinschaft* ist. Daraus hat die herrschende Lehre geschlossen, dass die *Kompetenz zur Änderung der Anleihensbedingungen ausschliesslich bei der Gläubigerversammlung* liegt und dass damit auch die Ermächtigung des Anleihevertreters zur Änderung der Anleihensbedingungen unzulässig wäre, selbst wenn dies Änderungen beträfe, welche das Gesetz nicht explizit erwähnt.[75]

69 *Zobl*, Änderungen, S. 133; *Koefferli*, Art. 1164 N 3.
70 *Zobl*, Änderungen, S. 133.
71 *Ziegler*, Art. 1164 N 2.
72 Vgl. dazu auch nachfolgend Ziff. III. 3. c.
73 *Daeniker*, S. 98.
74 *Koefferli*, Art. 1174 N 2.
75 *Steinmann*, Art. 1159 N 3; *Zobl*, Änderungen, S. 136 ff.; *Daeniker*, S. 137 f.

Diese starre Kompetenzzuweisung hat für Inlandanleihen (nicht aber für Auslandanleihen; siehe hinten Ziff. III. 3. e) zur Folge, dass selbst die Ersetzung von in den Anleihensbedingungen genannten Zahlstellen und insbesondere auch ein Schuldnerwechsel grundsätzlich immer der Zustimmung einer Gläubigerversammlung bedarf. Ob eine Gläubigerversammlung zu einer Mehrheitsbeschlussfassung zuständig wäre, wird noch zu prüfen sein.

Zu erwähnen bleibt indessen, dass zwar die Gläubigerversammlung die in ihrer Kompetenz liegenden Beschlüsse fassen kann, dass aber diejenigen Beschlüsse, welche in die Gläubigerrechte eingreifen, der *Zustimmung durch eine amtliche Genehmigungsbehörde* bedürfen (Art. 1176 OR). Gemäss Art. 1177 OR darf diese Genehmigungsbehörde ihre Zustimmung nur in bestimmten Fällen verweigern.

d. Mögliche Massnahmen und Beschlusserfordernisse

Der schweizerische Gesetzgeber hat die möglichen Massnahmen, welche die Gläubigerversammlung treffen kann, in den Art. 1170 und 1173 OR abschliessend umschrieben.[76] Dabei kann unterschieden werden in Massnahmen, welche in die Gläubigerrechte eingreifen, und Massnahmen administrativer Natur:

(i) Massnahmen administrativer Natur, d. h. Massnahmen, die nicht in die Gläubigerrechte eingreifen (wie z. B. die Bestellung und Abberufung des Anleihensvertreters; vgl. Art. 1158, 1180 und 1181 OR), können mit der Zustimmung der Vertreter von mehr als der Hälfte des im Umlauf befindlichen Kapitals bzw. mit der Zustimmung der Mehrheit der vertretenen Stimmen beschlossen werden.

(ii) Massnahmen, die in die Gläubigerrechte eingreifen: Art. 1170 OR sieht insgesamt neun Massnahmen vor, welche in die Gläubigerrechte eingreifen und welche mit einer Mehrheit von mindestens zwei Dritteln des im Umlauf befindlichen Kapitals durch die Gläubigergemeinschaft beschlossen werden können. Dabei handelt es sich um Massnahmen wie die Stundung oder den Erlass von Zinsen, die Ermässigung des Zinsfusses, die Verlängerung der Laufdauer oder die vorzeitige Rückzahlung, etc.

Im Verhältnis zum geltenden deutschen Recht weicht das Schweizer Recht insbesondere in folgenden Punkten ab:

76 *Meier-Hayoz/von der Crone*, § 20 N 107.

- eine *Stundung von Zinsen* kann für *fünf Jahre* mit der Möglichkeit einer *zweimaligen Verlängerung* um je höchstens fünf Jahre beschlossen werden;
- der *Erlass von Zinsforderungen* kann sich auf *fünf Jahreszinsen* innerhalb eines Zeitraumes von sieben Jahren erstrecken;
- die *Ermässigung des Zinssatzes* für höchstens *zehn Jahre* mit der Möglichkeit der *Verlängerung* um fünf Jahre;
- die *Stundung der Kapitalforderung* auf *fünf Jahre* mit der Möglichkeit der *Verlängerung um höchstens fünf Jahre;*
- die *Verlängerung der Laufzeit* um höchstens zehn Jahre; und
- Möglichkeit der gänzlichen oder teilweisen *Umwandlung in Aktienkapital* (sogenannter „debt-equity swap").

Gleich wie im deutschen Recht kann indessen auch nach Schweizer Recht ein vollständiger oder teilweiser Kapitalverzicht von einer Gläubigerversammlung nicht beschlossen werden.[77]

Ob über die in Art. 1170 OR genannten Massnahmen noch weitere Massnahmen, welche in Gläubigerrechte eingreifen, mittels Anordnung in den Anleihebedingungen der Beschlusskompetenz der Gläubigerversammlung zugeordnet werden können, ist im schweizerischen Schrifttum nicht abschliessend bzw. einheitlich beantwortet worden. Meines Erachtens ist eine solche Erweiterung von Eingriffskompetenzen in Bezug auf die Änderung der Anleihensbedingungen mit dem Wortlaut der Art. 1164, 1170 und 1173 OR nicht vereinbar,[78] wird aber scheinbar von einem Teil der Lehre in Bezug auf den Schuldnerwechsel bejaht.[79]

(iii) Der Schuldnerwechsel im Besonderen: Für den Schuldnerwechsel stellte sich lange Zeit die konkrete Frage, ob dieser einen Eingriff in die Gläubigerrechte zur Folge habe und somit unter die Art. 1170 OR falle oder „nur" eine administrative Massnahme darstelle. Nach der heute wohl herrschenden Lehre ist davon auszugehen, dass ein konzerninterner Schuldnerwechsel dann keinen Eingriff in die Gläubigerrechte zur Folge hat, wenn die bisherige Anleihensschuldnerin bzw. deren Muttergesell-

77 Vgl. z. B. *Steinmann*, Art. 1173 N 1; *Daeniker*, S. 101.

78 So auch BGE 96 II 202 und BGE 113 II 289; siehe auch *Meier-Hayoz/von der Crone*, § 20 N 107.

79 *Daeniker*, S. 103; *Lang*, Art. 1170 N 3.

schaft für die Rückzahlung der Anleihe die Solidarbürgschaft bzw. eine Garantie auf erste Anforderung übernimmt; in allen anderen Fällen eines konzerninternen wie eines externen Schuldnerwechsels ist dagegen davon auszugehen, dass ein Eingriff in die Gläubigerrechte vorliegt. Nach einem Teil der Lehre kann diesfalls ein Schuldnerwechsel nur dann mit einer Zwei-Drittel-Mehrheit beschlossen werden, wenn dies die Anleihensbestimmungen vorsehen.[80]

Zusammenfassend ergibt sich damit, dass unter geltendem Recht:

- administrative Massnahmen, die nicht in die Gläubigerrechte eingreifen, von der Gläubigerversammlung mit Mehrheitsbeschluss getroffen werden können;
- Massnahmen, die in Gläubigerrechte eingreifen und in Art. 1170 OR explizit erwähnt sind, von der Gläubigerversammlung mit einer Mehrheit von zwei Dritteln beschlossen werden können; und
- Massnahmen, die in Gläubigerrechte eingreifen und in Art. 1170 OR nicht erwähnt sind, nur mit der Zustimmung aller Gläubiger beschlossen werden können.

e. Exkurs: Rechtslage bei Auslandanleihen

Für Auslandanleihen wurde lange debattiert, ob die Bestimmungen der Art. 1157 ff. OR zumindest per Analogie übernommen werden könnten. Dies wurde von der herrschenden Lehre mit guten Gründen verneint, weshalb sich eine Änderung der Anleihensbedingungen nach den Bestimmungen in den Anleihensbedingungen selbst zu halten hat. Dies hat zur Konsequenz, dass bei über die Änderung von Anleihensbedingungen jede Änderung selbst der Zustimmung aller Obligationäre bedarf. Anders als in Deutschland finden sich jedoch in der Praxis in den Anleihensbedingungen von Auslandanleihen Bestimmungen über die Gläubigerversammlung, die Änderung der Anleihensbedingungen durch Mehrheitsbeschluss der Gläubiger sowie auch eine explizite Bestimmung, welche den Schuldnerwechsel mit der Zustimmung der federführenden Bank, aber ohne Zustimmung der Anleihensgläubiger zulässt.

In inhaltlicher Sicht steht dem Schuldner bzw. der federführenden Bank bei der Ausformulierung der Anleihensbestimmungen weitestgehend

80 *Daeniker*, S. 103.

Gestaltungsfreiheit zu. Allerdings sind auch bei Auslandanleihen Beschlüsse, die einen übermässigen Eingriff in die Rechte Anleihensgläubiger bewirken würden, unzulässig. Sodann ist auch bei Auslandanleihen der Grundsatz der Gleichbehandlung zu beachten. Und schliesslich ist davon auszugehen, dass auch bei einer Auslandanleihe ein gänzlicher oder teilweiser Verzicht auf die Kapitalforderung ausserhalb eines Insolvenzverfahrens nicht von einer Gläubigerversammlung beschlossen werden kann.[81]

f. Würdigung

Die vorstehende Diskussion zeigt meines Erachtens auf, dass hinsichtlich der Änderung von Anleihensbedingungen das geltende Schweizer Recht wesentlich flexibler ist als das geltende deutsche Recht. Hervorzuheben ist insbesondere der *in der Schweiz umfassendere Katalog von Befugnissen*, welche der Gläubigerversammlung hinsichtlich der Änderung von Anleihensbedingungen zustehen. Zu nennen sind hier insbesondere:

- Änderungen, die nicht nur der Sanierung bzw. Abwendung einer Zahlungseinstellung oder des Insolvenzverfahrens dienen;
- Stundungsvereinbarungen für länger als 3 Jahre;
- Umwandlung von Anleihen in Eigenkapital; und
- in beschränktem Rahmen die Möglichkeit, Anpassungen an geänderte wirtschaftlich oder rechtliche Verhältnisse zu beschliessen.

Die in den letzten zwei bis drei Jahren durchgeführten Gläubigerversammlungen haben denn auch aufgezeigt, dass die geltenden gesetzlichen Bestimmungen über die Gläubigerversammlung in der Schweiz kein „totes Recht" geblieben sind, wie Dr. Schneider dies für Deutschland bemerkt.[82] Allerdings ist nicht zu verkennen, dass auch das schweizerische Korsett für die Befugnisse der Gläubigerversammlung eng ist und in insbesondere Sanierungsfällen grosse bis unüberwindbare Hürden bieten kann.

Diese aus Schweizer Sicht relativ günstig bzw. zumindest moderat ausfallende Würdigung der geltenden Regelung verkehrt sich relativ rasch

[81] Vgl. *Daeniker*, S. 113 f.

[82] Vgl. z. B. die erfolgreiche Sanierung der Von Roll Holding AG im Jahre 2003 und die derzeit laufende Sanierung der Swisslog Holding AG.

ins Negative, wenn man das geltende Schweizer Recht mit dem Diskussionsvorschlag des Bundesjustizministeriums vergleicht. Ein solcher Vergleich zeigt deutlich auf, dass auch die geltende schweizerische Regelung erhebliche Mängel aufweist. Aus dieser Sicht hervorzuheben ist meines Erachtens vor allem die Erweiterung des Katalogs möglicher Beschlussgegenstände im Diskussionsentwurf auf solch wichtige Elemente wie die *Möglichkeit eines teilweisen Verzichts auf die Kapitalforderung*, den Umtausch in andere Wertpapiere des Schuldners sowie die *Aufhebung bzw. Änderung von Nebenverpflichtungen*. Weiter ist – immer noch im Vergleich zum geltenden Schweizer Recht – der beabsichtigte *Verzicht auf Befristungen* einzelner Massnahmen sowie auf die Absicht hinzuweisen, den *Massnahmenkatalog nicht abschliessend* auszugestalten. Diese Vorschläge sind auch aus schweizerischer Sicht äusserst begrüssens- und bedenkenswert.

4. Fazit

Die Diskussion einiger mir wichtig erscheinender Kernpunkte der Reformvorschläge des Bundesjustizministeriums hat ergeben, dass das Schweizer Recht de lege lata im Vergleich zum geltenden deutschen Recht derzeit nicht schlecht abschneidet. Auch sind einige Reformpunkte im Schweizer Recht bereits umgesetzt oder enthalten – Stichworte hierfür sind die fehlende Inhaltskontrolle von Anleihensbedingungen, die fehlende Kündigung aus wichtigem Grund und die Möglichkeit der Kündigung einer Anleihe durch den Anleihensvertreter mit Wirkung für alle Gläubiger. Andererseits enthält der Reformvorschlag interessante Neuerungen oder Ergänzungen, welche auch für die Schweiz beachtlich sein könnten, dies sogar in noch ausgeprägterem Masse, wenn die von den Referenten gemachten sowie die vom Deutschen Anwaltsverein unterbreiteten Kommentare und Anregungen Eingang in das neue Gesetz finden würden.

Es wäre deshalb wünschenswert, wenn der Schweizer Gesetzgeber das deutsche Reformvorhaben genau verfolgen und zu gegebener Zeit eine eigene Reform in Betracht ziehen würde.

Literaturhinweise

C. Brunner, Wertrechte – nicht verurkundete Rechte mit gleicher Funktion wie Wertpapiere, Bern 1996

D. Daeniker, Anlegerschutz bei Obligationenanleihen, Zürich 1992

P. Jaeggi/J. N.Druey/C. von Greyerz, Wertpapierrecht, Basel 1985

J. Koefferli, Handkommentar OR, Zürich 2002, Art. 1156–1169 OR

J. Köndgen/D. Daeniker, Wandel- und Optionsanleihen in der Schweiz, in: Lutter/ Hirte, Wandel- und Optionsanleihen in Deutschland und Europa, Berlin 2000, S. 266 ff.

C. Lang, Handkommentar OR, Zürich 2002, Art. 1170–1186

A. Meier-Hayoz/H. C. von der Crone, Wertpapierrecht, 2.A., Bern 2000

P. Nobel, Schweizerisches Finanzmarktrecht, Bern 1997

M. Pfenninger, Auslegung von Anleihebedingungen, Zürich 1995

C. Steinmann, Kommentierung der Art. 1157–1186 OR über die Gläubigergemeinschaft bei Anleihensobligationen, Basler Kommentar zum Schweizerischen Privatrecht, Obligationenrecht II, 2.A., Basel 2002

R. Watter, Kommentierung von Art. 1156 OR über den Prospektzwang bei Ausgabe von Anleihensobligationen, Basler Kommentar zum Schweizerischen Privatrecht, Obligationenrecht II, 2.A., Basel 2002

A. Ziegler, Berner Kommentar, Anleihensobligationen Art. 1156–1186 OR, Bern 1950

D. Zobl, Änderungen von Anleihensbedingungen, SZW 1990 S. 129 ff. (zit. Zobl, Änderungen)

United Kingdom

Bond issues under U.K. law: how the proposed German legislation compares

Lachlan Burn

1. Introduction

I have been asked to present a comparison, from an English legal perspective, of the matters you have discussed during this Conference. In the time available, I shall do so in fairly broad terms. I thought that it would be useful to describe first the legal basis for bond issues under English law. I will then move on to look at how various provisions of English law affect what can be included in the terms of a bond and how bonds are commonly structured under English law, and what roles are played by Trustees and Fiscal Agents. I will then consider how bondholders enforce their rights and agree together to follow certain courses of action and how the recent moves to include collective action clauses in bond issues affect English law governed bonds. And I will finish by trying to draw some conclusions, which I hope you may find interesting and perhaps even helpful.

2. The legal basis for bond issues under English law

Negotiable instruments. A typical eurobond governed by English law is a form of negotiable instrument. A bond is intended to be tradable—to pass from investor to investor in the market, until the final investor presents the bond at maturity to receive payment. However, English law has a general concept that no person can give a better title on transfer than he had himself—*nemo dat quod non habet*, or, as I believe you would say in Germany *nemo plus iuris in alium transferre potest quam ipse habet.* It would be extremely tiresome in the securities markets to have to check that every person who had preceded you as the "owner" of a bond had good title to it. The markets move very quickly and bonds change hands in minutes, often several times a day. There is no time to check that the seller (let alone those who preceded him) had good title.

There is, fortunately, an exception to the *nemo dat* rule—negotiability. If an instrument is *negotiable* then anyone who acquires it for value and in good faith acquires a good title to it. "Good faith" means that the acquirer must not have notice of any defect in the title of the person from whom he acquires the bond.

Characteristics of negotiable instruments. Under English law, negotiable instruments have some of the characteristics of a contract; and enjoy some of the attributes of personal property. So, the holder of a bond has a right to sue for breach of contract if the Issuer does not comply with one of the terms of the bond. But, whereas with a contract only a party to the contract or certain assignees can normally sue, with a negotiable instrument, the holder can sue (even though he was not the original subscriber of the bond).

Another difference between a negotiable instrument and a contract lies in the importance of physical possession of the negotiable instrument by those seeking to enforce it. Parties to a contract do not need physically to possess the contract to take enforcement action; their rights are separate from the document in which the contractual terms are recorded. But with a definitive bearer bond, a person has no rights unless he can produce the bond itself.[1]

1 *See* CHITTY ON CONTRACTS, 28th edition, paragraph 34-002.

Creation of negotiable instruments. There are several ways in which a negotiable instrument can be created under English law. The first is by statute. Bills of exchange are, for example, made negotiable under the Bills of Exchange Act 1882. But bonds do not fit within this legislation, which defines a bill of exchange as:

"an unconditional order in writing, addressed by one person to another, signed by the person giving it, requiring the person to whom it is addressed to pay on demand or at a fixed or determinable future time a sum certain in money to, or to the order of, a specified person or to bearer".[2]

There are several problems with fitting a bond into this definition. First, a bond is not payable "on demand or at a fixed or determinable future time". Bonds will typically contain early payment provisions—for example, if there is a default or if withholding taxes are imposed—so that it is not possible to say with certainty *when* they will be repaid.

Secondly, the amount payable is not "a sum certain in money". For example, most bonds will contain a gross up provision, requiring the Issuer to compensate the bondholder for any withholding taxes that may be imposed by paying him additional amounts. Who knows how much those payments will be?

As a result, bonds rely on a second route to obtain the status of negotiability. English law accords negotiable status to instruments that acquire it through mercantile usage. If people in the markets regard an instrument as negotiable, then the courts will treat it as such. However, this is not quite as liberal as it may seem at first sight. The necessary usage must be notorious,[3] certain[4] and reasonable[5] and must be generally adopted by the commercial world in relation to the instrument. This said, the usage does not have to be ancient. Instruments can acquire negotiable status fairly quickly, provided the market practice develops rapidly.

The point is well illustrated by an early 20th century case,[6] where Bingham J said:

"It is no doubt true that negotiability can only be attached to a contract by the law merchant or by a statute; and it is also true that, in determining whether a usage has become so well

2 Bills of Exchange Act 1882 s 3(1).
3 Tucker v Linger (1883) 8 App. Cass. 508.
4 Sewell v Corp (1824) 1 C & P 392.
5 Paxton v Courtnay (1860) 2 F & F 131.
6 Edelstein v Schuler & Co [1902] 2 K. B. 144.

established as to be binding on the Courts of law, the length of time during which the usage has existed is an important circumstance to take into consideration; but it is to be remembered that in these days usage is established much more quickly than it was in days gone by; more depends on the number of the transactions which help to create it than on the time over which the transactions are spread... It is to also to be remembered that the law merchant is not fixed and stereotyped; it has not yet been arrested in its growth by being moulded into a code; it is ... capable of being expanded and enlarged so as to meet the wants and requirements of trade in the varying circumstances of commerce, the effect of which is that it approves and adopts from time to time those usages of merchants which are found necessary for the convenience of trade; our common law, of which the law merchant is but a branch, has in the hands of the judges the same facility for adapting itself to the changing needs of the general public... Thus it has been found convenient to treat securities like those in question in this action as negotiable, and the Courts of law, recognising the wisdom of the usage, have incorporated it in what is called the law merchant, and have made it part of the common law of the country..... The very expression "bearer bond" connotes the idea of negotiability, so that the moment such bonds are issued to the public they rank themselves among the class of negotiable securities."

Registered bonds. But English law does not require that bonds take a negotiable form. It is perfectly possible to issue bonds in registered form, and this is frequently done, particularly when bonds are sold into the United States of America (where, for reasons of tax law, bearer bonds are largely outlawed[7]). A registered bond will state that title is vested in the person named on the register. Certificates are issued, but payments are only made to those on the register and the register specifies who is a bondholder for the purposes of meetings of bondholders. In a way, a registered bond is similar to a share, in that the certificate is only evidence of title and does not give legal rights itself. Transfers of registered bonds are effected by the seller and buyer completing a transfer form and submitting this to the registrar, who then amends the register to reflect the sale.

Registered bonds are used in some types of structured issues, where it is important for commercial reasons to keep a track of who actually owns the bonds (for, of course, with a definitive bearer bond it is impossible to know who holds, and therefore owns, the bond from moment to moment).

7 Tax Equity and Fiscal Responsibility Act of 1982.

3. Restrictions on freedom of contract under English law

The fact that bonds are not, under English law, the creature of statute has some important consequences. Foremost among these is the fact that there are few limits on what can, and what cannot, be included in their terms. An English lawyer will be perfectly happy to draft new provisions into a bond, without worrying unduly whether the law allows them. This flexibility is one of the more important reasons, I believe, why English law has proved to be popular in the international financial markets.

Overriding provisions of law. There are certain overriding provision of law that do apply, of course. One example is the law relating to penalties. A penalty is a clause that provides for "a payment of money stipulated as *in terrorem* of the offending party"[8] to force him to perform the contract. So, if you provide in your bond that on default the rate of interest increases by 100%, that provision might be void as a penalty (unless it can be shown that the increase is genuine compensation to the bondholder for losses suffered by him).

Such examples are few, though, and do not unduly restrict the lawyer from writing into a bond whatever provisions his client requires.

Application of Unfair Contract Terms Directive. But what about the EU Directive on unfair terms in consumer contracts?[9] This stipulates that a contractual term which has not been individually negotiated shall be regarded as unfair if, contrary to the requirement of good faith, it causes significant imbalance in the parties' rights and obligations arising under a contract, to the detriment of the consumer.[10] Does this not apply to the terms and conditions of bonds when they are sold to retail investors?

The short answer is "no". The Directive applies in the context of the provision of goods or services.[11] The Issuer of a bond is neither selling goods nor supplying a service to the bondholder. A negotiable instrument

8 Dunlop Pneumatic Tyre Co Ltd v New Garage & Motor Co Ltd [1966] 1 W. L. R. 1428 at 1448.

9 Council Directive 93/13/EEC on Unfair Terms in Consumer Contracts.

10 *Ibid.* Article 3.1.

11 *See*, for example, Recitals 2 and 6 and Article 4.

is not a "good" under English law. And a bond simply creates rights in favour of its holder. It would be a misuse of language to say that, when the Issuer pays interest, it is "providing a service" to the holder.

This result may appear at first sight surprising. But I think that it is logical and, indeed, highly desirable. How can such a Directive apply to a negotiable instrument? One of the key concepts in Article 3.1 is that the Directive applies where a contractual term "has not been individually negotiated". By whom? Presumably by the consumer who is to be protected by the Directive. But how can you individually negotiate terms with all potential future holders of a bond? Clearly, it is not possible to do so at or shortly before the date of issue of the bond, because the potential holders could include everyone and you cannot individually negotiate with the world at large—(and even if you could, there is no time to do so in a market where prices change in days or hours and the opportunity to do the issue will not wait for lengthy negotiations to be concluded).

But it would not even work if the requirement was simply to negotiate with the initial holders of the bonds, because this would drive a coach and horses through whatever protection the Directive is trying to provide to the consumer. (The Issuer would simply make sure that the initial subscribers were all professional investors, such as the banks managing the issue, who would not necessarily take the consumers' part in the negotiations).

And the alternative approach—to require negotiation with each consumer as he becomes a holder of the bond—is equally impossible. The Issuer of the bond will not know when the consumer buys and so will have no opportunity to offer to negotiate. And it would be highly undesirable to have the terms of a negotiable instrument changing in the market every time it is traded. The individual bonds in the issue would very quickly become non-fungible. Trading through Clearing Systems would be impossible—they cannot deal with issues where every bond comprises a separate and different set of rights because they need to be able to deliver bonds to their account holders on a fully fungible basis. If each bond had separate and different provisions, they would have to allocate a specific bond to a specific account holder.

And how do you trade a bond within minutes (which is what the market requires) if there have to be separate individual negotiations with the Issuer before the trade can be concluded? Surely an Issuer's management has better things to do with its time that repeatedly renegotiating the terms of individual bonds.

None of this seems sensible. Nor does it seem desirable or even necessary. In the case of most bond issues, consumer protection should be of marginal interest. A typical bond will contain rights in favour of the bondholder—to receive interest at a specified rate or to call an event of default in certain circumstances. It is difficult to see how such contracts could be to the detriment of the consumer, for the purposes of the Directive.

There are bonds, it is true, that are more complex. A good example is a credit linked bond, where, if certain events relating to a third party occur, the bondholder may receive nothing back at maturity. And, on occasion, the person who conclusively determines whether that event has occurred is the Issuer of the bond itself. There is clearly scope for a consumer to suffer from unfairness in this situation. But is it desirable to deal with this risk by making the contract (or at least, the offending part of the contract) void under the Directive? I think not, because to do so will have other unwanted results.

For example, the Issuer of the credit linked note may have been a bank. The fact that it had hedged its exposure to the third party by issuing a credit linked note may well have been taken into account by its regulator, for the purpose of its regulatory supervision. If, thanks to the Unfair Contract Terms Directive, there can be no certainty that the note will work when it is needed, regulators are unlikely to accept that kind of hedging instrument. And banks will be much more limited in the ways in which they can control their exposure. The more exposed they are, the more the people (including, in the case of a bank, consumers) who rely on them will be exposed.

Take another example. Banks that are authorised by the Financial Services Authority in the United Kingdom are required to maintain certain levels of capital to support their business activities. Apart from equity, certain types of debt security can be counted towards the capital of the bank, provided that they are appropriately subordinated and contain other prescribed contractual provisions.

The FSA's rules provide that "the terms of any agreement governing the raising of subordinated loan capital should ensure that the claims of the lender are fully subordinated to those of unsubordinated creditors. The

FSA is more concerned that the subordination provisions should be effective than that they should follow a particular form".[12]

Among the requirements are that:

- the claims of the subordinated creditors rank behind those of all unsubordinated creditors
- to the fullest extent possible creditors should waive their right to set off any amounts they owe the bank against subordinated amounts owed to them by the bank
- the only remedies available to the subordinated creditor in the event of default in respect of the subordinated debt should normally be limited to petitioning for winding up and proving in the liquidation of the bank.

The FSA rules require that the bank should confirm that it has received a written legal opinion stating that the FSA's subordination policy has been followed.[13] Yet how could a lawyer give an unqualified opinion that all the requirements are met if a court could intervene on the basis that the terms of the bond are (or have become) unfair to the investor? And how could the FSA rely on an opinion that is qualified, when the intention behind the subordination, and its treatment for regulatory capital purposes, is precisely that it should work *even though it may be unfair to the investor*? And how does the requirement that the consumer should be given an opportunity to negotiate the standard terms fit into this example? The standard terms are laid down by regulation and the Issuer has no power to change them.

So, certainty in the bond market is desirable, uncertainty is to be avoided. But how does one protect the consumer against these potentially toxic structured bonds? I think that the answer lies not in outlawing "unfair" contract terms, but in ensuring that those who sell such products to consumers are properly regulated when they do so. In the United Kingdom, anyone selling certain types of investment (including shares, bonds and most derivative instruments) must be either authorised to do so under the Financial Services and Markets Act 2000 or exempt.[14] The exemptions rely mainly on the fact that the seller is only dealing with

12 FSA Handbook Interim Prudential Sourcebook for Banks CA: Section 8 Page 1.
13 *Ibid* page 6 paragraph 13.
14 Financial Services and Markets Act 2000 s19.

non-consumers. Authorised persons are subject to the rules of the Financial Services Authority. Among other things, these require the authorised person to ensure, when selling investments to consumers, that the investment is suitable for the particular consumer and that the consumer properly understands the risks involved.[15]

This, I believe, is a more sensible approach. The certainty of the contract, and the interest of the Issuers and regulators who depend on that certainty, are not put at risk by legislation that makes unfair terms void; yet the consumer is protected by the restrictions on the people who can sell investments to him and the duty imposed on those sellers to protect the interests of the consumer when making a sale.

There is, in addition, protection through disclosure. An issuer or offeror of securities has to produce a disclosure document when listing securities[16] or offering them to the public in the United Kingdom.[17] The disclosure standard is at two levels. There is a general standard—broadly to disclose such information as investors would reasonably require for the purpose of making an informed assessment of the business, financial position and prospects of the issuer and the rights attached to the securities.[18] This regime implements the EU listing and public offer regimes.[19] The United Kingdom Listing Authority has also recently announced a policy of focussing on appropriate risk disclosure and has asked issuers and their advisers to consider putting summaries of the investment risks into prospectuses.[20] This approach will also be a key part of the EU-wide disclosure regime, once the new Prospectus Directive[21] has been implemented.[22] All of this provides additional protection to the consumer and makes protection through the outlawing of unfair terms even more unnecessary.

15 *See* Financial Services Authority Conduct of Business Rules, Section 5.3.
16 Financial Services and Markets Act 2000 ("FSMA") Section 79(1).
17 Public Offer of Securities Regulations 1995 ("POS") SI 1995/1537 Regulation 4(1).
18 FSMA Section 80 and POS Regulation 9(1).
19 Directive 2001/34/EC and Council Directive 89/298/EEC.
20 Financial Services Authority's publication List, Issue No. 2 May 2003.
21 Directive 2003/71/EC.
22 *See* Proposal for a Commission Regulation implementing Directive 2003/71/EC Annex I paragraph 4, Annex IV paragraph 4, Annex VII paragraph 3 and Annex IX paragraph 3.

I have dealt with this aspect of the law in some detail, because I believe it to be of fundamental importance to the proper functioning of any securities market. Markets thrive on legal certainty, and are disconcerted and discouraged by legal uncertainty.

4. Structures for bond issues

So much for what a bond is, in legal terms. But what form does a typical English law bond physically take?

Form of bond. A definitive bearer bond consists of three main elements. First, the front (or "face"). This contains the promise of the Issuer to pay the principal amount of the Bond to the holder of the Bond on its stated maturity date, and to pay interest in the interim, on the basis set out in the Conditions. Because the Issuer's liability is to pay on presentation of the Bond, a definitive Bond will never be typewritten—if it were, it would be easy to forge. Instead, it will be security printed in much the same way as a bank note.

Secondly, the back. This contains the Terms and Conditions of the Bond, which will include provisions dealing with determination of the rate of interest, the rights of bondholders to demand early repayment after a default, what happens if payments are subject to withholding tax and so on. It is very important to note that, as so often under English law, there is no overarching code or law that implies terms into the bond. If a term is not in the bond, it simply does not apply.

Finally, the Coupons. The Bond will have attached to it on issue a number of Coupons, each promising to pay the interest due on a particular interest payment date. When an interest payment date occurs, the holder will detach the Coupon, present it to the Paying Agent in accordance with the Terms and Conditions and receive the interest payment.

Permanent global bonds. Definitive Bonds are expensive to produce. Accordingly, few issues provide for their issue in the ordinary course. Instead, most issues provide that the issue will be represented by a single permanent global bond, to be held a depositary bank on behalf of one or more Clearing Systems. The investors in the issue will hold their interest in, and receive payments on, the Bonds through the Clearing System. Only in extreme circumstances will definitive Bonds be issued—such as the closure of the Clearing Systems.

In this structure, the bondholder is therefore the common depositary bank. Account holders in the Clearing Systems may, under the laws of those Systems, own a co-proprietary interest in the global bond; but those account holders are not bondholders. They have a right to instruct the common depositary (through the Clearing Systems) how to vote and exercise other rights derived from the bond, but only through the contracts they have entered into with the Clearing System. The Issuer of the bond is entitled to ignore the accountholders entirely. The Issuer's contract is with the holder of the bond (in this case the common depositary). It is nothing to the Issuer that the holder of the bond deposits it in a Clearing System; and it is equally nothing to him that the laws governing that Clearing System grant co-proprietary rights in the global bond to the accountholders. These rights are useful as between the Clearing System and its accountholders—for example, if the Clearing System went into liquidation, the co-proprietary rights may help to preserve the bonds from the liquidator. But if an accountholder came to the Issuer and demanded payment in reliance on its co-proprietary rights, the Issuer would be entitled to tell him to go away and not to come back unless he has a bond in his pocket.

Enforcement of permanent global bonds. The international Clearing Systems (Euroclear and Clearstream, Luxembourg) are happy to act as a conduit for payments and as a clearing house for issues in this way. However, they are not prepared to take a role when the Issuer defaults and the bondholders wish to take enforcement action. Accordingly, the permanent global bond will provide that, where the Clearing Systems close down or the Issuer defaults, the global bond will be exchanged for definitive bonds.

If (as is probable) the Issuer fails to deliver definitive bonds, the holder of the global bond can cause the account holders in the Clearing Systems to receive direct enforcement rights under a deed poll, entered into by the Issuer on issue of the Bonds. (The account holders cannot be given such rights contractually, because they are not party to a contract with the Issuer. However, a deed poll is a mechanism under English law by which rights can be given to persons who are not parties to a contract).

5. Trustees and Fiscal Agents

Trustees. Most bonds in the English domestic market will use a trust structure. The main reason for this it that it provides better protection—to both the Issuer and the bondholder.

A trust under English law depends on the separation of the legal right to property from the beneficial interest in that same property. So, in a bond issue, although the legal title to all of the rights against the Issuer is held by a trust corporation, it is compelled by English law to hold those rights for the benefit of the real investors (known for this purpose as beneficiaries).

This provides protection to the Issuer by interposing a professional organisation as Trustee between the Issuer and the investors. As the Trustee is the owner of the rights, only it can enforce against the Issuer. In other words, the Issuer is not exposed to the maverick bondholder, who may (in any other structure) decide without adequate reason to take enforcement action against the Issuer, thereby triggering cross defaults or jeopardising a restructuring arrangement. In addition, there can be more flexibility in the provisions of the bond, because there is a professional organisation acting on behalf of the investors who is able to exercise judgements and discretions on their behalf. For example, it is common for a bond to contain a provision saying that there can be no event of default unless the Trustee certifies that the event in question is materially prejudicial to the interests of the investors.

The arrangement can also provide protection to the investors, because they will have someone who monitors events on their behalf. If something goes wrong with the Issuer, the Trustee will alert them and may even act on their behalf to accelerate the bonds and take action to enforce the obligations.

Fiscal Agents. But there is no compulsion under English law to use a Trustee. It is perfectly possible to structure an issue so that the bonds stand alone as contracts. Each bondholder has an individual right against the Issuer. Depending on the terms of the bonds, he can either enforce his individual bond by accelerating the due date, if there is an event of default; or he may only be able to do so if a specified percentage of other bondholders by value also decide to accelerate. This is a point that Issuers often miss, and there have been examples in the markets of Issuers being unable to bring rescheduling negotiations to a successful conclusion because a single difficult bondholder has held out and threatened to default his single holding of bonds.

Where there is no Trustee, it is usual to appoint a Fiscal Agent. The Fiscal Agent is the agent of the Issuer and, as such, can do no more than administer payments, organise meetings of bondholders, give notices to bondholders, keep a record of which bonds have been paid and which have not, replace bonds which have been lost or damaged and other administrative matters. To give it the power to act on behalf of bondholders though would be tantamount to giving the power to the Issuer itself.

Difference between Trustees and Fiscal Agents. So, there are important and fundamental differences between a Trustee and a Fiscal Agent.

- The Fiscal Agent is the agent of the Issuer; whereas the Trustee holds the benefit of the promises made to it by the Issuer on trust for the bondholders.
- It follows from this that the Trustee can be given considerable powers and discretions—for example, whether an event of default is sufficiently serious to constitute an event of default.
- Because the Fiscal Agent is the Issuer's agent, it can be removed at the Issuer's whim. The Trustee, on the other hand, cannot be removed without the consent of the bondholders.
- Where there is a Trust Deed, it will typically provide that only the Trustee can call an event of default and require early repayment (although it must do so if a specified percentage of bondholders tell it to do so). The only exception to this is where the Trustee is clearly acting in breach of its duties. In this highly exceptional circumstance, the individual bondholders (or the prescribed number of them) could accelerate the bonds themselves. This aspect of the Trustee's role can operate to the advantage of the Issuer, who has an experienced professional entity interposed between it and the bondholders, and is not so exposed to the maverick bondholder behaving irresponsibly. This contrasts with a bond under a Fiscal Agency Agreement, where each individual bondholder will often be able to enforce against the Issuer.
- A trust deed will also often provide that the Trustee can agree to the substitution of the Issuer by a new company (for example, if the Issuer's

tax laws change, triggering a "gross up" under the bonds) without the need for a meeting of bondholders to approve the change.

Trust property. The Trust Property held by a Trustee in a bond issue typically comprises:

- a promise by the Issuer to pay all amounts due on the Bonds to the Trustee
- a promise by the Issuer to perform all of the other terms of the Bonds and of the Trust Deed
- any money held from time to time by the Trustee in respect of the Bonds
- a promise to keep proper accounts
- an undertaking to notify the Trustee of any event which could become an event of default
- a promise to give the Trustee information, as required, including its financial statements, to enable the Trustee to monitor its condition (and perhaps identify the occurrence of events of default) and
- an undertaking to maintain a listing for the Bonds.

The Trustee holds this property on trust for the Bondholders. Bondholders would not be able to rely on such covenants if they were given to a Fiscal Agent (because the Fiscal Agent takes instructions from the Issuer, its principal).

This point illustrates one of the benefits of using a Trustee. Without a Trustee, the rights of the bondholder will normally need to be contained in the bond itself. There is no legal limit to the size of the print—indeed, some say that English lawyers have poor eyesight largely because they have to read so much small print. There is no law limiting the size of paper to, say, A4. But if the bond is in definitive form, there is a physical limit to the size of the paper on which the bond can be printed. A printing machine clearly cannot print any size of paper. And paying agents and so on cannot handle excessively large sheets. But these considerations are practical rather than legal.

But if there is a Trustee, much of the detail of the rights attributable to the bondholders can be set out in the Trust Deed and need only be summarised in the bond itself. This is particularly useful in structured deals or high yield transactions, where there may be numerous covenants.

Liability of Trustees. Strict control is exercised over Trustees by the law.[23] For example, a Trustee has to discharge his duties with the utmost diligence—and if he does not, he will be liable for losses sustained by the trust. Or again, when a Trustee has the right to exercise a discretion, he must take as much care as a prudent man would take in dealing with his own affairs. Trustees must also make no profit out of the trust unless it is authorised by the beneficiaries.

However, English law permits exclusion in the trust deed of all except an irreducible core of obligations. This core consists of the duty to act honestly and in good faith. But liability for ordinary or even gross negligence can be excluded, and an English court has even held that an exemption clause is valid when it excluded liability for loss or damage to the trust property "no matter how indolent, imprudent, lacking in diligence, negligent or wilful the Trustee may have been, so long as he has not acted dishonestly".[24]

Accordingly, an English law Trust Deed will contain a number of important provisions that protect the Trustee. These include provisions:

- removing any liability if the Trustee acts on the advice of an expert (such as a lawyer). So, for example, if a Trustee fails to call an event of default, on the advice of a lawyer, the bondholders would not be able to sue the Trustee for breach of duty
- relieving the Trustee from any duty (which might otherwise exist in law) to investigate whether the Issuer is in default
- permitting the Trustee to delegate some of its duties to others and relieving it from responsibility if the delegate makes a mistake
- permitting it to carry on other business with the Issuer (which would otherwise be prevented by the law, because it could give rise to a conflict of interest).

The Trust Deed will normally provide, however, that the Trustee remains liable for negligence (although as noted, even this could be largely excluded).

23 So much so, that Lord Hardwicke L. C. said in Knight v Earl of Plymouth (1747) Dick. 120 and 126 that a trust "if faithfully discharged, attended no small degree of trouble and anxiety", so that "it is an act of great kindness in any one to accept it".

24 Armitage v Nurse [1998] Ch 241.

6. Meetings provisions

Meetings. Both the Trust Deed and the Fiscal Agency Agreement will usually contain provisions for calling meetings of bondholders. Such meetings are sometimes required—for example, to agree to changes to the terms of the Bonds or to decide on enforcement action, following an event of default.

Meetings can typically be called by the Issuer, the Trustee or by bondholders holding a certain percentage of the issue.

When a meeting is called, notice of the time and place for the meeting will be published, if the bond is in definitive form, in certain newspapers or, if in global form, by giving the notice to the Clearing Systems. This latter method does not always work as well as it should, I believe, where a notice is long and complex. In some cases, I understand, a Clearing System may even retype and shorten the notice, so that it conforms to the limitations set by its system for communicating with its account holders.

Quorum A specified number of bondholders must be present in person or by proxy for a meeting to take place. It is not customary, in an English law governed bond, to provide for written resolutions—although there is no legal reason why one should not do so. If (as is often the case) insufficient numbers of bondholders are present at the meeting, the meeting is adjourned. A bond will typically provide that only two bondholders have to be present at the adjourned meeting.

Certain resolutions (on matters which will usually be specified in the terms and conditions for the bonds) can only be passed if a specified percentage of bondholders to vote in favour. These include matters such as the rate of interest, the maturity date and the currency of the issue. Other decisions can be taken by a simple majority (which at an adjourned meeting, means any two bondholders). Once a resolution is passed, it is binding on all other bondholders, the Trustee and the Issuer.

There is no limitation under English law as to the quorum requirements and it is therefore left to the Issuer and those involved in the initial issue of the bonds (such as the Managers and the Trustee, if there is one) to specify the relevant percentages.

Who can vote? One very important aspect of the meetings provisions is the definition of "outstanding". Certain bonds are deemed not to be outstanding (and therefore not to be able to vote). These include (obviously) those which have been redeemed or cancelled; and (less obviously) those which are held by or on behalf of the Issuer (who would clearly otherwise vote against calling a default or whatever).

There are also somewhat complex provisions that deal with a situation where a bond has become due for repayment early—for example, on the exercise of a call or put option under the bond. Such options must normally be exercised within a period of 30 to 45 days before the date for payment. But what happens if the Issuer gets into financial difficulties during that period? The bondholder, on exercise of the option, will have handed back his bond—(there is a risk otherwise that he might trade the bond in the market to an unsuspecting buyer, against whom the exercise may be ineffective). But without the bond, you cannot vote. To deal with this situation, it is normal to provide that, if there is an event of default during the exercise period, the bondholder is entitled to have his bond returned to him at the address specified in the exercise notice.

Aggregation across issues. Meetings provisions normally contain, therefore, voting arrangements that require a specified percentage of bondholders by value to pass a resolution. It would be very unusual, however, to look at voting arrangements on the basis that, for any particular situation, only a given percentage of holders of *all* of the Issuer's bonds can cause an acceleration of any particular issue. Meetings and voting provisions only look at these matters from the perspective of each particular issue. Indeed, the only provision in which they take account of other issues is in the cross default condition, under which issue A will provide that, if the Issuer defaults (or does something which is capable of becoming an event of default) under issue B, the holders of issue A will have the right to accelerate issue A.

Use. There are numerous examples of how the meetings provisions in bonds are used. These include:

- changing the Issuer
- changing the payment dates
- changing the interest rate
- changing the events of default
- enforcement action to be taken after an event of default.

It is possible to include almost anything in the meetings provisions. Indeed, it is usual to draft the meetings provisions so that a meeting can consider any matter and a bondholders' resolution on any matter will bind all the bondholders. This is so even in the case of certain matters, such as changes to the amount or currency of payments or the maturity of the issue, which are of fundamental importance. These too can be changed by a resolution passed by the specified percentage of bondholders (which, given the importance of such matters, will usually be higher than normal).

In addition, even without this, it is always possible for holders of *all* of the bonds to agree to anything—in just the same way as all of the parties to a multi-party contract can agree to amend or vary the contract in any way they like.

Effect of resolution of meeting. The crucial point, though, is that the decision of the meeting is binding on the other bondholders. This was confirmed by a recent case.[25] The case involved meetings provisions contained in a syndicated loan agreement, but the principles are equally applicable in the case of a bond issue. As described above, the meetings provisions contained a clause under which decisions of the relevant quorum were binding on all of the banks. The majority approved rescheduling arrangements with the borrower. As part of those arrangements, the majority agreed to waive certain events of default and to amend the covenants, breach of which had defaulted the loan. As a result of the waiver, the obligation to lend undrawn amounts revived. The minority refused to honour the amended contract and declined to lend the undrawn £30.5 million. The court held that the amendment approved by the majority was binding on the minority, unless it could be shown that the majority decision had been motivated by bad faith. It held further that, in taking their decision, the majority did not have to act for the benefit of the lenders as a whole.

This case would, I think, be equally valid in the context of a bond issue—although it is unusual for a bond to impose obligations on a bondholder. This is because a bond is a contract with only one party, (the Issuer), and it is difficult to see how such a contract could impose obligations on subsequent holders because there is no mechanism for them to give their consent to such obligation. Where it is desired to

25 Redwood Master Fund Ltd and others v TD Bank Europe Ltd and others [2002] All ER (D) 141.

impose obligations on bondholders, either the bond would be issued in registered form (and the form of transfer would contain the consent of the new holder to be bound by the obligation); or the obligation could be included, on the understanding that it cannot be enforced as a contract. An example of the latter case would be a partly paid bond, where the bondholder would be required to pay the second instalment of the subscription moneys on a prescribed date after issue of the bond. Such a bond would provide that, if the holder failed to pay the second instalment, the entire bond would become void.

How many votes? In the context of a bond issue, depending on the terms of the relevant bond, it will often be possible for important decisions to be taken at a meeting where only two bondholders are present—for example, where the first meeting was inquorate and the decision therefore falls to be taken at an adjourned meeting. Indeed, it is possible where one of the two bondholders holds sufficient bonds, for the decision of the meeting to be taken by one bondholder alone and to be binding on the rest of the bondholders.

7. Restructurings/Replacement of Issuer

Given the flexibility of the meetings provisions in a typical English law bond issue, it is perhaps unsurprising that restructurings and the replacement of an Issuer do not present legal problems under English law. The difficulty is usually not so much one of law as one of practice.

For example, if one knows in advance that an Issuer is likely to undergo restructuring, it is possible to write into the contract that, provided the restructuring takes a specified form, it will take effect—even without a meeting of bondholders to consent to it. I have considered doing this, on occasion—for example, where a bond was to be issued by a state owned company that was shortly to be privatised. We knew the form that the privatisation would take—the statutory corporation would be turned into a public company—and so could specify in detail how the substitution was to take place. The government did not wish to subject its privatisation to the vagaries of bondholder consent; so the bond contained a term under which the restructuring was effectively pre-agreed by the bondholders, provided it followed the specified route.

Even without this, a typical English law bond will contain a condition permitting the Issuer to substitute for itself as principal debtor under the bonds any company from a specified list, or any wholly owned subsidiary. This power may (or may not) be made subject to the substituted company's obligations being guaranteed by the original Issuer. As an alternative, it would be possible to specify which companies may be substituted as Issuer in generic terms, rather than by name—for example, by reference to the new Issuer's credit rating.

Where there is a Trustee for the bondholders, it is possible to be even more adventurous and to provide that the Trustee can agree to a substitution without the consent of the bondholders (and even to a change in the law governing the bonds and changes to certain of the terms of the bonds, such as the gross up for withholding tax).

When a substitution is made, the method by which it is achieved will vary depending on whether or not the issue is constituted by a trust. If there is a trust, the Trust Deed will be amended by way of a supplement to substitute the new entity's name for the old and make all consequential changes. If there is no trust, the Issuer will usually execute a unilateral document known as a deed poll, which will extend to the bondholders the new rights resulting from the substitution.

8. Collective Action Clauses

It will come as no surprise from what I have said so far that there is no difficulty under English law in introducing a collective action clause into the terms and conditions of a bond. Indeed, many of the elements of the collective action clauses currently being proposed for inclusion in issues by Sovereigns have, for many years, been included in English law bonds.

Binding the minority. One example of this is the requirement for meetings provisions that permit the relevant quorum to bind the other bondholders. As a matter of market practice, some of the quorum provisions seen in the latest versions of these clauses are unusual. For example, I have seen versions of the clause that require a quorum of 50% at the first meeting of bondholders and 25% at any adjourned meeting, in each case *by value*. In the case of reserved matters—which include matters typically involved in any restructuring negotiation, such as changing the payment dates, the currency of payment, or changing the amount of payments—the quorum is 75% by value. This makes it extremely difficult for a default to be called—it is notoriously difficult to get bondholders to attend meetings, even when the subject of the meeting is serious.

Yet this sort of provision can be included in an English law bond without a change in law.

Bondholders' representative committee. The provision dealing with the appointment of a Bondholders' representative is currently unusual in a typical English law bond. Perhaps part of the reason for this is the fact that, where there is a Trustee for the issue, it is largely unnecessary. The Trustee already performs the role of representative of the bondholders. It will be able to engage advisers and to enter into discussions with the Issuer and other creditors of the Issuer.

But, again, where there is no Trustee, there is no objection under existing English law to including a condition in the bonds permitting the appointment of a committee to represent the bondholders in the ways suggested in the current drafts of the collective action clause. Indeed, bondholders could decide to appoint a representative even without an express provision in the bond

Limitations on calling events of default. The current versions of collective action clauses limit the power of bondholders to declare an event of default—so that any acceleration has to have the support of at least 25% by value of the bondholders; and give holders of at least 50% by value the right to rescind any acceleration, provided that the relevant event of default has been cured.

It would currently be unusual to include such a right of rescission explicitly in any bond governed by English law. But the principle probably applies anyway. It is perfectly possible for the bondholders who voted to accelerate to waive their resulting rights; and presumably the rest of the bondholders will continue in their view that the issue should not be accelerated anyway.

Unusual or not, though, English law permits such a provision. And it also permits inclusion of a provision limiting the right of acceleration to circumstances where a given percentage by value of bondholders vote in favour of such action. Indeed, where there is a Trustee, it is common to give the Issuer even better protection by saying that *only* the Trustee can accelerate the issue (so that the bondholders only have the right to do so if the Trustee is in default of its obligations). One can (and does) go further and provide that, in the case of certain events of default (such as the prohibition of disposal of material assets) there is only an event of default if the Trustee certifies that it is materially prejudicial to the bondholders.

9. Choice of law

Before I attempt any conclusions from all of this, I thought that I should add a final word about how flexible English courts are about accepting jurisdiction. I believe that this is a very important element in promoting English law in the international markets.

English courts will accept jurisdiction where the contract gives it to them. There does not have to be any connection between the parties or the subject matter of the contract and English law. An express choice of English law and jurisdiction will suffice. The only exception to this is where the intention behind the choice of law was to avoid a mandatory provision of some other system of law.

Thus a bond does not have to be listed in London for English law to apply. And, conversely, a bond that is listed in London does not have (as a matter of English law or regulation) to be governed by English law. The choice is left to the parties.

10. Some conclusions

So, to finish with some conclusions.

Certainty. First, the importance of certainty. I believe that investors and Issuers alike attach great importance to the fact that, under English law, the contracts that they trade are certain in their interpretation. It does not matter what happens it the outside world. For reasons beyond the contemplation of Issuer and investor the contract may turn out badly for one or the other. In extreme examples, such as a credit linked note, the investor may lose all of his money. Unfair or not, if that is what the contract says, that is what the courts will uphold.

This is of vital importance. Where the investor is a consumer, of course one wants to protect him against predatory financial institutions who will bamboozle him with complexity. But the way to do that is by having proper conduct of business rules, not by making contracts uncertain in their outcome by subjecting them to legislation designed to outlaw unfair terms.

And, indeed, it is not just the Issuer who suffers if a term in a bond is declared void for unfairness by a court. It is the regulatory system too. For example, banks and other financial institutions increasingly depend on credit linked notes to control their credit exposure. Their regulators increasingly allow them to count their hedge through issuing credit linked notes as an offset against their capital adequacy position. But how could regulators continue to allow this if the hedge might be declared void by a court because the contract has become unbalanced or unfair? And if the regulator does not allow an offset, how are banks to continue to extend ever increasing credit without having the tools to manage their exposures?

A system of law that does not provide certainty will, therefore in my view fail to attract many customers.

Flexibility. But flexibility is equally important. English law provides this. You can write your bond as you wish. There is no proscriptive list, set out in a statute or code, of items that can, or cannot, be included in the bond. In today's securities markets, the importance of this is obvious. Innovation is important to the markets because it is useful. It is not like the fashion industry where innovation is designed to prevent the onset of boredom. New types of security and structured bonds are invented by the markets because they satisfy particular business needs.

The importance of innovation has indeed been recognised by the EU Commission. For example, recital 41 of the Prospectus Directive of 2003 emphasises the need "to encourage innovation in financial markets if they are to be dynamic and efficient".

A system of law that does not accommodate innovation—that requires all issues to fit within narrow categories specified in statute—will not attract such novel issues.

Freedom of choice. It is equally important for a legal system to accept jurisdiction readily. English law would not be widely used in international finance if it could only be validly selected to govern an issue that is, for example, listed in the United Kingdom or where the Issuer was domiciled in the United Kingdom.

Structural flexibility. A successful system of law will also allow flexibility in the structuring of a bond. Under English law, you can use a Trustee if you wish; but you do not have to. If you prefer, you can simply issue bonds giving their holders direct rights against you. You can issue bonds in definitive bearer form; or you can use registered form if that suits better. You can appoint a Fiscal Agent, but you do not have to. And so on. The only real constraints are the rules of contract law, trust law and the law governing negotiable instruments, which are a sufficiently broad and flexible framework for most structures to be possible. It is even possible under English law now to grant rights in favour of someone who is not a party to a contract.

I hope that I have not given the impression that English law in this area is perfect. It is not. But it does enjoy a number of virtues that I have tried to set out above. I am almost wholly ignorant of German law. It may well enjoy the same virtues and benefits (and no doubt others too); but if it does not, and you are considering changes to the law, I commend these thoughts to you.

United States

Bond Issues under New York and U. S. law: Considerations for the German Law Maker from a U. S. Perspective

Patrick Kenadjian

Introduction

Under the rules of the German Bundesbank, German law was once the mandatory governing law for the issuance of obligations denominated in

Deutsche Marks, and was thus widely used by both German and international issuers to issue DM denominated obligations until the Bundesbank changed its rules in the early 1990s. That change ushered in a slide in the popularity of German law in the issuance of international obligations which was only accelerated by the introduction of the Euro to replace the DM and other European currencies.

Today English law largely dominates the issuance of Euro denominated obligations by German and other European issuers. There is a small niche for New York law in the issuance of high yield debt, whose complex covenant packages and the need for the possibility of defeasance of those covenants have reduced attempts to transplant these issuances to another law. A larger portion of emerging market government bond issues are governed by New York law, but overall English law is still the governing law of choice internationally, although there are variations depending on currency and the target market for investors. It is still rare, for example, for bonds targeted at placement in the United States to be governed by anything but New York law.

A number of reasons have been given to explain why German issuers have abandoned German law and why international issuers have been slow to adopt it, including the importance of London as a financial center and the general acceptability of English law for a wide variety of international transactions. However it is also clear that German law on the issuance of debt obligations presents issuers and investors alike with a number of uncertainties and rigidities that have made it a less attractive law in and of itself. The issues have come into sharper focus through efforts of the International Monetary Fund ("IMF") to promote collective action clauses to facilitate the restructuring of sovereign debt. These efforts, spearheaded by a former Davis Polk partner, have pointed out difficulties and uncertainties concerning the ability to implement collective action clauses under German law stemming from both the Act on the Joint Rights of Bondholders of 1899 and under the Civil Code. To remedy a number of these perceived drawbacks, an amendment of German law is currently being considered and I have been asked in this connection to contribute a description of U. S. law on debt issuance as well as a few reflections on the reforms which are currently being considered in Germany.

I am pleased to contribute the following description and reflections. I feel compelled to point two things out at the outset. First, U. S. law on public issuances of debt obligations is not particularly modern, since it dates back in large part to 1939. However, because the law in question sets out only a broad legal frame work, it has allowed legal practice to evolve around it and to accommodate a number of innovations and to provide a large measure of flexibility to both issuers and investors, not only in the issuance of debt obligations, but in amending them after they have been issued to take into consideration changed circumstances. In doing so, U. S. law relies principally upon the parties to the bonds, issuers, trustees and bondholders (initially represented by the underwriters), to fashion their business understanding in the form of a contract which may later be amended in some respects by less than all the parties, in particular by less than 100% of the bondholders, under the supervision of the trustee whose role is less to act as representative of one side or another than to facilitate communication and to insure that the proper procedures have been followed to safeguard the bondholders against certain changes. Second, although most bond clauses can be amended by a qualified majority, certain fundamental clauses cannot be amended without the consent of each bondholder. Thus U. S. law finds itself positioned between German law, under which amendments are difficult or, in some cases, impossible, and English law where all clauses may be amended by a qualified majority.

I. Overview of the Rights of a Bondholder under U. S. Law

In the United States, public offers and sales of debt securities are required to be made under an effective registration statement under the Securities Act of 1933 and pursuant to an indenture that has been qualified under the Trust Indenture Act of 1939 (the "**Trust Indenture Act**" or "**TIA**"). The indenture is a contract that governs the rights and obligations of the issuer, the trustee and the bondholders. It is entered into at the time of the issuance of the bonds and signed by the issuer and the trustee. The system for the rights of bondholders under an indenture is governed in part by mandatory provisions of the Trust Indenture Act which must be included in any indenture qualified under the TIA and in part by contract negotiated among the issuer, the underwriters (on behalf of the bondholders) and the trustee. It includes the form of the bonds to be issued as well as the covenant package and other provisions of the indenture concerning, inter alia, provisions for notices and amendments. Some of these provisions are highly negotiated and some are largely standardized.

Sovereign issuer are not bound by the TIA. The TIA provides that bonds issued or guaranteed by a foreign government or by a subdivision, department, municipality, agency or instrumentality thereof are exempted from the TIA.[1] The Securities and Exchange (the "**SEC**") has adopted a special disclosure regime for these kind of bond offerings and requires the filing of a registration under its Schedule B. Therefore the terms and conditions of these issuances are in theory entirely left open to the contracting parties to negotiate. In fact, many if not most foreign sovereigns that issue debt into the United States dispense with an indenture entirely and use instead a fiscal and paying agent agreement. However, as noted by the IMF, the TIA has set a standard for the US market. As a consequence many international sovereign issues under New York law include the same limitations on some forms of collective action as would be required if the bonds were issued pursuant to an indenture qualified under the TIA.

The same applies to private placements of bonds in the United States. No mandatory provisions of law apply to private placements of bonds nor do such placements require an indenture. The terms and conditions of such bonds are entirely left open to the contracting parties who are free to negotiate its terms and conditions. Technical considerations, including in particular the importance of providing for the possibility of defeasance of highly technical covenant packages, usually make it highly desirable that high yield debt be issued pursuant to indentures even if the bonds are privately placed.

The Trust Indenture Act affords substantive rights and protections to bondholders, including the right of such holders to enforce the payment of principal and interest on the indenture securities held by such holder. If the trustee has a proscribed conflicting interest that has not been eliminated or waived, a holder may petition a court for removal of such trustee and appointment of a successor trustee. The Trust Indenture Act also provides a means for bondholders to communicate with other bondholders through the bondholders' list maintained by the trustee.

Over time there have been developed standardized sets of covenants for investment grade debt and high yield debt. The formulation of these

1 Section 304(a)(6) of the TIA.

covenants is generally well understood. The interpretation of these covenants is helped by the Model Debenture Indenture[2] and the Model Simplified Indenture.[3]

In the United States a trustee is appointed by the issuer before the bonds are issued.[4] The trustee must meet certain eligibility requirements pursuant to the TIA. The TIA contains a list of rights and obligations of the trustee.[5] While numerous, in the normal course, i. e. outside of a default situation, these duties are largely of an administrative nature. For example, the trustee is required under certain circumstances to furnish bondholders with the names and addresses of the other bondholders to facilitate the communication among the bondholders, the trustee must give bondholders notice of all defaults known to it within 90 days of their occurrence, the trustee must also issue a report of the release or substitution of significant collateral and of claims by the indenture trustee that are senior to those of security holders. The TIA requires the trustee in exercising the rights and powers vested in it by the indenture to use the same degree of care and skill in their exercise as a prudent person would exercise under the circumstances in the conduct of his or her own affairs.

After the issuance of the bonds, either the trustee alone or the bondholders and the trustee together have the right to agree to amendments to the indenture proposed by the issuer. Who must consent depends on the perceived importance to the bondholders of the right to be waived or amended.[6] Under the TIA, an important distinction is made between enforcement to the right of payment on the principal and interest, and the right to accelerate the maturity of the bond issue as a whole. The right of the individual bondholder to enforce payment of his bonds cannot be limited by or conditioned upon a vote by other bondholders.[7] The right to accelerate the payment under the bonds for all holders for non payment or

2 "Commentaries on Model Debenture Indenture Provisions 1965, Model Debenture Indenture Provision for all Registered Issues 1967 and Certain Negotiable Provisions" published by the The American Bar Foundation in 1971, commonly known as the "Model Debenture Indenture". The Model Debenture Indenture contains model provisions that are widely accepted.

3 Model Simplified Indenture, 38 BUS. LAW, 741.

4 *See* below Section II.(b).

5 *See* below Section II.(b).(4).

6 *See* below Section II.(a).(2).

7 *See* below Section II.c.

for other reasons, such as covenant defaults or cross-defaults to other debt, normally requires the vote of a certain majority of the principal outstanding, usually 25% or action by the trustee if so empowered under the indenture.

Under the TIA the trustee can at any time voluntarily resign or be removed by the company provided he is replaced by another trustee meeting the eligibility requirements.

In addition to the contractual rights U. S. law provides for creditor protection under fraudulent conveyance law,[8] under provisions of corporation law designed to protect creditors,[9] under the common law of fraud[10] and under federal securities laws and state securities laws, commonly referred to as blue-sky laws.[11]

The prospectus contained in the registration statement relating to the sale of the bonds must include a summary of indenture provisions covering to the following topics:[12]

8 Marcel Kahan, *Rethinking Corporate Bonds: The Trade-off between Individual and Collective Rights*, 77 N. Y. U. L. Rev. 1040, at 1047, citing McMahan & Co. v Wherehouse Entm't Inc., 859 F. Supp. 743 (S. D. N. Y. 1994), aff'd in part and rev'd in part, 65 F. 3 d 1044, 1051 (2 d Cir. 1995) (discussing bondholder fraudulent conveyance claims); Victor V. Riklis, No. 91 Civ. 2897, 1992 U. S. Dist. LEXIS 7025 at 8 (S. D. N. Y. May 15, 1992) (same); Feldbaum v McCrory Corp., No. 11,866, 1992 Del.Ch. LEXIS 113, at 9 (June 1, 1992) (same); Dougals G. Baird & Thomas H. Jackson, *Fraudulent Conveyance Law and Its Proper Domain*, 38 VAND. L. REV. 829 (1985) (arguing for limits on reach of fraudulent conveyance law in debtor-creditor setting).

9 *Id.* Citing the following: Elliott Assoc. v Bio-Response, Inc., No. 10.624, 1989 Del. Ch. LEXIS 63 at 15 (May 23, 1989) (discussing bondholder claim for appointment of receiver under Delaware corporate statute). *See* generally Bayless Manning & James J. Hanks, Jr., LEGAL CAPITAL (3 d ed. 1990) (discussing legal capital requirements in corporate statutes).

10 *Id.*, citing Feldbaum, 1992 Del. Ch. LEXIS 113, at 9–10 (discussing bondholder fraud claim); Mabon, Nugent & Co. v Tex. Am. Energy Corp., No. 8578, 1988 Del. Ch. LEXIS 11, at 14–15 (Jan. 27, 1988) (same); Cont'l Ill. Nat'l Bank and Trust Co. of Chi. V. Hunt Int'l Res. Corp., Civ. Action No. 7888, 1987 Del. Ch. LEXIS 537, at 13–14 (Feb. 27, 1987) (same).

11 *Id.*, citing Kusner v First Pa. Corp., 531 F. 2 d 1234 (3 d Cir. 1976) (discussing bondholder federal securities claim); McMahan, 859 F. Supp. At 749–50 (same); Louis Loss & Joel Seligman, SECURITIES REGULATION (3 d ed. Supp., Aspen Law & Business 1998) (discussing securities and state blue sky laws).

12 Section 305 TIA.

- What constitutes a default and when any notice to the indenture security holders of any such default may be withheld;
- The authentication and delivery of the indenture securities and the application of proceeds thereof;
- The release or substitution of any collateral securing the indenture securities;
- The satisfaction and discharge of the indenture; and
- Evidence that must be furnished by the issuer to the indenture trustee to demonstrate the issuer's compliance with the conditions and covenants contained in the indenture.

Of course, in order not to be misleading or incomplete, the prospectus must also contain a complete and accurate description of the covenant package and the conditions under which the covenants and the indenture may be amended, as well as the circumstances under which a default may cause the bonds to be accelerated. Contrary to the custom in the European debt issuance market, prospectuses for debt issuances in the United States are generally subject to the same verification procedures, including the issuance of disclosure opinions by counsel, as equity issuances, because they are held to the same standard of disclosure (Rule 10b-5 under the Securities Exchange Act of 1934 for private placements and Section 11 of the Securities Act of 1933 for public offerings) as equity issuances.

II. Some Considerations for German Legal Reform and the Corresponding U. S. Standards:

The stated objective of the German reform of the law on the issuance of debt securities is to modernize the current German law on bondholders' rights by adjusting it to the needs of the international debt capital markets, thus making the issuance of bonds under German law more attractive for German and foreign issuers.

Over the years, the principal problem which has been identified under German law for debt issuances has been the impossibility to amend the terms and conditions of the bonds after issuance with the consent of less than 100% of the holders. A second concern has been the lack of clarity as to the ability to substitute obligors. Finally, in the absence of a German law equivalent to a trustee, which both English and U. S. law provides, it was perceived that more general restructurings of outstanding obligations was difficult.

The IMF, in connection with the issuance of sovereign debt, has in the past few years focused on the implementation of collective action clauses and collective enforcement. One of the most important features in the discussion of the collective action clauses is the majority restructuring provision, which enables a qualified super-majority of bondholders to bind all bondholders within the same issue to changes in key terms of the bonds, including maturity, interest rate, principal amount and currency of payment, either before or after a default. According to the IMF, majority restructuring provisions are typically found in bonds governed by English, Japanese, and Luxembourg law, while those governed by New York law did not include these provisions until very recently.

Thus the current debate in Germany has focused on the following issues:

- The constitution of bondholders meetings, their rights and majority requirements for amending outstanding bonds;
- The creation of a common representative of the bondholders and the nature of the rights such representative should have;
- The conditions under which the transfer of the obligations under the bonds from the issuer to another corporation should be allowed; and
- The extent to which judicial review of the covenant package should be explicitly mandated.

Much in this debate has been positive and should bring about a welcome modernization of the law. A few issues have been raised, however, in particular with respect to judicial review and the extent of collective action rights of certain majorities, which may bear further reflection.

II.a. Constitution of the Bondholders Meeting, their Rights and Majority Requirements:

II.a.(1) Issues for the Legislator:

The main concern of the legislator in this context, it seems to me, should be to balance between (i) the recognized need for flexibility by issuers to change the terms and conditions of the bonds in case of unforeseen changes in circumstances, in particular financial distress by the issuer and (ii) the need to give the bondholders every reasonable assurance that the principal and interest will be paid when due. It is clear that the inability to change any covenant without the consent of every bondholder has been a serious drawback to current German law. Still, when allowing changes to be made the legislator must consider whether there are some rights so fundamental that the old rule of unanimity should still be retained for them. In other words, should there be a limit on the rights which a bondholders meeting may decide to change by a majority vote? Should the legislator decide to distinguish between the needs for sovereign debt issuances and the needs of bondholders for bonds issued by private issuers such as corporations?

II.a.(2) Bondholders' Consent in the US Context:

Under an indenture qualified under the TIA, the majority required for any amendment is based on the perceived importance to the bondholders of the right to be waived or amended. Some issues require the consent of each individual bondholder. The majority requirements can be broken down into three categories:

(i) Largely non substantive amendments require only the consent of the indenture trustee. These amendments include, for example, amendments to cure an error or inconsistency or to make any change that does not adversely affect the rights of any bondholder.[13]

(ii) More substantive amendments to the indenture require a certain majority which is negotiated between the underwriters as representatives of the bondholders and the issuer. These amendments typically include those which affect changes in financial and other covenants and typically

[13] *See*, e. g., Model Simplified Indenture, 38 BUS. LAW. 741, Section 9.01.

require a majority in the range between 50% and two thirds of the principal amount of the bonds.[14]

Sometimes in a private placement with a few institutional investors, the percentage for such amendments may be fixed so as to require the consent of a certain group of the investors.

(iii) A third set of specified provisions require the consent of each affected holder before they may be altered. These include (a) the extension of the final maturity of the bond, (b) reduction of the principal amount of a bond, (c) reduction of the rate or extension of the time of payment of interest thereon and, (d) any action which would impair or affect the right of any bondholder to institute suit for the payment of a bond.[15] Interestingly enough, currency of payment is not on this list, perhaps because in 1939 no one expected there to be much in the way of foreign currency denominated issues into the United States.

Thus, while under the TIA, most covenants can be amended with the consent of less than 100% of the holders, certain promises cannot be waived without the consent of each bondholder. The number of these promises is limited by reference to a few specifically defined rights, rather than by reference to an abstract concept such as due regard to the interest of other bondholders.

A paper prepared by the legal department of the IMF in June 2002 recognized that one of the most useful of the so-called "collective action clauses" was the provision which enables a qualified majority of bondholders within the same issue to modify financial terms of a bond both before and after a default ("Majority Restructuring Provisions"). The IMF noted that although Majority Restructuring Provisions are generally found in bonds governed by the laws of England and Wales, they are not included in bonds governed by the laws of New York and Japan.

Another type of collective action clause highlighted by the June 2002 IMF paper in connection with sovereign debt is the majority enforcement provision, which is designed to limit the ability of a minority of bondholders to disrupt a restructuring process by enforcing their claims after a default but prior to a restructuring agreement. Two of these provisions can be found in bonds governed by English and New York law: (i) an affirmative vote of a minimum percentage of bondholders (typically

14 Model Debenture Provisions, at 307.

15 Section 316(b) TIA.

representing 25 percent of outstanding principal) is required to accelerate their claims after a default, and (ii) a simple or qualified majority can reverse such an acceleration after the default on the originally scheduled payments has been cured.

The G-10 working group in its Report on Contractual Clauses dated 26 September 2002 recommended the following majority requirements in connection with the issuance of sovereign debt: (i) a vote by 25% of the outstanding principal amount to accelerate a bond following a default and (ii) a vote by more than 50% or, at a maximum, 66 2/3%, to reverse an acceleration. These majority requirements are permissible under US law.

A key question considered in the June 2002 paper as well as in the March 25, 2003 IMF paper on collective action clauses is the issue of whether the quorum at a bondholders meeting should be calculated on the percentage of the principal amount outstanding or calculated on the basis of the claims of the bondholders present at a duly convened meeting. As noted above, U. S. law documents typically calculate majorities based on the principal amount of bonds outstanding, rather than on the bonds represented at a bondholders meeting. The opposite approach is typically taken under English law documents.

The approach under English law is clearly more flexible. Under such documents, a duly convened meeting typically requires a quorum of bondholders representing 75 percent of the outstanding principal amount on first call, although a lower quorum or no quorum could also be chosen. If the quorum requirement is not met, a reconvened meeting allows for a lower quorum, typically 25 percent. This could lead to the modification of key terms at an adjourned meeting with the support of bondholders holding 19 percent of the outstanding principal, i. e. 75 percent of the value of the bond issue represented at the adjourned meeting.

The G-10 working group in its September 2002 report rightly concluded that such a calculation method would be likely to be resisted by U. S. institutional investors who mainly purchase bonds governed by New York law. I think this is particularly the case for changes in key terms such as currency of repayment, interest rate, principal amount and the maturity of the bonds.

As a practical matter, it is extremely rare in the United States to actually call a bondholders meeting to amend or waive provisions of an indenture by a majority vote. Rather, it is usual to solicit the written consent of bondholders to a set of changes or waivers. As this often occurs in cases of a change in the financial situation of the issuer requiring changes in covenants, consent solicitations often involve a *quid pro quo* from the issuer to provide an incentive for bondholders to consent. The consent procedure is of course dependent on the issuer being able to identify the bondholders and to contact them directly. This is possible in the case of bonds registered in the names of holders, as is required under U. S. tax law. In case of bearer bonds, a bondholders meeting may be the only practical alternative for effecting changes.

II.b. Common Representative of the Bondholders:

Current reform proposals in Germany include the ability of the bondholders to name a common representative. This raises a number of questions. Should the representative of the bondholders be nominated simultaneously with the issuance of the bonds, be elected subsequently by the bondholders' meeting or should the lawmaker allow for flexibility? The answer to these questions may well depend on the role which the common representative is intended to play in the statutory scheme. The G-10 Working Group Report also recommended the inclusion of provisions found in trust deeds that concentrate the power to initiate litigation within a bondholder representative and ensure *pro rata* distribution of proceeds recovered in litigation. Pursuant to Section 317 of the TIA an indenture trustee is obliged to file a claim at court in case of a default on the principal on the outstanding debt.

Under the TIA a trustee must be appointed by the issuer before the bonds are issued and cannot effectively resign or be replaced until a replacement trustee has been qualified to take its place.[16] Thus there is always a trustee under every indenture qualified under the TIA. Since the trustee is appointed before the bonds are issued, it is involved in the negotiation of the provisions of the indenture, at least to the extent they affect the trustee's rights. While the TIA implicitly allows for an individual to act as trustee, it specifically requires that at all times an institutional trustee meeting certain requirements must be acting as a trustee. In practice I

16 Section 310 of the TIA.

cannot think of a recent instance of an individual acting as trustee under the TIA.

II.b.(1) Eligibility to act as a Representative under German Law:

Under Section 14(a) of the current German law on the Common Rights of Holders of Bonds, the eligibility requirements are very few, and unlike the TIA, German law allows a natural person alone to become the representative of the bondholders. A member of either the managing board or supervisory board of the issuer or one of the banks lending money to the issuer, or any other lender or any person who exercises influence over the issuer may not be appointed as a common representative.

II.b.(2) Eligibility requirements to act as Trustee in the US:

The TIA contemplates that only institutions which meet a detailed list of eligibility requirements may become an institutional indenture trustee. Section 310(a) of the TIA provides the following eligibility requirements for an indenture trustee:

a. At least one of the indenture trustees must at all times be a corporation organized under U. S. federal, state, D. C. or territorial law or another corporation or trustee permitted by the SEC (an "institutional trustee").[17]

b. Such institutional trustee must be authorized under the laws of its jurisdiction of organization to exercise corporate trust powers.

c. Such institutional trustee must be subject to supervision by a U. S. federal, state, D. C. or territorial authority.

d. Such institutional trustee must have a combined capital and surplus of a specified minimum amount, which shall not be less than $150,000 (and to the extent specifically provided for in the indenture, as determined by the trustee's most recent annual consolidated financial statements).

17 *See* also Section 603.01 of the NYSE Listed Company Manual: "A qualified bank or trust company must be appointed co-trustee if an individual is trustee".

II.b.(3) What Rights and Duties Should this Representative of the Bondholders have?

The issues that come to mind in connection with the regulation of a common representative of the bondholder are the following:

Should the representative be appointed ad-hoc by the bondholders or at the time of the issuance of the bonds?

Should the representative be given significant powers to represent the interests of the bondholders or should the representative act primarily in an administrative capacity?

Should the rights of the representative be determined by law or contract by the bondholders when they vote to appoint the representative?

If the law contains a list of powers, should there be the possibility for the bondholders to entrust the representative with additional rights?

What is the standard of care for the representative and to whom is the representative liable?

May the representative be indemnified for any actions taken as representative of the bondholders?

Should the representative necessarily be an institution or may a natural person be appointed as representative?

Should the representative of the bondholders be replaceable and if so, how?

As noted above, in the United States a trustee is appointed by the issuer before the bonds are issued[18] and the trustee must meet certain eligibility requirements pursuant to the TIA. The TIA also contains a list of rights and obligations of the trustee.[19] While numerous, in the normal course, these duties are largely of an administrative nature, e. g. the trustee is required under certain circumstances to furnish bondholders with the names and addresses of the other bondholders to facilitate the communication among the bondholder, the trustee must give bondholders notice of all defaults known to it within 90 days of their occurrence, the trustee must also issue a report of the release or substitution of significant collateral and of claims by the indenture trustee that are senior

18 *See* above Section II.(b).
19 *See* below Section II.(b).(4).

to those of security holders. The TIA requires the trustee in exercising the rights and powers vested in it by the indenture to use the same degree of care and skill in their exercise as a prudent person would exercise under the circumstances in the conduct of his or her own affairs.

In the United States trustees usually refrain from any action beyond the scope of their duties under the TIA and the indenture without any special bondholders resolution. Trustees will also always ask for indemnity by either the bondholder or the issuer before they take any action.

II.b.(4) Duties of a Trustee under the TIA:

The TIA sets forth a list of tasks a trustee must perform. While numerous, in the normal course, these duties are largely of an administrative nature. They include:

(i) *Maintenance of a list of names and address of indenture security holders.* Section 312(a) requires the issuer to furnish to the institutional trustee at least every six (6) months or upon the trustee's written request, all information in the possession of the issuer or any of its paying agents as to the names and addresses of any indenture security holders.

(ii) *Facilitating communications among indenture security holders.* Section 312(b) requires the indenture trustee, within five (5) business days after a written request from three (3) or more indenture security holders who have owned the indenture security for at least six months, to:

(x) afford such indenture security holders with access to all information as to the names and addresses of all indenture security holders received from the issuer pursuant to Section 312(a); or

(y) inform such security holders as to the approximate number of indenture security holders and as to the approximate cost of mailing any communication to such indenture security holders and mail such communications to such indenture security holders on behalf and at the expense of the requesters.

(iii) *Notice of defaults.* Section 315(b) requires the indenture trustee to give indenture security holders notice of all defaults known to it within 90 days of their occurrence, except to the extent the board of directors, executive committee or trust committee of directors and/or the responsible officers of the indenture trustee decide in good faith that withholding notice is in the interest of the indenture security holders, unless the indenture expressly precludes this exception.

(iv) *Annual reports of significant events.* Section 313(a) requires the indenture trustee to send a report to indenture security holders at least every year if any of the following events shall have occurred within the previous 12 months:

(x) any change in the indenture trustee's eligibility and qualifications under Section 310;

(y) any material change in the indenture trustee's relationship with the issuer specified in Sections 310(b)(1) to (10);

(z) any unpaid advances made as indenture trustee to the extent it asserts a claim for reimbursement that is senior to the rights of the indenture security holders;

(xx) any change in the amount, interest rate or maturity date of other credit extended to the issuer in its individual capacity;

(yy) any change in the property and funds in the indenture trustee's possession;

(zz) any release or substitution of collateral securing the indenture securities which has not previously been reported;

(xxx) any additional issue of indenture securities not previously reported;

any action taken by it as indenture trustee which materially affects the indenture securities or trust estate, except for any default, if notice of the default may be withheld pursuant to Section 315(b).

(v) Reports of release or substitution of significant collateral and of claims by the indenture trustee that are senior to those of security holders. Section 313(b) requires the indenture trustee to send a report to indenture security holders within 90 days if any of the following events occur:

(x) the release or substitution of collateral, unless the fair value of the collateral is less than 10% of the principal amount of the indenture securities that it secures;

(y) the character and amount of any advances made by it since the later of any report sent pursuant to Section 313(a) and the date of the indenture to the extent it claims a priority over the indenture security holders, if the amount of such claims is more than 10% of the principal of the indenture securities.

(vi) *Duty to take action when defaults occur; standard of care.* Section 315(c) requires that if there is a default under the indenture, the indenture trustee must exercise the rights and powers vested in it by the indenture and to use the same degree of care and skill in their exercise as a prudent person would exercise under the circumstances in the conduct of his or her own affairs.

(vii) *Enforcement powers of the indenture trustee.* Section 317(a) lists the powers of the indenture trustee to recover judgments against the issuer and to file claims on behalf of indenture security holders.

(viii) *Duties of paying agents.* Section 317(b) describes the duties of a paying agent with respect to funds held by the paying agent for the payment of principal or interest on the indenture securities.

The TIA does not limit the issuer's right to remove the trustee. The issuer is obliged to remove the trustee in case (1) the trustee does not remove a conflicting interest with 90 days after ascertaining that it has such a conflicting interest (Section 310(b)), (2) the trustee ceases to be eligible to be a trustee pursuant to Section 310(a), or (3) the trustee becomes incapable of acting, or is adjudged a bankrupt or insolvent, or a receiver or liquidation of the trustee or of its property shall be appointed, or any public officer shall take charge or control of the trustee or of its property or affairs for the purpose of rehabilitation, conservation or liquidation.

Under the TIA no resignation or removal of the trustee can become effective until a successor trustee has been appointed, thus reflecting the requirement that there must always be a trustee under the indenture.[20] The model indenture also permits the trustee to resign at any time upon giving written notice to the issuer. Since such resignation is subject to the appointment of a successor, which is not within the power of the trustee, it is provided that if a successor is not appointed within 30 days after such notice, the trustee may petition a court to make such appointment.[21]

20 Section 310(a)(1) of the TIA.
21 Model Debenture Indenture at 271.

II.c. Enforcement Rights of the Individual Bondholder:

It is important in this context to distinguish between the rights of the individual bondholder to take enforcement action, such as to sue for the payment of principal and interest on agreed upon terms, and the right of the bondholders acting together to take certain collective actions, by a specified vote, to declare a default on the entire bond issue, and thus cause the acceleration of the entire issue.

We have discussed above how the TIA preserves the rights of the individual bondholder. Under the TIA enforcement of the individual right of payment on the principal and interest "on or after the respective due dates expressed in such indenture"[22] cannot be limited by or conditioned upon a vote by other bondholders.

The TIA is silent on the issue of collective action beyond this, and as a practical matter individual bondholders rights are very limited under U. S. publicly placed bonds. In the United States, action by the trustee or the holders of no less than a specified percentage, almost always 25%, in principal amount of the outstanding bonds is usually required to declare the principal of all the bonds to be due and payable immediately.[23] Some indentures provide that the trustee must first have failed to take action before bondholder action can be taken. In no event, however, can an individual bondholder holding less than the required percentage declare a default on all of the bonds, although he may sue directly to enforce his right to receive amounts due under the bonds he holds.

The concept of collective action to declare a default is important in restructuring situations. The bondholders who have not been paid may still sue under the original terms of their bonds but cannot call a default and thus trigger an event of default accelerating the payment for all of the bonds and, through the operations of cross-default clauses, potentially for other classes of debt of the same issuer or guarantor.

As noted above, section 316(b) of the TIA requires that qualified indentures may not be amended to change fundamental payment terms without the consent of each bondholder affected and most bond issuances under New York law provide for similar protection is even if not made under the TIA. Because of the difficulty in most instances of obtaining the

22 Section 316(b) of the TIA.

23 Model Debenture Indenture Section 502.

consent of every bondholder, issuers and bondholders have had recourse to the mechanism of the exchange offer to achieve the goal of restructuring the bulk of an issuer's bonds without infringing on the rights of each bondholder to consent to certain changes.

An exchange offer is an offer by an issuer to exchange some or all of its outstanding bonds for new securities, or a combination of new securities and cash. For example, an issuer may offer to exchange a new issue of bonds, having less onerous terms, for an outstanding bond issue. Alternatively, a corporate issuer might offer holders of its outstanding debt securities a package of new debt and equity securities (often common stock or warrants), or a combination of securities and cash, in exchange for the existing debt securities.

A significant challenge in using the exchange offers for distressed debt is the "holdout problem." An exchange offer is voluntary and thus not binding on a non-tendering holder. As a result, a holder who can successfully "hold out" of a troubled debt restructuring may be the beneficiary of a windfall at the expense of other holders who tender and make concessions. To minimize this problem, most exchange offers for distressed debt are stated to be conditioned upon high minimum tender conditions, usually 90% or 95%, although what lower percentage the issuer may be prepared to accept remains an open question until the issuer decides to waive the condition or not.

Therefore the key to many successful exchange offers is to make new bonds more attractive than the old bonds, to enhance the willingness of holders to accept the new bonds. To accomplish this, issuers often solicit "exit consents" simultaneously with the exchange offer: the holders of the old bonds are asked to consent to amendments or waivers of covenants or other terms of the old bonds as a condition to their acceptance of the exchange offer. For example, the issuer might propose amendments that would eliminate covenant restrictions contained in the indenture for the old bonds, or cause the old bonds to become more junior in the capital structure. These covenants can usually be amended with the approval of holders of either a simple majority or two-thirds of the old bonds. Because holders willing to accept the new bonds in the exchange offer would no longer be concerned about the covenants and other protections provided to holders of the old bonds, these solicitations can be very successful. If the consent solicitation is successful, any holders who refuse to accept the exchange offer would continue to hold their old bonds with the payment terms intact, but the covenants and other protections in the old bonds would be changed or eliminated. Separate cash payments may also be offered to encourage holders to provide the necessary consents.

A natural result of a successful exchange offer is a more limited trading market for the old debt that remains outstanding. This lack of liquidity and its likely adverse impact on the trading prices for the old bonds may also encourage holders to accept the exchange offer.

Thus the exchange offer mechanism allows an issuer under a more restrictive U. S. law indenture to get more or less to the same place as the issuer under an English law indenture, albeit at the cost of somewhat more complex mechanisms, since it requires the issuance of a new series of bonds in addition to the amendment of the old series. However, in a restructuring situation, an issuer may find it advantageous to consolidate its debt into a single or a smaller number of bond issues in any event.

II.d. Transfer of the Obligation from the Issuer to a Successor Issuer:

This is an issue of lesser concern for sovereign issuers than for corporate issuers who may merge, be acquired or restructure their corporate groups to shift or consolidate assets or to eliminate finance subsidiaries. Should a reform of German law contain provisions that relate to the transfer of the debt to another company or should it rather be left to the contracting parties? How much should the law address situations in which finance subsidiaries issue bonds guaranteed by an ultimate parent company or other bond issues guaranteed by another company?

In the United States, the transfer of an issuer's obligations under an indenture and related bonds is governed by contractual arrangements. The standard provision, the so—called merger clause, in an indenture generally provides that nothing should prevent the issuer from merging, consolidating, selling or conveying its property to another entity *provided* that the surviving or acquiring company "shall expressly assume, …, the due and punctual payment of the principal of (and premium, if any) and interest on all the Debenture and the performance of every covenant of this indenture on the part of the Company to be performed or observed".[24]

24 Model Debenture Indenture, Section 801.

Where the debt is issued by a finance subsidiary and guaranteed by one or more companies whose guarantee is the real credit for the bonds, transfers are generally allowed to other companies within the group controlled by the guarantors(s). Some indentures require the new issuer to be majority or wholly-owned by the guarantor. SEC disclosure rules may require additional disclosure, including separate financial statements unless the new issuer is a finance subsidiary 100% owned finance subsidiary by the guarantor(s).[25] As the use of finance subsidiaries is often a result of tax considerations, some flexibility for change in case the tax laws changes can be important. In addition, the credit for the bonds is generally that of the guarantor(s) exclusively, with little or no financial or other information given to investor as to the issuer itself so that the identity of the issuer is generally of little importance to investors. Thus, so long as the guarantee will remain in place most investors can be expected to be indifferent to the actual identity of the issuer, except to the extent this may have tax consequences.

II.e. Judicial Review of the Covenant Package:

The reform debate has raised the issue of whether a German court of competent jurisdiction should have the right to declare certain bond covenants as null and void if they deem them to be unduly disadvantageous for the bondholders.

In the United States there is no special legislation that would mandate such judicial intervention. An indenture may of course be challenged in court in the same way as any other contract. But one may question the wisdom of a rule which would encourage a bondholder to submit the terms of the bonds for judicial review.

In the United States the legislator has made the following decision. Section 318 (a) of the TIA by operation of law will nullify any contractual provision that is inconsistent with the Trust Indenture Act. But that is limited to a number of clearly articulated provisions whose content is known in advance and compliance with which can be checked at the time of investment, so no uncertainty arises as to the enforceability of the indenture or the bonds issued thereunder. The Trust Indenture Act does not regulate indenture covenants and provisions included by agreement

25 Rule 3–10 Regulation S-X.

of the parties that go to the economics of the "business deal" among the parties. The SEC reviews the terms of indentures prior to declaring the registration statement for the bonds they will govern effective, but has no authority to enforce the terms of a qualified indenture, since it was the Congressional intent that the indenture be enforced in the same manner as other contracts.[26] At most, the SEC might seek to pursue an issuer for inadequate or misleading disclosure of the terms and conditions of the indenture in the prospectus relating to the bonds. In case of a private placement of debt securities there is no prescribed content of the contractual arrangement nor is there any SEC review thereof.

As discussed more fully below, the suggestion that courts may be encouraged to step in to protect the interests of the bondholders by reforming the covenant package is one of the most troubling aspects of the current debate.

II.f. Communication between the Bondholders, the Issuer and the Trustee

Should a law governing the issuance of bonds address the issue of communication between bondholders, the issuer and the trustee? The communication between bondholders, the issuer and the trustee is an important function in situations where the financial condition of the issuer has changed in a way that require a restructuring of the financial covenants or in case of an Event of Default.

As described above, the TIA requires both the issuer and trustee to provide each other or the bondholders with certain information to facilitate this communication.

(i) *Information about the Issuer.* Section 314(a) requires the issuer to:

(x) *1934 Act Reports.* to furnish copies of its 1934 Act reports to the indenture trustee;

(y) *Required Certificates of Accountants.* to provide such other information to the SEC and the indenture trustee as required by the SEC's rules and regulations, including certificates or opinions of independent public

26 Felicia Smith, Securities Symposium Issue: *Applicability of the Securities Act of 1933 and the Trust Indenture Act of 1939 to Consent Solicitations to Amend Trust Indentures*, 35 How.J.L. 343, at 348.

accountants as to the issuer's compliance with any conditions or covenants if compliance requires such certificates or opinions;

(z) *Summaries to Indenture Security Holders.* to provide indenture security holders with summaries of any information required to be furnished to the Commission or the indenture trustee by as described in (x) and (y) above;

(xx) *Annual Officer's Certificate.* to furnish to the indenture trustee at least annually with an officer's certificate as to the issuer's compliance with the conditions and covenants in the indenture.

(ii) *Legal opinions as to the Creation and Perfection of Security Interest.* If the indenture securities are secured by collateral, Section 314(b) requires the issuer to furnish the indenture trustee with the following evidence as to the creation and perfection of the security interest:

(x) an opinion of counsel stating that the security interest was validly created and perfected; and

(y) at least annually, an opinion of counsel to the effect that the security interest is still perfected.

(iii) *Evidence of Compliance with Conditions.* Section 314(c) requires the issuer to provide the indenture trustee with evidence that the conditions have been satisfied for the valid authentication and delivery of the indenture securities, for the release or substitution of any collateral, for the satisfaction and discharge of the indenture and for any other action taken by the indenture trustee at the request of the issuer. Such evidence will consist of:

(x) officer's certificates to the effect that the conditions have been satisfied;

(y) an opinion of counsel stating that the conditions have been complied with;

(z) accountant's certificates, to the extent required by the indenture;

(xx) an expert certificate as to the fair value of any collateral to be released, if the value of the collateral is at least 10% of the principal amount of the indenture securities;

(yy) an expert certificate as the fair value of deposited securities; and

(zz) certain other certificates and opinions.

Of course, as noted above, the U.S. system for communication with bondholders rests on the crucial assumption, required by U.S. tax law, that debt obligations will be issued in registered form. Thus the trustee will have a list on bondholders to whom to send communications. Where these holders are themselves clearing systems or institutions, the system in turn relies on these entities have internal rules or contractual obligations which require them to forward the communications they receive and, if necessary, to act based on instructions received from their participants or clients as a result of such information.

Because the role of the trustee is largely administrative in nature, the trustee does not take an active role in the restructuring process of public debt. Even in the restructuring process, the trustee will only act upon the approval of the required majority of bondholders. Therefore the important role is played by the bondholder committee which is generally constituted *ad hoc*. The trustee then plays a role which could be compared to that of a German notary public to make sure the agreement among bondholders was reached pursuant to the terms and conditions set forth in the TIA and the indenture. The trustee also makes sure that the resolutions adopted by the bondholders meeting are implemented according to their terms.

III. What are the main concerns from a U.S. point of view?

III.a. Pacta Sunt Servanda

The IMF commenced the debate on collective action clauses in order to facilitate the restructuring of sovereign debt placed internationally. If a government is forced to restructure its debt in s crisis, these clauses are drafted to bind all bondholders within the same issue to the financial terms of a restructuring, and to limit the ability of a minority of bondholders to disrupt the restructuring process by enforcing their claims after a default. In a debt restructuring process, there is a risk that a minority of holdout investors could slow or disrupt an agreement that a super-majority would be prepared to support.

The goals of the IMF in the context of a sovereign debt issue are more than understandable. As we all know, sovereigns are not subject to any insolvency or bankruptcy proceeding. Thus there is no orderly statutory framework in which to restructure debt of a sovereign. This is of course not the case for bonds issued by corporations, which are subject to a comprehensive system of insolvency or bankruptcy designed to allow the orderly restructuring of corporations and their debt. I think it is worth pausing for a moment to reflect whether there is the need for a single regime for sovereign bond offerings and bond offerings by corporations.

Unlike an equity owner, a debt holder classically forgoes control and participation in the profit of a corporation in return for periodic payments without regard to profits and for repayment of principal at a fixed date, ahead of equity owners. The purchaser of the bonds can expect only interest at the prescribed rate plus the return of the principal at maturity. Accordingly, the typical investor in a bond is primarily interested in every reasonable assurance that the principal and interest will be paid when due. The rights of bondholders are largely a matter of contract with the limited exception of the most harmful acts by the debtor.[27]

Thus the legislator needs to balance between (i) the recognized need for flexibility by issuers to change the terms and conditions of the bonds in case of unforeseen changes in circumstances, in particular financial distress by the issuer and (ii) the need to give the bondholders every reasonable assurance that the principal and interest will be paid when due.

The overarching limitation in an attempt to codify the rights of bondholders of bonds issued by corporations should be that the key terms of the initial "financial deal" between the issuer and the bondholders should not be subject to change to the detriment of the bondholder unilaterally or unpredictably. While it may clearly be valuable to both the issuer and the bondholder that a degree of flexibility be introduced which allows adjustments to be made to meet unexpected changes in circumstances, careful thought needs to be given both to whether certain areas should be "off limits" without individual bondholder consent and to whether a court should be allowed to intervene to reform a contract.

In the United States, under the TIA, we came to the conclusion that the individual bondholder should retain the right to decide on any extension of the final maturity of the bond, the reduction of the principal amount of

27 Model Debenture Indenture, at 2.

the bond, the reduction of the rate or extension of the time of payment of interest thereon and actions which would impair or affect the right of any bondholder to institute suit for the payment of the bond. The remaining rights of bondholders and the issuer are left to the contracting parties. Most of the provisions with the exception of the financial terms tend to be similar to all indentures for investment grade debt.

If it is the main concern of the German legislator to make the German debt capital markets more attractive for German corporations, I would advise focusing on a system through which the greatest amount of certainty and uniformity in terms and conditions may be assured to market participants. The typical bond investor of investment grade debt is interested in the issue price of the security, the interest rate, the maturity date and the rating of the bond. Beyond that, the greater the degree of uniformity that can be achieved in the terms and conditions of the bonds and the greater the certainty as to how these terms will be interpreted by the courts, the more efficient the markets for pricing, issuing and trading the bonds will be.

This striving for uniformity and predictability is in large part the reason for the success of the IPMA based bond offerings and for the international success of the German Pfandbrief. IMPA terms are packages with but a few choices to be made and, most Pfandbrief terms are prescribed by the German Pfandbriefgesetz,[28] so that a very standardized product can be presented to investors. The Pfandbrief experience is proof that a standard set of terms and conditions can contribute significantly to bringing down the costs of issuing investment grade debt for German issuers in the international markets. Essentially the same mechanism is at work when an issuer that has successfully issued a series of bonds decides to reopen that successful series and issue additional notes of the same series. The issuance costs are low because the investors know exactly what they are getting.

An invitation to German courts to reform the terms of bonds after they have been issued runs directly counter to this need. As discussed in the introduction of this paper, over time the market has developed a standardized set of covenants for investment grade debt and another for high yield debt whose formulation is well understood. Standardized terms are

28 *Gesetz über die Pfandbriefe und verwandten Schuldverschreibungen öffentlich-rechtlicher Kreditanstalten* (Federal Law Reporter, BGBL.I S. 2772, ber. 2000 S. 440).

key to a liquid bond market, and the chance of unilateral and unpredictable change through the interventions of a court can only undercut this.

Judicial review seems particularly unnecessary in the case of investment grade bonds where covenants are usually light but are part of standard packages meant to allow for a comparison among various issuers and bond issues. If a comparison was not possible, because the package could be changed by a court, underwriters of securities would face greater uncertainties in how to price the bonds and uncertainty would be likely to lead to higher costs for the issuer.

The issue is perhaps even more critical for high yield bonds where the issuer agrees to a package of financial covenants which are carefully crafted by the underwriters to balance the interests of the issuer and the protection of the investors. In the end the terms of the package are heavily negotiated and are ultimately a result of the demands of the financial markets, i. e. what are the bond investors looking for and how much freedom the issuer needs to run its business. Encouraging a court to reform this package retroactively to protect the bondholders risks injecting enough uncertainty into the process of agreeing this delicate balance that it risks making German law very unattractive for high yield bonds.

If the protection of retail investors is the driving force behind the encouragement of judicial review of bondterms, this concern could easily be addressed by applying the judicial review only to bonds issued in low denominations or to bonds sold in a public offering in Germany. Bonds placed privately or in minimum denominations of, say Euro 100,000 or more, would be exempt from such review. Otherwise, the introduction of this concept risks leading to insecurity and lack of comparability to other financial instruments of ostensibly similar tenor.

III.b. Rights of the Bondholders Meeting

There are two crucial issues here. First, the extent to which any terms and conditions of the bonds should be beyond the power of even a qualified majority to alter. Second, how a qualified majority should be calculated. In considering both these questions it may be wise to ask whether different conclusions should be needed depending on whether the issuer is a sovereign whose debt may not be restructured in any other way, or a corporate issuer.

As noted above, the IMF's initiative on collective action clauses is directed exclusively towards sovereign debt. Sovereigns are not subject to normal bankruptcy and insolvency regimes and thus, outside a consensual restructuring, sovereigns and their creditors have no forum in which an orderly restructuring of sovereign obligations may be accomplished. The nature of international sovereign bond issues, widely held and often in bearer form, has often resulted in their holders being largely exempt from the sacrifices required of the same sovereign's bank creditors. Thus the introduction of collective action clauses in sovereign bond issuances attempts to respond to a vacuum in the legal system for sovereign restructurings.

The needs in the context of corporate bond issues may be somewhat different, since corporations are subject to the bankruptcy or insolvency regime of their jurisdiction of incorporations, most of which provide clear rules for the orderly restructuring of their affairs. However, the ability to restructure outside of insolvency or bankruptcy can also provide substantial benefits to both issuers and bondholders, in view of the length, cost and potential uncertainty of court supervised procedures such as insolvency or bankruptcy, so that some form of collective action is clearly desirable. By the same token, the U. S. system presents an example of a system in which out of court restructurings coexist with certain limitations on the rights of bondholders to take collective actions binding on holdout bondholders.

Regardless of whether the decision is taken to place certain terms "off limits" to collective actions, as in the U. S. system, or to copy the English system, where nothing is off limits, I question the wisdom of adopting a system where a minority of bondholders may adopt changes in key terms binding on dissenting or absent bondholders. A system which bases the quorum at a bondholders meeting on a percentage no lower than 50% of the bonds outstanding, with a 75% vote required for amendment of payment terms would seem a possible compromise. Allowing lower percentages would result in allowing issuers to extract better terms with a lower percentage of consent from their bondholders than they can from their bank creditors. I question whether that is the best way to attract investors to favor German law, especially if the same rules are applicable to sovereigns and to corporate issuers.

Consideration must also be given to who may call a bondholders meeting. Clearly the issuer may do so. What of the bondholders? If there is a common representative, that person should also have this right, either acting on its own or on the instructions of a stated percentage of the bondholders. However, regardless of whether there is a representative, some stated percentage of bondholders should also have this right.

Finally, if a new system is adopted, consideration will have to be given to transition rules. Would existing bond issues remain subject to the rules in existence at the time they were issued, while new issues would be subject to the new rules? Applying the new rules retroactively would amount to depriving the existing bondholders of important rights they thought they were acquiring when they made their investment. Not applying the rules retroactively would result in issuers having a split in their bond issues between those which can be restructured easily and those which cannot. This result is probably unavoidable, but will ensure that the existing problems will endure until the last of the old regime debt is repaid.

III.c. Replacement of Issuer

The issue arises from time to time whether an ownership percentage threshold as a condition to the transfers of the bonds to another issuer should be introduced. If the initial issuer must guarantee the performance by the new issuer, it is unclear to me why the bondholder should care about the ownership percentage of the old issuer in the new issuer.

It is also unclear how a percentage requirement would function in many cases which would be covered by the standard U. S. merger clause which allows an issuer to merge, consolidate, sell or convey his property to another entity provided that the surviving or acquiring entity assumes the due and punctual payment of the amounts due under the terms of the bonds and the performance of the other covenants related to the bonds and the performance of the other covenants related to the bonds.

The same lack of clarity occurs in the case of the transfer of a guaranteed bond from one finance subsidiary to another. Must the bonds be guaranteed by the initial issuer and must the new obligor be a 90 or 100% owned subsidiary of the initial issuer or does the existence of the initial guarantee and ownership by the initial guarantor suffice? If the initial guarantee remains in place, does the percentage ownership of the new obligor matter?

III.d. Indenture Trustee

Although under the TIA the trustee has a long list of rights and obligations to fulfill they are largely administrative in nature. The German proposal might be very different. The eligibility requirements might be few and the representative can be appointed at any time by vote of the bondholders assembly with potentially very important rights. It could be that the representative of the bondholders' role will be tailored for situations in which the issuer is in financial distress and the need of a refinancing or a change in the terms of the bonds arises.

The German legislator should keep in mind that the representative is very unlikely to replace the bondholders committee as the main negotiating partner of the issuer. As the June 2002 IMF paper rightly points out, if one assumes there will be a fiduciary relationship between the representative and bondholders, a representative trustee will be very reluctant to even discuss a modification of terms that would impair the rights of bondholders without prior authorization from the bondholders. The bondholders representative would therefore be inclined to seek specific instructions and authority to legally bind the bondholders to any proposal, which is likely to cause delay in the process.

Is has been suggested that the principal role of the representative should be to facilitate communication between the issuer and bondholders. That would presuppose the representative is in place from the issuance of the bonds and not first appointed when a crisis has arisen. If not, then as a first step a meeting would have to be held to elect the representative.

Putting aside the "chicken and egg" problem just evoked, I question the usefulness of the representative as an intermediary. In my experience creditors and bondholders committees come together quite spontaneously. I fear that empowering a designated representative to negotiate with the issuer may further delay the commencement of negotiations between the issuer and the bondholders themselves. I support the idea to place greater emphasis on bringing issuers together with bondholders and not on bringing issuers together with intermediaries and I would encourage future reflection on the potential role a bondholders representative should play.

Bei Fragen zur Produktsicherheit wenden Sie sich bitte an:
If you have any questions regarding product safety,
please contact:

Walter de Gruyter GmbH
Genthiner Straße 13
10785 Berlin
productsafety@degruyterbrill.com